一代奇才的大破大立之作　史上最好的厚黑学全本

灵活善变

厚黑学

文天行◎编著

台海出版社

图书在版编目（CIP）数据

灵活善变厚黑学 / 文天行编著 .—北京：台海出版社，
2011.10（2019.2 重印）

ISBN 978-7-80141-886-9

Ⅰ.①灵… Ⅱ.①文… Ⅲ.①人际关系学—通俗读物
Ⅳ.① C912.1-49

中国版本图书馆 CIP 数据核字（2011）第 200583 号

灵活善变厚黑学

编　　著：文天行

责任编辑：孙铁楠　　　　责任印制：蔡　旭

出版发行：台海出版社

地　　址：北京市东城区景山东街 20 号，邮政编码：100009

电　　话：010-64041652（发行，邮购）

传　　真：010-84045799（总编室）

网　　址：www.taimeng.org.cn/thcbs/defauit.htm

E-mail：th-cbs@163.com

经　　销：全国各地新华书店

印　　刷：三河市天润建兴印务有限公司

本书如有破损、缺页、装订错误，请与本社联系调换

开　　本：710×1000　　　1/16

字　　数：301 千字　　　　印　　张：21

版　　次：2011 年 11 月第 1 版　印　次：2019 年 2 月第 2 次印刷

书　　号：ISBN 978-7-80141-886-9

定　　价：36.00 元

前言
Preface

　　《厚黑学》自从诞生以来，曾多次再版重印，畅销累计达数千万册，已成为中国文化界的一大奇观。在20世纪80年代，又成为台湾、香港地区及日本的畅销书。

　　而今我们处在这个竞争如此激烈的现代社会里，如何适应社会的各种角色并可以游刃有余，如何与朋友和对手相处而又能左右逢源，如何抓住机遇证明自己并获得晋升，如何为官经商、成就辉煌的事业？要实现这些，我们需要更多的智慧与韬略，而这些正是"厚黑学"能够给你的！

　　厚黑学是透析中国历史和文化、深掘人性的中国式成功秘诀，博弈论是在西方哲学、经济学、心理学、信息论的基础上发展创新出来的思维利器。它们从不同的角度，以不同的研究方法对人性的真相进行了极为深刻的揭示。以厚黑学与博弈论的眼光看，人生处处都是战场，我们每个人都行走在险象环生的人性丛林之中，时刻都面临着挑战。无论我们承认与否，每个人都时刻站在自己的战斗序列当中，每件事情都处在明争暗斗之中，稍一疏忽就会被人运用谋略加以利用、欺骗、构陷、挤倒，甚至消灭。面对险恶的人性，厚黑学并不是教我们厚颜无耻、心狠手辣地干坏事，博弈论也不是教我们滥用心机算计他人，它们只是现实中一种必要的生存智慧和手段，完全可以用在正途。官场中人可以利用它们平步青云，商场中人可以靠它们发财致富，普通人也可以靠它们出人头地……

　　为了让广大普通读者都能学会厚黑学，并且能够灵活运用，编者们精心编写了这本书。本书在遵循李宗吾厚黑学原著的理论精神，并广泛吸纳前人研究成果的基础上，对厚黑学进行了更进一步的挖掘、拓展、归纳和总结，使厚黑学的思想更加具体化、实用化。书中通过大量历史上正面或反面的事例，同时结合现实生活中各个领域的需要，深入诠释了立足社会、为人处世的厚黑之道，生动地展示了轻松为人、巧妙处世的厚黑策略、方法、手段和技巧，把厚黑学的智慧全面地渗入社会生活的方方面面，教你如何使用计谋，教你做人、做事的智慧，教你如何走上成功之道……其内容包罗人生百态和大千世界，每一个人都能在这里找到自己需要的方法和人生答案。一旦你掌握了这些智慧，并把它们纯熟地在实践中加以运用，就一定能够轻松应对工作、生活中遇到的种种难题，让你在为人处世时得心应手，在事业的成功道路上更顺利地达到你的目标。

最后衷心地希望读者能够掌握这些被历朝历代的从政者视若珍宝的智慧谋略，并能纯熟地在实践中加以运用，在变幻无常的现实生活中安身立命，前程似锦。

目录
Contents

第一篇　厚黑相济　圆滑处世

　　世事多变，现实无情，要求做人要学会"圆"。这里的"圆"其实是灵活的意思，就是做人需要有"圆"的包装。因为要想在为人处世方面游刃有余，就需要掌握为人处世、办事说话等技巧，只有这样，才能无往不胜。

第二篇　灵活变通　厚黑求人

　　告诉你一旦掌握了书中的原则，并积极实践，就一定能够启迪智慧，增长才干，开拓思路，更新观念，打破常规，化腐朽为神奇；助你在芸芸众生中脱颖而出，在生活、事业的波涛中乘风破浪，奋勇向前。

第三篇　商战无情　厚黑兼备

当今社会商场不同情弱者，商业竞争更不相信眼泪！现代商战是一场不流血的战争，如何在当今一幕幕惊心动魄、硝烟弥漫的商业战争中掌握先机，出奇制胜，交战双方都应凭着自己的心智，运用谋略在竞争中展开一场你死我活的角逐，才能纵横商海，大发利市。

纵观古今中外成功商人和企业家的经营谋略，无不渗透着"厚黑"的哲学——谋求利益应取放有度，赢得顾客更要懂得让利于人……厚脸是行为的方式，心黑是行为的准则，如能加以灵活运用，即可所向披靡。

第四篇　玩转职场　八面玲珑

　　我们面对职场竞争，就要准备做"多面手"，黑脸白脸都要能演、能玩，才能在职场中做到八面玲珑。有时玩转了自己的圈子，还得深刻领会到领导的意图、目的，让同事和下属把你当成主心骨，从而用智慧之谋略来使自己立于不败之地。

第五篇　厚黑学与管人技巧

　　厚黑学是没有任何不变的管理方法可学的。领导管人的手段只有软的或硬的都不妥，最高明的则是软中有硬，硬中有软。管人技巧的高低，其实就是他们运用权力、能力的高下。领导并不意味着什么都得管，应该大权独揽，小权分散，做到权限与权能相适应，权力与责任密切结合。什么都干的领导，是什么都干不好的。对于大事，领导要抓准抓好，一抓到底。一般说来，大事只占百分之二十，处理好这一部分大事，管人就会事半功倍了。

第六篇　情场厚黑学

　　俗话说，"情场如战场"，所以情场中更要多一点儿心思，巧妙运用厚黑招术，灵活以对，一点儿也不能懈怠。厚黑祖师李宗吾在《怕老婆的哲学》中也提到了男女相处之道："世间的丈夫无不爱其妻也。积爱成怕，所以今后的文化，应当建筑在怕字上。"可见，男女相处还真需要多一点儿智慧，多一点儿心机。男孩追求女孩时，脸皮一定要比墙还厚，嘴巴一定要比蜜还甜。女孩追求男孩时，要软硬兼施，厚黑兼备，既要美丽动人，又要欲擒故纵。妻子管老公时，该出手时千万别心软，对婚外情要痛下杀手，厚而无形，黑而无色，但是对小矛盾需要理解容忍，也要学会体贴自己的男人。男人哄老婆时，再怎么厚颜无耻也不为过，多学学李宗吾的"怕老婆的哲学"，能哄得老婆高兴的男人才是好男人！

第 一 篇
DiYiPian

厚黑相济 圆滑处世

世事多变，现实无情，要求做人要学会"圆"。这里的"圆"其实是灵活的意思，就是做人需要有"圆"的包装。因为要想在为人处世方面游刃有余，就需要掌握为人处世、办事说话等技巧，只有这样，才能无往不胜。

厚黑处世第一招：口吐莲花　妙语连珠

> 厚黑祖师李宗吾说："俗语说，'逢人短命，遇货添钱'，诸君都想知道，假如你遇着一个人，你问他尊龄？答：'今年五十岁了。'你说：'看先生你的面貌，只像三十几岁的人，最多不过四十岁罢了。'他听了，一定很欢喜，是之谓'逢人短命'。又如走到朋友家中，看见一张桌子，问他买成若干钱？他答道：'买成四元。'你说：'这张桌子，普通价值八元，再买得好，也要六元，你真是会买。'他听了一定也很喜欢。是之谓'遇货添钱'。人们的习性，既是这样，所以自然而然地就生出这种公例。"
>
> 可见，无论行走江湖，混迹官道，还是驰骋商场，口吐莲花、妙语连珠的本事是必不可少的，正所谓"三寸不烂之舌，胜于百万之师"。

用赞美打动人心

厚黑祖师李宗吾认为，赞美往往能给人以信心和力量，是一种无可替代的强大的精神力量。因为人的心灵深处就潜伏着一种对赞美的渴望，这种渴望是最原始、最迫切的。所以，与人交往时说一句赞美的话会让你受益匪浅，有时候还会收到意想不到的效果。

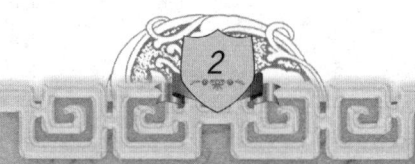

有些脸皮薄或者不善言辞的人觉得很难说出赞美他人的话，其实说一句简单的赞美话并不是一件多么困难的事情，只要你愿意并留心观察，每个人都有值得赞美的地方。

话说，1960年访问美国的法国总统戴高乐将军就以几句简单的赞美之辞赢得了总统夫人的好感。就在一次尼克松为他举行的宴会上，尼克松夫人费了很大的劲儿布置了一个美观的鲜花展台：在一张马蹄形的桌子中央，鲜艳夺目的热带鲜花衬托着一个精致的喷泉。精明的戴高乐将军一眼就看出这是女主人为了欢迎他而精心设计制作的，不禁脱口称赞道："女主人为举行一次正式宴会，要花很多时间来进行这么漂亮、雅致的计划和布置。"尼克松夫人听了，十分高兴。事后，她说："大多数来访的大人物要么不加注意，要么不屑为此向女主人道谢，而他总是想到和讲到别人。"事后，在以后的岁月中，不论两国之间发生什么事，尼克松夫人始终对戴高乐将军保持着非常好的印象。可见，一句简单的赞美之辞，会带来多么好的反响。

"一句精彩的赞辞可以代替我十天的口粮"，这是马克·吐温的一句经典名言。渴望得到赞美是每个人心灵深处最迫切的需求之一，在适当的时机恰到好处地赞美别人，自己也肯定会得到别人的尊敬与赞美。

林肯也曾经说过："人人都需要赞美，你我都不例外。"无论是父母和子女之间、夫妻之间、朋友之间、师生之间，还是领导与下属之间，互相赞美都是必不可少的。

曾经有一位著名的企业家在与员工谈话时，讲述了这样一个亲身经历的故事。

在他还是一名见习服务员的时候，常常对生活不满意。特别是上班的第一天，他在杂货店里忙活了整整一天，累得筋疲力尽。他的帽子歪向了一边，工作服上沾满了点点污渍，双脚越来越疼。他感到疲倦和泄气，似乎觉得自己什么也干不好。好不容易为一位顾客列完了一张烦琐的账单，但是这位顾客的孩子们却三番五次地要更换，他已经忍耐到了极限。这时候，孩子们的父亲一边给他小费，一边笑着对他说："干得不错，你对我

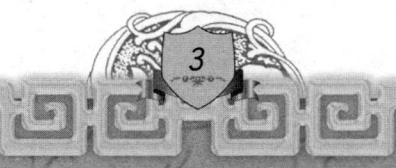

们照顾得真是太周到了!"突然,他就感觉到疲倦消失得无影无踪了。后来,当经理问到他对头一天的工作感觉如何时,他回答说:"挺好!"正是顾客那几句赞美之辞把一切都改变了。

古时候有一个说客,当众夸下海口说:"小人虽不才,但极能奉承。平生有一愿望,就是要将 1000 顶高帽子送给我最先遇到的 1000 个人,现在已送出了 999 顶,只剩下最后一顶了。"有个长者听后摇头说道:"我偏不信,你那最后一顶用什么方法也戴不到我的头上。"说客一听,忙拱手道:"先生说得极是,不才从南到北,闯了大半辈子,但像先生这样秉性刚直、不喜奉承的人,委实没有!"长者顿时手拈胡须,扬扬自得地说:"你真算得上是了解我的人啊!"听了这话,那位说客立即哈哈大笑:"恭喜恭喜,我这最后一顶帽子刚刚送给先生你了。"虽然这只是一则笑话,但它却有深刻的寓意。其中除了那位说客的机智外,更包含了人们无法拒绝赞美之辞的道理。

学会赞美他人是无可厚非的,但是赞美也要把握分寸,不仅要有诚意,还需要有一定的技巧和方法,只有恰到好处的赞美才能收到理想的效果,赞美不适度,信马由缰,天花乱坠,往往会适得其反。

第一,赞美要因人而异,凸显特色。

人的素质有高低之分,年龄有长幼之别,所以赞美要因人而异,突出个性,有特点的赞美比一般化的赞美能收到更好的效果。老年人总希望别人不忘记他"想当年"的业绩与雄风,同其交谈时,可多称赞他引以为豪的过去;对年轻人不妨语气稍为夸张地赞扬他的创造才能和开拓精神,并举出几点实例证明他的确能够前程似锦;对于经商的人,可称赞他头脑灵活,生财有道;对于有地位的干部,可称赞他忧国忧民,廉洁清正;对于知识分子,可称赞他知识渊博、宁静淡泊,当然这一切要依据事实,切不可虚夸。

第二,赞美要情真意切,有理有据。

虽然人都喜欢听赞美的话,但并非任何赞美都能使对方高兴。能引起对方好感的只能是那些基于事实、发自内心的赞美。相反,你若无根无据、虚情假意地赞美别人,他不仅会感到莫名其妙,更会觉得你油嘴滑舌、诡诈虚

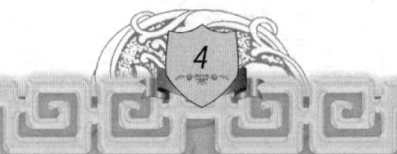

伪。例如，当你见到一位其貌不扬的小姐，却偏要对她说："你真是美极了。"对方立刻就会认定你所说的是虚伪至极的违心之言。但如果你着眼于她的服饰、谈吐、举止，发现她这些方面的出众之处并真诚地赞美，她一定会高兴地接受。真诚的赞美不但会使被赞美者产生心理上的愉悦，还可以使你经常发现别人的优点，从而使自己对人生持有乐观、欣赏的态度。

第三，赞美要合乎时宜，适可而止。

赞美的效果在于见机行事、适可而止，真正做到："美酒饮到微醉后，好花看到半开时。"

当别人计划做一件有意义的事时，开头的赞扬能激励他下决心作出成绩，中间的赞扬有益于对方再接再厉，结尾的赞扬则可以肯定成绩，指出进一步的努力方向，从而达到"赞扬一个，激励一批"的效果。

学会赞美别人是厚黑处世必不可少的技巧之一。也许，你会觉得自己的脸皮真的是太薄，一时还难于启齿，达不到信手拈来的境界。别急，慢慢来，当你深入领会厚黑学的精髓之后，不知不觉中你的脸皮就会越来越厚。"起初的脸皮，好像一张纸，由分而寸，由尺而丈，就厚如城墙了。"

投其所好　顺水推舟

李宗吾"逢人短命，遇货添钱"的厚黑哲学可以简单地概述为"投其所好，顺水行舟"。

厚黑处世一定要学会说话，谨慎说话，否则一旦说错话就会得不偿失。正所谓"说出去的话，泼出去的水"。每一个字，每一句话，都会影响你的成功。善于说话，小则可以欢乐，大则可以兴国。

有这样一则流传甚广的笑话，讲的是一位工会主席召集五个委员开会。开会的时间早已过了，可是只来了三个人。他叹气道："唉，该来的没有来！"有个委员听了这话觉得很不自在，他想：莫非我是不该来的人？于是这个委员悄悄地走了。工会主席见状，又叹道："唉，不该走的走了！"剩下的两个委员听主席这么说，误认为他俩是该走而没有走的人，于是一

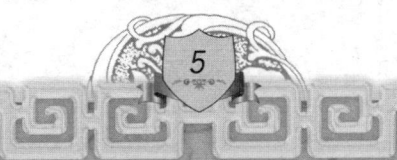

气之下全走了。可见，只因为说话不妥当，非但会议没开成，而且还得罪了人。工会主席用舌头给对方心里留下的阴影，恐怕短时间内难以平息。正因为如此，厚黑学才特别提醒：在待人处世中，应该"投其所好"，多说一些好听话、顺心话。

在日常生活中，有一些说话的技巧是非常简单而又非常实用的。如果能够经常恰当地使用它，一定会为你的人际关系的融洽度增色不少。

买东西是我们每个人日常生活中再平常不过的一种生活行为了。人们普遍的购物心理是，自己能够用"廉价"购得"美物"，通常那些善于购物的人都具有这样的品格，那是精明人的一种象征。也许我们做不到精明人的精明，也不一定都是善于购物者，但我们还是希望我们的购物能力能够获得别人的认可。所以，当我们购买了一件物品后，要是自己花了50元，别人却认为只需30元时，我们往往会有一种失落感，觉得自己不会买东西。相反，当我们花了30元买了一样东西后，别人认为需要50元时，我们又往往会有一种兴奋感，感觉自己很会买东西。正是这种购物心态的存在，"遇货添钱"这种说话技巧便有了用武之地。

例如，张三买了一套样式挺不错的西服，李四知道市场行情，这种衣服两三百元完全能够买得下来。于是李四便在猜测价格时说："这套西服不错呀，至少得花四五百元吧？"张三听后会非常高兴，笑着说："你没想到吧，我花二百元就买下来了！"

这里李四的说话方式是很有技巧性的。他在并不知道张三花了多少钱买下这套衣服的情况下，故意说高衣服的价格，从而令对方产生成就感，当然会使对方高兴了。

"遇货添钱"这个方法很能讨对方欢心，而操作起来又很简单，你只要对对方购买的东西的价格高估就可以了。当然"价格高估"也要注意，首先你要对商品的物价心里有底，其次是不能过于高估，否则收不到好的效果。

只要是人，又有谁不希望自己永远年轻而不要过早地老去呢？所以，成年人对自己的年龄是非常敏感的。例如，你是一位刚刚30出头的小伙子，却被别人看做是中年人，你的心里面能高兴吗？

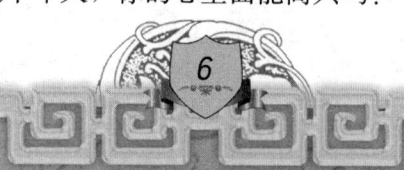

出于成年人普遍存在的这种怕老心理，"逢人短命"这种说话技巧便有了讨人喜欢的"市场"了。这种技巧的特征在于把对方的年龄尽量往小处说，从而使对方觉得自己显得年轻，保养有方等，进而产生一种心理上的满足。举个例子，一位三十多岁的女人，你说她看上去只有二十多岁，一个六十多岁的女人，你说她看上去只有四五十岁，这种"美丽的错误"，对方是不会认为你缺乏眼力，对你反感的，相反，她会对你产生好感，形成心理上的相容。如此，你又何乐而不为呢？我们这里所说的"遇货添钱，逢人短命"，说白了就是投其所好。

往往在投其所好的同时也要学会顺水推舟才能不露痕迹，游刃有余。汉高祖刘邦杀了项羽，平定天下之后，开始论功行赏，群臣在这个时候，彼此争功，吵了一年多都无法确定。刘邦认为萧何功劳最大，就封萧何为侯，封地也最多，但群臣却心中不服，议论纷纷。在封赏勉强确定之后，对席位的高低先后又起争议，大家都说"平阳侯曹参身受多次伤，而且攻城略地，功劳最大，应当排他第一"。刘邦因为在封赏时已经委屈了一些功臣，多封了许多给萧何，所以在席位上也不好再坚持，但心中还是想将萧何排在首位。这时候，关内侯鄂君已经揣摩出刘邦的意图，就不顾众大臣的反对，挺身上前厚脸说道："大伙的评议都错了！曹参虽然有攻城略地的功劳，但这只是一时之功。皇上与楚霸王对抗五年，时常丢掉部队，四处逃避。而萧何却常常从关中派兵员填补战线上的漏洞。楚、汉在荥阳对抗了好几年，军中缺粮，都是萧何转运粮食补给关中，粮饷才不致匮乏。再说皇上有好几次逃到山东，都是靠萧何保全关中，才能接济皇上的，这才是万世之功。如今即使少了100个曹参，对汉朝能有什么影响呢？我们汉朝也不必靠他来保全啊！为什么你们认为一时之功高过万世之功呢？我主张萧何第一，曹参其次。"

刘邦听了，自然是无比高兴，连忙说："好，好!"于是下令将萧何排在第一，可以带剑入殿，上朝时也不必急行。刘邦本是个大老粗，在分封诸侯的时候，将一些从前跟着他出生入死、身经百战的功臣比喻为"功狗"，而将发号施令、出谋划策的萧何比喻为"功人"，所以萧何的封赏最

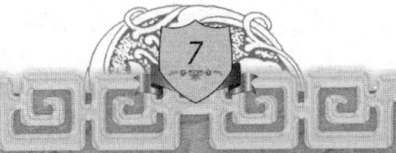

多。明眼人一看就知道刘邦宠幸萧何，因此在安排入朝的席位上，汉高祖虽然表面上不再坚持萧何应排在第一，但鄂君早已揣摩出他的心意。于是顺水推舟，专拣好听的话讲，刘邦自然高兴。鄂君因此而被改封为"安平侯"，封地也比原来多了近一倍。鄂君在关键时刻厚着脸皮说的几句话，使他一生享尽荣华富贵。

总之，投其所好与顺水行舟只有相辅相成才能达到说话办事最佳的效果。投其所好让人心花怒放，顺水行舟使人愿意接受你的观点，与你交好甚至为你办成所求之事。正如厚黑学讲究厚黑兼备，厚无形才能黑无色。

见人说人话　见鬼说鬼话

"见人说人话，见鬼说鬼话"——厚黑祖师李宗吾。

为人处世，最高明的厚黑高手就是能够"见人说人话，见鬼说鬼话"。只有如此，你才能游刃有余地应对各类人。一定要学会见什么人说什么话，顺着对方喜欢听的话去说，顺着他喜欢的事去做；避开他忌讳的言语不说，避开他厌恶的事不做。这样，对方就会觉得你是他的知心人，便会把你视为知己，碰上事情就会多为你说话、替你出力。在为人处世中你就多了一个信任的朋友、多了一条方便的路。

有这样一个笑话，体现了"见人说人话，见鬼说鬼话"的重要性。某人擅长奉承，一天请客，客人到齐后，他挨个问人家是怎么来的。第一位说是坐出租车来的，他大拇指一竖："潇洒，潇洒！"第二位是个领导，说是亲自开车来的。他惊叹道："时髦，时髦！"第三位显得不好意思，说是骑自行车来的。他拍着人家的肩头连声称赞："廉洁，廉洁！"第四位没权也没势，自行车也丢了，说是走着来的。他也面露羡慕："健康，健康！"第五位见他捧技高超，想难一难他，说是爬着来的。他击掌叫好："稳当，稳当！"看到这里，你也许会捧腹大笑，但细细思忖之下，一定能悟出厚黑说话之道的奥妙所在。

所谓"见人说人话，见鬼说鬼话"，具体来说，就是要根据对方的兴

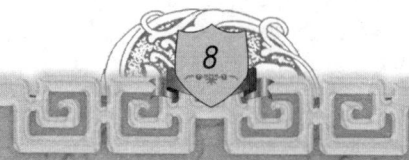

趣爱好说话。人们因职业、个性、阅历及文化素养等方面的不同，兴趣和爱好自然也会有所不同。而且，有些人的兴趣、爱好还会因时、因地而有所不同。比如，有的人年轻时对垂钓感兴趣，而到了晚年，却爱好养花种草。而你若知道你的交际对象对某方面感兴趣，你与之打交道时如果先谈些与其兴趣有关的话题，对方就容易向你打开话匣子。

有一个小伙子想拜一位老中医为师，以求学得针灸技巧，为了博得老中医的欢心，他在登门求教之前作了认真细致的调查。他了解到老中医平时爱好书法，遂浏览了一些书法方面的书籍。起初，老中医对他态度冷淡，但当青年人发现老中医几案上放着书写好的字幅时，便拿起字幅边欣赏边说："老先生这幅墨宝写得雄劲挺拔，真是好书法啊！"对老中医的书法予以赞赏，促使老中医升腾起愉悦感和自豪感。接着，青年人又说："老先生，您这写的是唐代颜真卿所创的颜体吧？"这样，就进一步激发了老中医的谈话兴趣。果然，老中医的态度转变了，话也多了起来。接着，青年人对所谈话题故意挖掘，环环相扣，致使老中医精神大振，雅兴大发。终于，老中医欣然收下了这个"懂书法"的徒弟。

由此可见，在待人处世中，我们所面对的交际对象性格迥异，你不仅要比较讲究说话的方式方法，还要把握说话的分寸。

比如，某青年与一位名牌大学的老教授在火车上一路同行，青年人想借老教授的钢笔写字，便说："喂，钢笔给我一下。"然而，老教授是位颇讲究礼仪修养的人，他见青年如此失礼，便把头扭向一边，没有理会这个青年。如果青年人知道把握说话的分寸，把话换成："请问老先生，把您的钢笔借我用一下行吗？"其结果可能就会截然相反。

有位"未来的女婿"初次登岳父家门，发现这位女友家的茶杯、茶壶、碗碟等用具都是非常精致的青花瓷器，马上就判断出老爷子喜欢什么，他便称赞说："这青花瓷器古朴典雅，精美极了。"就这一句话把"岳父"高兴得合不拢嘴，他们马上有了共同的话题，谈得非常投机。

当然，也有的交际对象性格比较急躁、直率，讲话犹如拉风箱一样直来直去，同时，也不太计较别人的说话方式。所以，你在与这样的人打交道时，就要开门见山，有话直说，千万不要兜圈子。有位名牌大学中文系毕业的高才生，在人才招聘会上，想让某公司经理招聘其为办公室秘书，在经理面前作自我推销时说话拐弯抹角，半天也说不到点子上。高才生说："经理，听说你们公司的环境相当不错。"经理点了点头。接着，高才生又说："现在高学历的人才是越来越多了。"经理还是点了点头，什么也没说。而后，高才生又说："经理，秘书一般要大学毕业，要比较能写吧？"高才生的话兜了一个大大的圈子，还是未能道出自己的本意。岂料，这位经理是个急性子，他喜欢说话办事干脆利落。正因为高才生未能摸透经理的性格，结果话未说完，经理便托词离去，高才生的求职也化成了泡影。

由此可见，要想根据别人的潜在心理说话，把话说到对方的心坎儿上，就要时刻注意揣摩你的交际对象心里在想什么。如果你说的话与对方的心理相吻合，对方就乐于接受；反之，你说的话就会使对方产生排斥和抵触心理。

另外，针对不同的身份，所选话题也应有所不同，即要选择与之身份、职业相近的话题。比如，你在旅途中遇到了一位老农民，如果你把话题引向现代女性的美容上去，肯定是"驴唇不对马嘴"了。倘若你说："大叔，今年的收成怎样啊？每亩地的小麦能收多少？"这样，就能激起老农与你谈话的共鸣点和兴奋点。要赢得别人的喜欢，就要谈论别人感兴趣的事。因此，在待人处世方面有经验的人都知道，遇到老人就一定要去谈他的小孙子、小孙女，在老人的心目中，他的小孙子是最可爱的；对一个集邮迷，你不妨谈几枚好邮票；对一个足球迷，谈他喜欢的球队如何取胜、球技如何高超；对注重养生之道者，谈谈气功和太极拳；向一个成功者请教他的奋斗史和成功的经验，等等。

具体方法简要概括为下。

第一，摸清对方性格。

不同性格的人，对接受他人意见的方式和敏感程度是不一样的。是性格急躁的人，还是性格稳重的人；是自负又胸无点墨的人，还是有真才实学又很谦虚的人，在接受说话的方式上是不同的。掌握了对方的性格，就可以按照他的性格特征，有针对性地进行交谈。

第二，发现对方的长处。

一个人的长处就是他比较熟悉、比较了解、比较容易理解的领域。如有人对部队生活熟悉，有人对农村生活熟悉，有人擅长于文艺，有人擅长于语言，有人擅长于交际，有人擅长于计算等。在交谈的时候，要从对方的长处入手。首先，能和他谈到一起去；其次，在他所擅长的领域，谈论起来他容易理解，便容易接近他；最后，能将他的长处作为接近他的一个有利条件。如一个伶牙俐齿、善于交际的人，在分配他做销售工作时可以说："你在这方面比别人具有难得的才能，这是发挥你潜能的一个最好机会。"这样交谈既有理有据，又能表明领导对他的信任，还能引起他对新工作的兴趣。

第三，了解对方的兴趣。

有人喜欢绘画，有人喜欢音乐，还有人喜欢下棋、养鸟、集邮、书法、写作等，人人都喜欢从事和谈论其最感兴趣的事物。从这里入手，打开他的"话匣子"，再与他进行交谈，便较容易地达到沟通的目的。

第四，掌握对方的真实想法。

一个人坚持一种想法，绝不是无缘无故的，他必定有自己的理由，而且他讲的道理一般都符合国家政策、集体利益或人之常情。但这常常不是他的真实想法，他的真实想法怕拿出来被人瞧不起或被误解，难以启齿。如果领导者能真正了解他的"苦衷"，就能有针对性地加以解决。

第五，揣摩对方当时的情绪。

一般说，影响对方情绪的因素有：一是谈话前对方因其他事所造成的心绪仍在起作用；二是谈话当时对方的注意力正集中在哪里；三是对方的看法和态度。所以，在开始沟通之前，要想方设法了解对方当时的思想动态和情绪，这对沟通的成败是至关重要的。

俗话说，"狗掀门帘，全凭一张嘴"，待人处世也是如此，靠一张嘴可以行走天下。与人交谈时，如果能较好地运用上述的方式、方法，有针对

性地采取合适的说话方式，就能把话说到对方的心坎儿上，就会使你大受欢迎！换句话说，只要你能够把脸皮磨厚，见人说人话，见鬼说鬼话，便一定能够成为待人处世的高手。

在别人背后说好话

在别人背后说好话才是厚黑学中厚的最高境界，正可谓厚而无形。在别人背后说好话，对你的人缘会有意想不到的影响。这样做可以人人不得罪，左右逢"缘"，你好我好大家好，你和他人的关系肯定融洽。秘密在告诉别人后就不称其为秘密了。然而，我们却常在许多场合里，听过或者说过："我告诉你一个秘密，你可不能再告诉别人！"我们总是天真地认为对方会保守秘密，绝不会再让他人知道，殊不知隐藏不住秘密是一般人的常情，而秘密终究会传到当事者的耳朵里。

如果传递的事件有关个人的名誉时，其影响力之大将不可比拟。令人心悸的是，如果这秘密是恶意的抨击批评，在告诉他人时，连听话的也极有可能对你产生不安，怀疑你这种人在他处也会采取同样的行动来诽谤自己。至于传到当事者耳朵里的后果当然更不用说。

我想你一定会反问，如果以"我告诉你一个秘密，你可不能再告诉别人"的方式来间接表达赞美之词，是不是能获得比预期更好的效果呢？答案是肯定的。利用这种人性弱点，将称赞之辞传出去，的确是恭维别人、尊崇他人的良好方法。厚黑学认为，背后的称赞比当面的赞美，更能获得他人的欢心。

往往人们都讨厌背后说别人坏话的小人，一方面，是背后说坏话，会有中伤别人的感觉；另一方面，人们会觉得背后的评价更能体现那个人内心的真实想法。因此，当他知道一个人在背后赞美自己的时候，他也会感觉你真的是这样想的，会更加高兴。不要担心你在别人面前说另一个人好话，那些好话当事者不会听见，这世界没有不透风的墙，就算赞美传不到他本人耳朵里，别人也会因为你在背后夸奖人而更加敬重你。

每个人都或多或少地拥有虚荣心，喜欢听好话。来自社会或者他人的赞美能使一个人的自尊心、自信心得到极大的满足。当他的荣誉感得到满足时，他会情不自禁地得到鼓舞，从而从心里对你感到亲切，缩小了你们的心理差距。如此以来，你们沟通交流起来，会有事半功倍的效果。不知不觉间，你就会拥有一个良好的人缘。

在处世名著《红楼梦》中有这么一段描写。

史湘云、薛宝钗劝贾宝玉做官为宦，贾宝玉大为反感，对着史湘云和薛宝钗赞美林黛玉说："林姑娘从来没有说过这些混账话！要是她说这些混账话，我早和她生分了。"凑巧这时黛玉正来到窗外，无意中听见贾宝玉说自己的好话，"不觉又惊又喜，又悲又叹"。

结果宝黛两人互诉衷肠，感情大增。因为在林黛玉看来，宝玉在湘云、宝钗、自己三人中只赞美自己，而且不知道自己会听到，这种好话就不但是难得的，还是无意的。

倘若宝玉当着黛玉的面说这番话，好猜疑、使小性子的林黛玉怕还会说宝玉打趣她或想讨好她呢。

人是社会的主体，想在其中立足，首先要做好的就是处理、协调好人与人之间的关系。问题很简单实际，简单到只是人与人之间在生活中的交往而已。可它却又是个涉及无数个细节的烦琐问题。任何一点出了纰漏，可能都会影响到你和他人的交往，简单点说，就是你会有一个不好的人缘。

"前"与"后"的关系构成一个整体。所谓"思前想后"讲的就是这个道理。人生也有"前台"与"后台"，即如何处理好人前与人后的关系，往往影响很大。

德国的铁血宰相俾斯麦，为了拉拢一个敌视他的议员，便有计划地在别人面前赞美这位议员，他知道那些人听了之后，肯定会把他的话传给那个议员。后来，俩人成了无话不说的政治盟友。

美国前总统罗斯福的一个名叫布德的副官对赞美曾有过非常深刻的见解：背后赞美别人的优点，比当面恭维更为有效。可以说，这是一种很高的赞美艺术。在人背后赞美人，在各种赞美方法中，要算是最使人高兴的，同时也是最有效果的。

因为当你直接赞美下属时，对方极可能以为那是应酬话、恭维话，目的只在于安慰自己罢了。若是透过第三者的传达，效果便截然不同了。此时，当事者必然认为那是认真的赞美，毫无虚伪，于是真诚接受，感激不已。在深受感动之下，这位下属会更加努力地工作，以报答你的"知遇"之恩。

试想一下，如果有人告诉你，某某人在你背后说了许多关于你的好话，你会不高兴吗？这种赞美，如果当着你的面说给你听，或许会适得其反，让你感到虚假，或者疑心他是不是出于真心。为什么间接听来的便觉得特别地悦耳动听呢？那是因为你坚信对方是在真心赞美你。

其实，在我们的周围，可把这种方法派上用场之处不胜枚举。例如，一个员工，在与同事们午休闲谈时，顺便说了上司的几句好话："咱们的上司很不错，办事公正，对我的帮助尤其大，能为这样的人做事，真是一种幸运。"这几句话传到上司耳朵里，不让上司心里感到欣慰和感激才怪呢！同时，这个员工的形象也会好许多。

千万不要小看这些细节，生活就是由无数个细节组成的。生活中没有多少轰轰烈烈能被载入史册的事情，我们要做的只是一个又一个细节。现在，我们要注意的是，坚持在背后说别人的好话，别担心这些好话传不到当事人的耳朵里。

说别人的好话，当面说和背后说得到的效果是不同的。你当面说，人家就会以为你不过是在奉承他、讨好他而已。当你的好话在背后说时，人家认为你是出于真诚的，是真心说他的好话，人家才会领你的情，并感谢你。

如果你当着上司和同事的面说上司的好话，你的同事们会说你是在讨好上司，拍上司的马屁，从而容易招致周围同事的轻蔑。你的上司脸上也不会有光，反而会说你不真诚。与其如此，倒不如在公司其他部门，当上司不在场时，大力地"吹捧一番"。这些好话终有一天会传到上司的耳中。

厚黑处世不但要会说话，会说赞美的话，更要学会在别人背后"秘密地"说好话。

善打圆场　巧解尴尬

在现实生活中，你在说话时一定要多加小心，其中很多细节，要自圆其说。不然，轻则会给你的印象减分，重则会有飞来横祸。面对纷繁复杂的社会百态，一定要事先掌握一些厚黑应变说话之道才能打好圆场。

有个理发师傅带了个徒弟。徒弟学艺 3 个月后，这天正式上岗。他给第一位顾客理完发，顾客照照镜子说："头发留得太长。"徒弟不语。师傅在一旁笑着解释："头发长使您显得含蓄，这叫藏而不露，很符合您的身份。"顾客听罢，高兴而去。

徒弟给第二位顾客理完发，顾客照照镜子说："头发留得太短。"徒弟不语。师傅笑着解释："头发短使您显得精神、朴实、厚道，让人感到亲切。"顾客听了，欣喜而去。

徒弟给第三位顾客理完发，顾客边交钱边嘟囔："剪个头花这么长的时间。"徒弟无语。师傅马上笑着解释："为'首脑'多花点儿时间很有必要。您没听说：进门苍头秀士，出门白面书生！"顾客听罢，大笑而去。

徒弟给第四位顾客理完发，顾客边付款边埋怨："用的时间太短了，20 分钟就完事了。"徒弟心中慌张，不知所措。师傅马上笑着抢答："如今，时间就是金钱，'顶上功夫'速战速决，为您赢得了时间，您何乐而不为呢？"顾客听了，欢笑告辞。

故事中的这位师傅，真是能说会道。他机智灵活，巧妙地"打圆场"，每次得体的解说，都使徒弟摆脱了尴尬，让对方转怨为喜，高兴而去。他成功地"打圆场"的经验，给了我们诸多启示。

以下几个方面一定要注意打好圆场，巧解尴尬。

第一，开玩笑却遭到怒骂时。

开玩笑是为人处世必不可少的交流方式，但必须得到对方的共鸣才能成立。自己觉得有趣对方却不以为然，这样的玩笑，充其量不过是自己在耍猴罢了！不理会对方的心情而一味地自我欣赏，是很容易激怒对方的。

如果一个职员能看清上司喝茶时那副不高兴的神情，就不致会想到要和上司开玩笑了。其实，上司是早上开会时，因为科里所提出的企划方案做得不好而受到了批评，没心情出去吃中饭而在办公室生闷气。当上司向部属板起脸时，大都是因为其部属的表现令他不满。这时受到斥责的部属不但要顺着他的意思，而且要赶快找出上司不愉快的原因，这样才能化不快为愉快。所以，遭到上司这出乎意料之外的斥责时，应马上道歉："对不起，我竟然开了这种无聊的玩笑！"同时，要赶快回想今天到底发生了什么事，让上司这么不高兴。早上，有什么事呢？早上科长不是只去开会吗？——对了，一定是开会时受到了批评吧！这么说，问题大概出在科里所提的企划方案吧！"我们科里所提的企划方案，怎么样了呢？"——确定问题点，就大胆地提出。"那个企划不行！早上开会时……"憋了一早上的闷气，上司终于可以借着这个问答发泄出来，等事情讲完时，刚才所造成的尴尬气氛，也会烟消云散了。

第二，说曹操曹操到时。

很快午休时间就要到了，趁着科长又出去参加业界聚会，办公室的几位同事在一起东家长西家短地闲谈起来，不知不觉地就说到科长身上了。李明做事认真，个性又开朗，在办公室里人缘很好，只是有点冒冒失失，喜欢一高兴就搞恶作剧。不例外地，当他听到大家都在说科长的坏话时，便趁机起哄："我也这样认为，科长实在是一位老古董，动不动就要拿伦理道德、礼仪规范来数落，他根本就不知道现在是流行新潮的时代嘛……"突然间，大家怎么一下子就变得正经八百、规规矩矩的了呢？当李明发觉情形不对时，已经大事不妙了，科长已站在自己的后面。"怎么，我又哪里不好了吗？"科长当场就冲着李明丢下这么一句火药味儿极重的话，糟了，李明这下子万事休矣！在会话礼节中，最忌讳的是背后说人坏话。可是大家大概都不否认，能肆无忌惮地批评别人，是最令人感到愉快的。人都有劣根性，明知说人坏话是最要忌讳的事，可是却总忍不住要说上几句。

既然如此，明知偶尔免不了要对别人说长论短，那何不在说法上多注

意点儿呢？至少要先弄清楚说话的场合和坏话的程度。如果是充满个人憎恶情绪的坏话，听的人可能会有"这说得太过分了吧"的感觉。像这样就已超过限度，说者不但会不愉快，反而会因情绪过于激动而造成反效果。李明的情形不算是说得过分，问题在于说话的地点不对。像上述的例子，尽管上司不在，但在办公室内总是不好。另外像公司同事常去的餐馆或咖啡厅，也都不是谈论同事长短的好地方。可是，李明也不见得就这样万事休矣。因为平时科长对他还很满意，至少他可以利用这点来挽回面子。

在这种情况下，无理地强辩只会把气氛越弄越糟。最好的方法还是赶快低下头道歉。通常一位通情达理的上司看到下属诚心认错时，应该都会既往不咎的，至少也不会让属下难堪或下不了台。科长听到李明的道歉后，反而装作不知地说："这又是怎么一回事呢？"既然科长已经故意佯装不知了，李明这时就要心存感谢地在表面上唱和着说："还好刚才的话没有被科长听到，真是谢天谢地！"换句话说，就是彼此都装糊涂，这样才能化解尴尬的气氛。可是事后，必须谨记这个科长明明听到却放自己一马的恩惠，而在往后的工作上好好地表现以作回报。

第三，别人叫不出自己的名字时。

在外面邂逅以前认识的朋友或同事，待上前去打招呼时，却因对方记不起自己的名字，致使彼此尴尬而散。这种情况应该很多人都曾有过吧！例如参加讨论会或公司集训时，碰到过去曾经在一起工作的老同事，于是自己便很兴奋地过去打招呼："老赵，好久不见了，您好吗？"对方也像看到了熟面孔似的回答，可是寒暄问候的话一讲完，对方就显得很局促不安而想找理由离开。假如您遇到这种情形，您会如何应变呢？尤其像演说家等之类经常需要和很多人接触，虽然别人对他了若指掌，可是他却经常无法一下子就叫出别人的名字。通常遇到这种情形时，他们都会很自然、直截了当地向对方请教，譬如说："请问您尊姓大名？"或"您是哪位呢？"可是对一般人来说，这种开门见山式的问答，似乎令人难以启齿。还有，就是叫不出对方姓名时，既不敢开口请教，又害怕被对方看穿真相，因此，心虚、不安，于是当然就想尽早离去。这时，你就应该很巧妙地把自

己的名字夹在谈话中。譬如："最近偶然也会碰到当时跟我们在一起的伙伴，他们还是老样子，仍然取笑我叫小呆。想想从前，真是多亏您的照顾啊！"

这样对方可能就比较能安心，至少不会急着想要打退堂鼓。人难免会有忘记别人名字的时候，因此将心比心，即能体谅别人的处境，尽量避免让别人出洋相。相反，如果自己想不起对方的名字时，怎么办才好呢？这时您可这样去应变："对不起，您可否给我一张名片？""嗯！名片吗？""是的，拜托！拜托！"或许，一开口就讨名片别人会感到唐突，因此你可以自然地接过名片后，再说："要以后有机会，我即可很快地凭这张名片和您联系了。"然后，你就可以依名片上的姓名来称呼对方了。

第四，当被"张冠李戴"时。

在同一个集体内，名字类似的同事经常会有被"张冠李戴"的事情发生。像朱华先生就是这样。因为在同一公司内凑巧就有一位老同事叫做"陈华"，因此，他就经常被误叫名字。今天一位新分配来的女职员一时疏忽，又叫他"陈华先生"，他感到非常懊恼，因此就默不做声不理睬对方。这样做对吗？首先要忍住一时的气愤。被当面叫错名字，不论是谁都会觉得不舒服。可是当事人在那一瞬间的反应，将会造成极度不同的结果。中国字有很多同音异字的情形，譬如一个名字叫做"健"的人，难免会有被错写成"建"。这时候倒可以如此说："对不起，我的名字是健康的'健'呀！此'健'非彼'建'哦！"名字被弄错时，这种近乎诙谐的指正方法，反而会令大家皆大欢喜，更加融洽。

一个经常跟自己碰面的人，却搞不清自己姓氏名字，这是很令人不愉快的事。可是，这也不是什么不能忍受的事吧！既然对方记不清楚，自己干脆再报一次姓名就好了，譬如："我是朱华呀！这个名字也实在是太平淡了，不好记。"其次，把自己的特征和名字连在一起。一时疏忽而弄错姓名的事，似乎屡见不鲜。其中有很多是没有把对方的姓名和外貌记清楚，所以才造成把别人姓名张冠李戴的错误。无论如何，对被弄错姓名的人而言，如果不想办法让对方记住自己，以后仍会经常有不愉快的情形发生。最好的应变方法之一，就是把自己外貌的特征和名字连在一起告诉对方。

为人处世并不是一切都能做到游刃有余，遇到尴尬时刻，善打圆场，巧妙解围，才是厚黑人的聪明之举。

说话说在点子上

厚黑学指出，如果你始终坚持说话说在点子上，无论你走到哪里都会很受欢迎。如果你能和任何人谈上10分钟就能使对方对你发生兴趣，那么你绝对是一个会说话的人。这个"任何人"也许是工程师，也许是艺术家，也许是教师，也许是建筑工人，总之，无论三教九流，各种阶层人物，你能谈上10分钟使对方感兴趣的话题，真是了不起。这当然很不容易。

所谓"说话说在点子上"，必须做到两点。

首先，要言之有物。说话最忌空洞无物，华而不实，废话连篇。"言之有理，持之有据"，方能让人信服。所谓"欲语唯真，非真不语"，是说语言应该表达真情实感，没有真情实感就不要开口说话。也许这个要求太高了一点儿，但不能说没有一点道理。为此，说话应精心设计，而不是东拉西扯，语无伦次，令人生厌。

其次，要言之有情。说话要力求生动有趣，饱含真情。这需要经过长期训练，绝非一日之功。俗话说："两年胳膊三年腿，十年观磨一张嘴。"可见学会说话比学会其他技艺更难。

把话说在点子上的人，可以把他的人际关系处理得非常和谐，把他的生活弄得非常有趣。说话没有一点技巧的人，为了寻找倾听对象，不得不煞费苦心，因为别人都觉得他的话毫无价值，不屑一听。那么，你是不是一个会说话的人呢？看看下面这些问题，为自己做个小测试。

你是否常常见到别人话到嘴边时又觉得无话可说？

你是否很难找到一个对方感兴趣的话题？

你是否常常说话犯人禁忌？

你是否常常因别人反感自己的话而感到很狼狈？

你是否在某些人面前话很多，而在某些人面前无话可说？

别人不同意你的意见时，你是否再三地重复你已经说过的话？

如果上面的问题你有一半以上回答"是"，那么就说明你在说话方面不是缺乏训练就是重视程度不够。不过，你也不必灰心，因为说话虽然不易，也没有难到不能提高的程度。只要掌握以下说话技巧，你就能感觉到有很大的进步。

第一，要学会倾听。

在交谈时，许多人一门心思考虑自己接下去该说什么，对别人说的话一个字也听不进去。由于经常误会对方的意思，使谈话难以进行。很显然，除非你对别人说的话感兴趣，别人才会重视你说的话。谈话本身包括说和听，不要自以为是地垄断整个谈话，要给对方发表意见的机会，不要轻易打断对方的谈话，以示尊重对方。对方讲话时，可在适当时候发表自己的看法，不过一般不谈与正在议论的内容无关的话题。如果对方谈到一些棘手的话题，或者你认为他的观点你根本无法接受时，不必轻易表态或随声附和，可设法尽快转移话题。请记住，大多数谈话失误不是因为说话太少，恰恰相反，言多才会语失。

第二，三思而后说。

这是最主要的谈话技巧，也是谈话时应遵循的原则。只有"三思"，你才可以将自己的观点梳理清晰，并言简意赅地表达出来，避免喋喋不休；只有"三思"，对方才会感觉到你的诚意，并对你说的话引起重视；只有"三思"，才不会因失言而冒犯对方，这正是交谈时应极力避免的失误。

第三，选一个大家都感兴趣的话题。

说话的吸引力来自对话题的兴趣。当你与一位刚刚认识或不知底细的人交谈时，避免冷场的最佳方法是找出对方感兴趣的话题。你可以提出一些问题进行试探。一个话题谈不下去时，就换到另一个话题。如果谈话出

现短暂停顿，不要着急，不必没话找话，沉默片刻也无妨。谈话是交流，可以涓涓细流，不必像赛跑那样拼命地冲到终点。

第四，一听二看三说。

"听"就是要仔细地聆听别人的言语，没有领悟别人的意思就不要轻易发表言论；"看"即察言观色，留心对方的举止神态，看他是否有兴趣继续这个话题，以及是否有兴趣听你发表见解。当你确定对方有倾听的兴趣而且你确实能够满足对方的兴趣时，你才能从容不迫地说出你想说的话。

第五，别吝啬溢美之词。

很多人都喜欢听恭维话，也有很多人都喜欢说恭维话。然而生活中总是有一些人从不说赞美之辞或者很少说。这或许是由于多数人不喜欢当面评头论足，或许有些人由于性格内向羞怯而不愿启齿，或许有些人根本没有想到恭维话会让人高兴不已。其实，一句简单的恭维话就会获得对你的谈话别样的好感，一句由衷的赞美之辞就会使你的话娓娓动听，感人肺腑，让人难以忘怀。

第六，不要过于自以为是。

有些人坚定不移地维护自己的观点，无论对方说什么也别想让他改变看法，哪怕他明知自己的观点不合逻辑或缺乏事实依据，出于面子也要争执不休，以证明自己是对的。这种人无疑是让人讨厌的，别人肯定会对他抱有敌对情绪，懒得听他说话。

第七，注意礼仪细节。

想参加他人的谈话，应事先打一声招呼。若别人正在进行个别私下交谈，不可凑上去旁听，这是很不礼貌的行为。有事要找正在谈话的人，应站在一旁稍候，让他把话说完，然后表示歉意，得到允许后再开口。察觉到有人要与自己谈话，应主动招呼。发现有第三者要参加谈话时，应以微笑、点头、握手等表示欢迎。谈话时有人来找或遇有急事要离开时，应向对方解释清楚并表示歉意。如果谈话是在三人以上之间进行的话，应照顾全局，寻找有共同兴趣的话题来谈。不要只顾跟一两人交谈，对其他在场的人置之不理。两人谈及他人一概不知的事情时，应稍作解释，以便大家共同参与谈话。

第八，进行积极反馈。

你肯定不会愿意跟一个神态木然的沉默者说话，对方也一样不希望看到你这样子对他。因为他弄不清你是否在听和该不该继续说下去。所以，交谈时要积极回应对方的话，比如，以各种面部表情、神态和手势表示同意、赞同、肯定，或者否定、不同意。也可以用简单的语言鼓励对方说下去，如"对，不错，是的……"当对方发现你对他的话感兴趣时，说起话来更是兴趣盎然而不是兴味索然，那么，他必然也会重视你说的话。

在厚黑处世中，说话的技巧是最关键、也最直接的。说话说在点子上虽然不是一朝一夕就能掌握的，但是只要生活中与人交谈时多留点心，就一定会有很大的进步。

委婉含蓄　善于兜圈子

李宗吾认为，在说话办事过程中，不懂得委婉含蓄，有时本意虽然是好的，但是由于说得太突然、太直接了，而难以达到目的，误人误己。有些话不能直言，便得拐弯抹角地去讲；有些人不易接近，就少不了逢山开道、遇水搭桥；搞不清对方葫芦里卖的是什么药，就要投石问路、摸清底细；有时候为了使对方消除敌意，放松警惕，我们便要绕弯子、兜圈子，甚至用"顾左右而言他"的迂回战术。

委婉的语言，是人际交往中必不可少的，是维系人与人之间和谐关系的重要手段。人们常说，"某某说话能噎死人"！说话太直接容易使人一时难以接受。使用"迂回委婉，步步深入"之法就不同了，委婉一点儿，含蓄一点儿，使对方自己悟到那层意思，给对方考虑的空间，反而容易让人接受。

一辆电车上人很多，而这时又上来一位抱小孩的妇女。于是售票员对乘客说："哪位同志给这位抱小孩的女同志让个座？"但没想到她连喊两次，无人响应。售票员站起来，用期待的目光看了看靠窗口处的几位青年乘客，提高嗓音："抱小孩的女同志，请您往这里走，靠窗口坐的几位小

伙子都想给您让座儿，可您得先过去。"话音刚落，"呼啦"一声，几位小伙子都不约而同地站了起来。这位女同志坐下之后，只顾喘气定神，忘记对让座的小伙子道谢，小青年面有冷色。售票员看在眼里，心里明白，她忙中偷闲，逗着小孩子说："小朋友，叔叔给你让了个座儿，你还不谢谢叔叔？"一语提醒了那位妇女，连忙拉着孩子说："快，谢谢叔叔。"那位小青年听到小孩道谢连声说："不客气。"

　　试想，售票员请人让座时说"那么大小伙子一点也不自觉"；在劝那位女同志道谢时说"别人给你让座，你也不知道说个谢字"，后果会如何呢？生活中，要理解人们的合理需要，爱护人的自尊心，只有这样才能把话说到别人的心坎里去。如果不能根据交际对象的心理，选择恰当的语言形式，话一出口先挫伤他人的自尊心，必然会吃亏，甚至引起对方的不快而引发争吵。

　　在一次新闻界的餐会上，美国前总统艾森豪威尔应大家的要求站起来说话。他说："大家都知道，我不是擅长言辞的人。小时候我曾经去拜访过一个农夫，我问这个农夫：'你的母牛是不是纯种的？'他说不知道。我又问：'这头牛每个星期可以挤出多少牛奶呢？'他也说不知道。最后，他被问烦了就说：'你问的我都不知道，反正这头牛很老实，只要有奶，它都会给你。'"

　　艾森豪威尔笑了笑，对所有在场的新闻界人士说："我也像那头牛一样老实，反正有新闻，一定都会给大家。"这几句话引得大家哄堂大笑，因为他就是兜着圈子告诉大家，你们没事别紧追着我问，反正我有新闻一定会给你们的。

　　可见，艾森豪威尔绕圈子的功夫可真不是一般人所能及的。生活中不少人是"直肠子"、"一根筋"，为人处世"不撞南墙不回头"，十头牛也拉不回来。这样的人其实应该学会绕弯子，否则就得做好吃亏、碰钉子的心理准备了。

　　有时候说话含而不露，话中有话，兜着圈子也是幽默的一种方式。

　　有一位青年带着"自己的"一篇小说来到某杂志社编辑部，编辑看了他的小说后问："这是你自己写的小说吗？"青年满心欢喜地说："当然是我自己写的，光构思就构思了一个月，然后又花半个月的时间才完成的，写作的过程可真苦呀!"

其实那个编辑早就看出他是抄袭的,但他却没有直接说出来,他故作惊讶而又幽默地说:"啊,伟大的契诃夫先生,您什么时候又复活了呢?"那个青年听了编辑的话,非常羞愧地离开了编辑部。

无独有偶,在19世纪的意大利,曾有个作曲家带着一份七拼八凑的乐曲手稿来请教著名的作曲家罗西尼,演奏过程中,罗西尼不停地脱帽。

那位作曲家问:"屋里太热了?"

罗西尼回答说:"不,我有见到熟人就脱帽的习惯。在阁下的曲子里,我碰到那么多熟人,不得不连连脱帽。"

罗西尼巧妙地用"那么多熟人"来暗示曲子缺乏新意,抄袭太多,既含蓄、明确地向对方表明了自己的看法和意见,又不伤情面,从而达到了阐明己意的目的。

那么,兜圈子应该注意哪些问题呢?

第一,切忌话题飘来飘去,东扯西扯不得要领,即使是再含蓄的话也必须是与"主题"相关的。如果使人难以了解你所说的究竟是什么,那使用这个策略还有何意义呢?

第二,不要在关键问题上搪塞,打马虎眼,说不出重点。比如谈报酬,这个数目既不应是具体的,也不能太隐晦,让人摸不清底细。而应该估测对方的理解能力,进而达到一种双方之间的默契,保证他可以根据你的某种暗示猜测,这样才有利于双方的配合。

第三,忌计划欠周到。诱"敌"深入,首先要保证对方在被"诱"过程中,不会对你的意图表示怀疑,如果计划欠周到,稍有差池,就会使对方有种受骗的感觉,不但自己的目的难以达成,甚至可能使对方对你不满,反目成仇。

第四,不要故弄玄虚,含隐晦涩。朝别人挤眉弄眼,故弄玄虚,可能使对方摸不着头脑,那你的话就"含蓄"过了。

总之,李宗吾认为,说话委婉含蓄,善于兜圈子,就是要让对方在不知不觉中领悟到我们的道理,听从我们的劝说。

厚黑处世第二招：脸厚如墙　百忍成金

> 厚黑祖师李宗吾主张，人在为人处世中一定要学会"忍"。小不忍则乱大谋，"忍"仅仅是一种手段，胜利才是最终目的。纵观古今，能忍者才能左右逢源成就大事。深于厚黑学的人，坚如磐石，雷打不动。《厚黑学》中说："妇人之仁是心有所不忍，其病根在心不黑；匹夫之勇是受不得气，其病根在脸皮不厚。"

成大事定有小忍

"小不忍则乱大谋"，可以从两方面来理解：一个意思是，人要忍耐，凡事要忍耐、包容一点。如果一点儿小事不能容忍，脾气一来，坏了大事。许多大事失败，常常都是由于小地方搞坏的。另一个意思是，做事要有"忍"劲，狠得下来，有决断。有时候碰到一件事情，一下子就要作决断，坚忍下来，才能成事。如果不能当机立断，以后就会非常麻烦，姑息养奸，也是小不忍。

中国有句古话："大丈夫能屈能伸"。讲的便是大将韩信胯下受辱的故事。小不忍则乱大谋，为人切忌心高气傲。正是韩信的巨大忍耐力，使其功成名就。厚黑学认为，有的人之所以为世人所尊重，都是从忍辱中得到的。

灵活善变 厚黑学

忍有两种，一种是思而不发，以忍求安；一种是忍而待发，以忍求变。求人者要特别学会后一种忍，忍是手段，所求是目的。战国时期的赵武灵王在位时为公元前326年至公元前298年，当时的赵国国富民强，又因地处中原，常被卷入战争的旋涡。所以，广行富国强兵之策比其他的国家来得更急切。

赵武灵王经过多年的征伐，认为北方游牧民族骑马作战是值得仿效的战术，其机动性大，集散自由，对战场条件适应性很强。

于是想改变自己军队的作战战术，改革颇费了番周折。首先，当时的中原服装不适合骑马作战，就要改穿游牧民族的胡服，胡服的下身相当于今人普遍穿的裤子。

要穿胡服并不那么简单，服装式样的改变，在中国古代是一场大的改革。然而决定一下，预料中的反对势力蜂拥而至，朝中的多数大臣都不支持这项改革，主要理由就是不能出卖自己祖宗去穿胡服丢丑卖脸，不能改变中国的传统式样。

面对大批的反对势力，赵武灵王采取了极其克制的态度，他不发王者之威，不以王者之尊强行推广，用今天的话来说就是做了大量的思想政治工作。从战争的发展，富国强兵的要略，反复阐述自己的意见，拿出了最大的忍耐力推行战术。最难对付的是他的亲叔叔，借口生病，不早朝、也不听劝。赵武灵王知道他病在哪儿，所以和他绝口不谈正题，天天如此。他叔叔大为感动，因为彼此都明白对方在做什么。

赵武灵王的"忍功"确实达到了目的，这是一种功利主义目标明确的"忍"。

小不忍则乱大谋，只有咽得下这口恶气，你才办得成大事。

纵观历史，必有容德乃大，必有忍事乃济。所以，大凡心志高远、胸怀韬略的明达贤哲，都是冷静理智、抑怒束情的。

喜怒哀乐是人之常情。然而情感这东西也需要调节，仅为一事之违而忿然大怒，便可酿出大错。《孙子兵法》云："主不可以怒而兴师，将不可以愠而致战。"因此要发挥忍的功夫，以避免因感情用事而做出后悔莫及之事。

春秋战国时期，齐国攻打宋国，燕王派张魁作为使臣率领燕国士兵去帮助齐国，齐王却杀死了张魁。燕王听到这个消息，非常气愤，就召来有关官员说："我要立即派军队去攻打齐国，给张魁报仇。"大臣凡繇听说后谒见燕王，劝谏说："从前以为您是贤德的君主，所以我愿意当您的臣子。现在看来您不是贤德的君主，所以我希望辞官不再做您的臣子。"燕王说："这是什么原因呢？"凡繇回答说："松下之乱，我们的先君不得安宁被俘，您对此感到痛苦，但却侍奉齐国，是因为力量不足。而今张魁被杀死，您却要攻打齐国，这是您把张魁看得比先君还重。"燕王说："你认为应该怎么办？"凡繇回答说："请您穿上丧服离开宫室到郊外，派遣使臣到齐国，以客人的身份去谢罪，说'这都是我的罪过。大王您是贤德的君主，哪能全部杀死诸侯们的使臣呢？只有我国的使臣独独被杀死，这是我国选择人不慎重啊，希望您能让我更换使臣以表请罪'。"燕王接受了凡繇的意见，又派了一个使臣到齐国去。使臣到了齐国，齐王正在举行盛大宴会，参加宴会的近臣、官员、侍从很多，齐人让燕王派来的使臣进来禀告，使臣说："燕王非常恐惧，因而派我来请罪。"使臣说完了，齐王又让他重复一遍，以此来向官员、侍从炫耀。于是齐王派出地位低微的使臣去告诉燕王，让燕王返回宫室居住。这样，由于燕王忍怒而委曲求全，从而保全了国家，战胜了齐王的阴谋，为他后来攻打齐国准备了充分的条件。试想假如燕王逞一时之怒，匆忙去攻打齐国，恐怕已成为齐国刀俎下的鱼肉了。

小不忍则乱大谋，逆境当顺受，忍可以驱走灾难，避开祸端。对于现代人来说，"忍"字更是一切好处的关键所在，不自忍必败。有时非但如此，甚至还可能危及性命，因此欲成大事，必有小忍。正所谓"忍字头上一把刀，遇事不忍祸必招；若能忍住心中气，过后方知忍字高"。

好汉善吃眼前亏

好汉善吃眼前亏的目的就是隐藏锋芒保全实力，要以吃眼前亏来换取

更长远的利益。如果因为不吃眼前亏而蒙受巨大的损失或灾难，甚至把命都丢掉了，那就没有任何意义了。

假如有这样一个场景：你开车和别人的车擦撞，对方只是"小伤"，甚至可以说根本不算伤，可是对方车上下来四个彪形大汉，个个横眉竖目，围住你索赔，眼看四周荒僻，也无电话，更不可能有人对你伸出援助之手后，请问，这时你要不要吃"赔钱了事"这个亏呢？

当然，你也可以选择不吃，如果你能"说"退他们，或是能"打"退他们，而且自己不会受伤；如果你不能说又不能打，那么看来也只有"赔钱了事"了。"赔钱"就是"眼前亏"，你若不"吃"，换来的可能是更大的损失。所以，"好汉善吃眼前亏"。

当一个人实力微弱、处境困难的时候，也就是最容易受到打击和欺侮的时候，这时人们的抗争力最差，为了避免最大的不测，最好还是"退一步"，先吃一下眼前亏，以使隐藏锋芒保全实力，待机而动。

但是吃眼前亏也要把握一定的界限：第一，吃眼前亏的目的应该是为了渡过难关，克服别人给你制造的麻烦，以免影响你的正事；第二，吃眼前亏所针对的麻烦应是对抗性的矛盾和冲突，而不是那些鸡毛蒜皮的小事；第三，吃眼前是为了着眼于远大目标，致力于成就大事，而不能采取卑鄙的报复行为；第四，吃眼前亏的价值是在于以暂时之吃亏换取长久的利益。

汉初名将韩信便是一位善吃眼前亏的厚黑之人。韩信年轻时家境贫穷，他本人做官从政不会溜须拍马，买卖经商不会投机取巧，整天只顾研读兵书，最后，连一天两顿饭也没有着落，他只好背上祖传宝剑，沿街讨饭。

有个财大气粗的屠夫看不起韩信这副寒酸迂腐的书生相，故意当众奚落他说："你虽然长得人高马大，又好佩刀带剑，但不过是个胆小鬼罢了。你要是不怕死，就一剑捅了我；要是怕死，就从我裤裆底下钻过去。"说罢双腿叉开，摆好姿势。

众人一哄围上，想看韩信的笑话。

韩信认真地打量着屠夫，竟然弯腰趴在地上，从屠夫裤裆下面钻了过去。街上的人顿时哄然大笑，都说韩信是个胆小鬼。

　　韩信忍气吞声，闭门苦读。几年后，各地爆发反抗秦王朝统治的大起义，韩信闻风而起，仗剑从军。

　　韩信忍胯下之辱而图盖世功业，成为千秋佳话。假如，他当初为争一时之气，一剑刺死羞辱他的屠夫，按法律处置，则无异于以盖世将才之命抵偿无知狂徒之身。韩信深明此理，宁愿忍辱负重，也不愿争一时之短长而毁了自己的长远前程。

　　这样的忍耐，不是屈服，而是在退让中另谋进取；不是逆来顺受、甘为人奴，而是委小曲求大全。一旦时机到了，他就能如同水底潜龙腾空而起，施展才干，创建功业。

　　所以说，吃"眼前亏"是为了不吃更大的亏，是为了获得更长远的利益和更高的目标。"忍人之所不能忍，方能为人所不能为。"看似英勇、心气冲天的人，其实是莽夫一个；而为了长远利益忍气吞声、宁吃眼前亏的人，才是真正的好汉。

放下面子　修炼"忍功"

　　在一个强手如林的世界里，忍是一种韧性的战斗，是一种厚黑的做人策略，是战胜人生危难和险恶的有力武器。对于一个能够忍的人来说，天底下没有什么困难可以阻止他前进的脚步。忍能够帮助人们在实际生活中左右逢源，畅行无阻。但是对于忍，说起来容易，做起来很难。人要能忍就必须放弃所谓的面子和虚荣。

　　然而生活中人们的面子观念却有天壤之别，面子在处世中的效果也有天壤之别。有个工厂的推销员，起初脸皮很薄，无论做什么事情都很害羞。他第一次参加工作，出去推销公司产品时就碰了钉子，结果连续半年都没有推销出去一件商品。他非常地丧气，连连说自己的水平低，更抱怨自己根本不是做推销员的材料，于是就老想着打退堂鼓。一位资深的老业

务员对他说："其实，你的问题根本不是在水平上，而是在于脸皮太薄。当你什么时候脸皮练厚了，成功就真正属于你了。"从此以后，他彻底地改变了心态，再也不怕碰钉子，硬着头皮坚持了下来。后来，他终于成了一位出色的推销员。每当他在谈自己的成功体会时说："人要讲自尊，这无可厚非，但是讲自尊、讲面子要看用在什么事情上。干推销这一行，你如果脸皮不厚那么趁早别干。有人说我脸皮厚，这话不假，这也是练出来的。顾客是上帝，你要顾客买你的商品，你就不能当'大爷'。人家给脸色看，你要忍耐这一切，要装作没有看见，照样和他们沟通，想法子使顾客掏腰包。如果你整天就想着面子，做推销是很难成功的。"

厚黑学认为，一个人的自尊心太强、脸皮太薄就必定会吃不开。所以，你不妨把自己的脸皮变得厚一点儿，对待一些生活的非难和敌意一定要保持理智和冷静。从处世的实际需要出发，使自己保持一定的弹性，做到当厚则厚、当薄则薄，才是最聪明的处世之道。

所以，对你而言，提高自己的心理承受能力，学会控制自己的情绪，把握适当的弹性，在现实生活中也是非常有必要的。接下来，我们就谈谈在处世中如何让面子保持弹性的技巧。

第一，让面子服务于交际的需要。

大凡过于敏感的人，总是把面子看得很重，把自己放在了非常被动的处世地位。为此，你应把看问题的立足点变一下，不要光想着那些所谓的面子，还要看到比面子更重要的东西，比如，事业、工作、友谊等等。如果遇事你多想想这些，那么你就能很好地处理面子问题了。其实，这还不够，你还应坚持把实现处世的宗旨看得高于面子，让面子服务于处世的实际需要。有了这种思想基础，你就能对自己进行有效的调节和控制，就能经得起刺激，显得更有气度和修养，就不会过分脆弱。即使是你受到刺激，也不致脸红心跳，甚至不急不恼，哈哈一笑，照样与对手周旋，表现出高调的姿态，直至处世的成功。总之，懂得了面子与处世的关系，你就会具有很高的处世能力了。

第二，处世的时候，别把冷遇太当回事。

在以下几种情况下，人的面子将面临很大的挑战，所以你要特别注意。

有时候，你出现在交际场上，可能成为不速之客，坐了冷板凳，你会有一种羞辱感，但千万不要发作。这时，你不妨多想一想你的使命、职责，为了完成任务，迅速增加对冷遇的承受力。你不妨假设对方给你的冷遇不是成心的，而是另有原因。这样你的心理就不会过分倾斜。于是，你可以把脸一抹，继续和对手周旋，结果就大不相同了。

有时候，自己花了很大的心血做了一件自认为很不错的事情，满心希望他人会给予肯定、赞赏。没想到，对方一棍子打过来，全盘否定。这时，你的心肯定会受到强烈的刺激，出现严重的失衡，感到羞辱、愤怒，继而为了挽回面子，进行辩解，甚至是争吵。但这就错了。因为这样维护自尊、面子，只会给自己脸上抹黑。所以要理智一些，以厚脸皮接受这种事实，效果可能更好些。

有些人害怕批评，一听到批评，自尊心就受不了，特别是当众挨批更是难为情。在这种情况下，脸皮也要厚一点。不要把批评当成是别人有意整自己，而看成是为了自己好。这样的态度，不但不会丢面子，反而会改变他人的看法，给对方留下一个好印象。正如厚黑大师李宗吾所说，处世不妨学一学厚黑之道，这样或许你能减少一些阻力和障碍，才能左右逢源，游刃有余。

坚忍不拔　忍辱负重

"忍"是众多厚黑人推崇的人生哲学。俗话说，男子汉大丈夫，能伸能屈，能刚能柔，识时务者为俊杰也。一个人如果千苦可吃，万难可赴，能忍住岁月的考验，那么即使不是英雄也会忍成英雄。

成大事之前若不能忍，就无法将伟大的抱负付诸现实。如果勾践忍受不了万般耻辱而逞匹夫之勇，也只能一世为奴苟且偷生，甚至于性命难

保，哪有日后的东山再起？仅仅一个"忍"字，既保全了自己，又成就了一番可歌可泣的千功伟业。

凡能"忍"者，必能成大事，这是一种典型的成功性格。为了自己的抱负，什么事情都能忍。从一朝诸侯到为人奴仆、从锦衣玉食到粗茶淡饭，为人养马，给人尝便，都忍了，为的是日后的崛起。正所谓"苦心人，天不负，卧薪尝胆，三千越甲可吞吴"。越王勾践的忍使他成了春秋时期最后一个霸主。国王、侍从、霸主这三者的更替变化为勾践画出一条奇妙的命运轨迹。

勾践的忍功，在中国历史上是出了名的，他最终没有白忍，终于大仇得报，一雪前耻。勾践的忍，可细分为两个阶段，第一个阶段是勾践在吴国为奴时。

吴越两国本为邻邦，吴国趁越国国王允常新逝世之际，发兵攻越结果大败而归，国王阖闾受伤而亡。这样两国就结下了仇怨，其实，这种仇怨的实质并非什么国恨家仇，实则是双方都想吞并对方来扩大自己的领土，增加国势而已。

阖闾死后，他的儿子夫差继位。为了替父报仇，夫差丝毫没有懈怠。经过两年的准备，吴王夫差以伍子胥为大将，伯嚭为副将，倾国内全部精兵，经太湖杀向越国而来。越国一战即败，勾践走投无路，后来走伯嚭的门路达成了议和。

议和的条件是，勾践和他的妻子到吴国来做奴仆，随行的还有大夫范蠡。吴王夫差让勾践夫妇到自己的父亲吴王阖闾的坟旁，为自己养马。那是一座破烂的石屋，冬天如冰窟，夏天似蒸笼，勾践夫妇和大夫范蠡一直在这里生活了三年。除了每天一身土、两手粪以外，夫差出门坐车时，勾践还得在前面为他牵马。每当从人群中走过的时候，就会有人唧唧喳喳地讥笑："看，那个牵马的就是越国国王！"

这实在是够能忍得了，由一国之君变成奴仆，忍了；为人养马备受奴役，忍了，而他之所以会强忍着这所有的一切屈辱，为的就是日后的崛起。勾践的高明之处就在这里，面对一切屈辱，从容自若，因为他自己非

常明白，目前的情况只有忍辱，才有可能日后东山再起，如果不忍，不要说东山再起，恐怕连命都保不住。

勾践不但性格能忍，而且还善工心计。他抓住了吴国君臣贪财好色的弱点，让留在国内的大夫文种不断地向吴王进贡一些珍禽异兽，瑰宝美女，同时还不断给伯嚭送些贿赂。伯嚭得了越国的贿赂，不断地在吴王夫差面前为勾践说情，吴王夫差对勾践也产生了好感。勾践这一招的确厉害，他以忍来激励自我，同时还用计使吴王君臣纵情声色，荒废朝政。

后来有一个绝好的机会为勾践回国创造了条件。吴王病了，勾践为表忠心，在伯嚭的引导下，去探视吴王，正赶上吴王出恭。待吴王出恭后，勾践尝了尝吴王的粪便后，便恭喜吴王，说他的病不久将会痊愈。这件事在吴王对待勾践的态度上起了决定性作用。或许是勾践真的懂得医道察言观色能看出吴王的病快好了，或许是勾践有意恭维吴王，或许是上天垂青勾践，总之，吴王的病真的好了，勾践此时已彻底取得了吴王的信任，吴王见勾践真的顺从自己，就把他放了。

勾践在这件事上所表现出来的忍辱，的确是一般人做不到的。我们不排除勾践是想尽一切办法回国，就其这种行为的确让人自叹不如。纵观这一时期勾践的忍，是极其恭顺的忍。因为勾践很明白，这种为人奴仆的生活可能是茫茫无期，也可能近在咫尺。何也？因为这完全取决于吴王，只要吴王高兴，对自己所做的事满意，那么自己则有可能会提前获得自由，所以勾践极尽恭顺地讨好吴王。当然，勾践这里面有阴险的成分，我们自然不辩论，但勾践的"忍"却值得后人敬佩和慨叹！

另一个阶段是勾践回国后的忍。

自古以来，哪个君王不好色？哪个君王不喜欢安逸舒适的生活呢？勾践也不例外，但他回国后，想到在吴国受的屈辱，就想报仇，但现在还不是时候，还必须忍耐，努力治理国家，等到兵精粮满时便一举伐吴。于是，他夜常卧在简陋石屋的柴草上，日常尝悬吊的动物苦胆（猪之胆或牛胆），每顿饭前尝一点苦胆。他为了激励自己复仇的心愿，经常自己问自己："勾践，你忘了会稽山的耻辱了吗？"他还和普通人一样亲自参加农田

耕作，让夫人像普通妇女一样亲自纺线织布，吃粗劣的饭食，穿普通衣着，尊重贤才，虚心待贤，救贫吊丧，与老百姓同甘共苦。

另外，勾践之所以能坚忍不屈，还得力于两个人的帮助，一个是范蠡，一个是文种；其实勾践的一系列计划皆是两人的功劳。他两人对勾践可谓忠心耿耿，向吴国借贷粮食，搞得吴国国库空虚；向吴国进献美女使吴王纵情声色；收买吴国的奸佞小人，离间吴国忠直之臣，尤其是用计使吴王杀了伍子胥，更为越国复仇除了一大障碍。这些复国大计虽然出于文种、范蠡，但勾践在其中起了决定性的作用。由此可见，勾践不但能忍，还善于用计，他的性格能忍之中还有阴险的成分在里面。

坚忍不拔，忍辱负重，其结果是为了达到最终的目的。勾践坚韧能忍是为了灭吴兴越，忍到一定程度总有爆发的一天，如果一味地忍下去，则是性格懦弱的表现，勾践终于忍到该向吴国发难的时候了。结果正如勾践所愿，一战便把吴军杀得大败，这次卑躬屈膝的不再是越王勾践了，而是吴王夫差。夫差也想像当年勾践向自己称臣为奴一样，打算投降勾践。勾践很可怜夫差，想答应夫差的请求，但被范蠡劝住了，最终吴国灭亡了，吴王夫差自杀身亡。当时中原的几个大诸侯国，都处于低潮，不少小国投降了勾践，于是勾践俨然成了最后一位春秋霸主。勾践终于一吐胸中二十多年的压抑。

一个"忍"字成就了勾践由君王到奴仆、由奴仆到霸主的传奇人生。而在生活中，忍是医治磨难的良方。因为生活中的琐碎小事太多，一不小心就会招惹是非。所以，厚黑学提倡忍一时风平浪静，退一步海阔天空。因为，忍一时之气，一方面是脱离被动的局面，同时也是一种意志、毅力的磨炼，为日后的发愤图强、励精图治、事业有成奠定正常情况下所不能获得的基础。遇事三思而后行，把忍放在心头才是上策。

能屈能伸　把握好度

厚黑祖师李宗吾主张，当人身处逆境时，应该识时务，必要时以忍为

上，先把自己的架子放下来，把脸皮变厚，重要的是能摆脱被动局面实现自己的目的就行。胜负兵家不所期，包羞忍辱是男儿，能屈能伸才算大丈夫，忍而后发，先屈而后伸，是最有效的厚黑处世之道。

唐代诗人张公在他的《百忍歌》中写道："百忍歌，歌百忍。忍是大人之气量，忍是君子之根本。能忍夏不热，能忍冬不冷。能忍贫亦乐，能忍寿亦长。贵不忍则倾，富不忍则损。"

而在现实生活中，很多人的忍耐精神是远远不够的，有的人会为一点儿小事就大动干戈，甚至送掉性命。可见，如何练好忍的功夫，是我们很多现代人都应该重视的。

有一次，一位朋友仅仅因为酒桌上的一点小事与人发生了争吵，一怒之下就打了对方几拳，那人当时就晕倒在地，送到医院检查，确诊人家耳朵失灵了，赔偿一大笔钱不算，还被拘留了好几天。事后他才后悔莫及地说，当时要是听了别人的话，忍一忍也就没事了。

不错，现实生活中有许多矛盾，好多都是鸡毛蒜皮的一些小事，只要忍一忍也就化解了，但要做到这一点是多么不容易。

"忍"字头上一把刀，这个活生生的象形字就摆在我们面前，它告诉我们："忍"必须有巨大的克制力！凡是成大事者必以忍为先，先屈而后求伸，这是厚黑人极力尊崇的哲学。

东汉王朝开国皇帝刘秀手下的颍川郡太守寇恂是个很懂得顾全大局而又非常聪明的人。有一次，贾复从京城洛阳去汝南郡，他手下的一个小军官在颍川郡杀了人，寇恂派人把这军官抓来，在大街上砍头示众。贾复在汝南郡听到这件事，认为这是寇恂故意扫他的面子，气得骂着说："真是岂有此理，打狗还得看主人呢！寇恂这小子，我绝饶不了他！"不久，贾复从汝南郡回洛阳，快到颍川郡时，对左右的人说："我见到寇恂，一定要亲手杀了他！"

寇恂明明知道贾复不会放过他，就决定躲开，不跟贾复见面。他手下的一个武官对他说："您为什么要怕呢？我带着剑跟在您身边，他要动手，我就对他不客气！"寇恂语重心长地说："你知道廉颇和蔺相如的故事吗？

蔺相如那么有勇有谋，连秦王都怕他，可廉颇要为难他时，他却让着廉颇。为什么呢？他是为国家着想啊！他能做到的，我寇恂难道做不到吗？"

可是，贾复是京城来的大官，他从颍川郡路过，太守完全避开不见面也是不行的。寇恂想了想，吩咐手下人备下丰盛的酒饭，等贾复和他的随从们来了，给他们每人送上两份酒食。贾复的队伍一进颍川郡地界，郡里的官员们就按照寇恂的安排，热情地迎上前去，献上好酒好饭，一个劲儿地劝他们多吃多喝。等他们吃饱了，喝足了，寇恂突然赶来，表示欢迎，然后推说有病，匆匆忙忙地走了。贾复急忙叫人去追，但手下人一个个喝得醉醺醺的，吃得饱饱的，爬不起，跑不动，只好眼看着寇恂走远了。

寇恂是一个厚而无形的人。他能够清醒地对待别人对于自己的仇视，不与他人去争长论短，而是机智避退。寇恂忍仇不争不斗，是能忍，如若不能忍，与贾复刀对刀、枪对枪地争斗起来，只能是仇更深、怨更大，解决不了什么问题。而退一步，才会对自己有利！面对对方的寻衅，寇恂顾全大局，以忍为大，只有这样的人才是成大事之人。

但是，忍也要有度，不能一味地忍让，忍无可忍之时就无须再忍，否则只能被人以为是胆小懦弱。

一条大蛇危害民间，伤了不少人畜，以致农夫不敢下田耕地，商贾无法外出做买卖，大人无法放心让孩子上学，到最后，每个人都不敢外出了。

大家无可奈何，最后只能到寺庙的住持那儿求救。因为大伙儿听说这位住持是位高僧，讲道时连顽石都会被点化，无论多凶残的野兽都会被驯服。

果不其然，就在不久之后，大师就以自己的修为，驯服并教化了这条蛇。不但教它不可随意伤人，还点化了许多做人处世的道理，而蛇也在那天仿佛有了灵性一般。

人们慢慢发现这条蛇完全变了，甚至还有些畏怯与懦弱，于是纷纷欺侮它。有人拿竹棍打它，有人拿石头砸它，连一些顽皮的小孩都敢去逗弄它。

某日，蛇遍体鳞伤，气喘吁吁地爬到住持那儿。"你怎么啦?"住持见到蛇这副样子，不禁大吃一惊。"我……我……我……"大蛇一时间为之语塞。"别急，有话慢慢说!"住持的眼神满是关怀。"你不是一再教导我应该与世无争，和大家和睦相处，不要做出伤害人畜的行为吗? 可是你看，人善被人欺，蛇善遭人戏，你的教导真的对吗?" "唉!"住持叹了一口气后说道，"我只是要求你不要伤害人畜，并没有不让你吓吓他们啊!" "我……"大蛇又为之语塞。

厚黑学提倡忍的精神，要宽以待人，忍辱负重，平和达观，不要在一些枝节问题上斤斤计较，坠入"非此即彼"的极端思想方法，要大事清楚，小事糊涂。但忍要有度，要忍在刀刃上，不是什么都一味去忍，变成一个麻木、怯懦、奴性十足的人。当坏人作恶，你不能忍;当别人有难请你相助时，你忍不得……"忍"字如果去掉"心"，那就失去良心和道德，那你忍就是残忍，就是罪恶。所以我们要把这个忍字用到适当处。

厚黑处世第三招：左右逢源　软硬结合

> 厚黑祖师李宗吾说："敲锅要有艺术，轻不得，重不得。轻了锅上裂痕不能增长，是无益的；敲重了，裂痕太大补不起。要想轻重适宜，非精研厚黑学不可。"
>
> 为人处世也正如敲锅，也要恰到好处。一定要把握为人处世的分寸与尺度，既不能一味地使用硬手段，也不能一味地使用软手段，只有软硬结合，厚黑兼备，才能灵活自如地应付各种人。就像《厚黑学》中所说的那样，腰里挂副牌，谁来都能给谁玩。

做一个八面玲珑的厚黑交际家

　　厚黑处世，首先免不了俗套，免不了各种各样的交际应酬。生活中的交际应酬，是一门人情练达的学问。为人处世，同事之间有许多事需要交际应酬：今天他结婚，明天她生日，小李得了贵子，小王升了职位，这些琐碎事都要应酬交际。善于交际的人，很会来事儿，送礼请客，皆大欢喜。为什么？因为他们深谙厚黑精髓，交际应酬，礼尚往来，为的就是方便行事，先厚而黑。

　　比如，公司一位同事生日，大家都去庆贺，你也很乐意地去了，可是去了以后发现，这么多的人都来为他庆贺，他们为什么不在你生日的时候

也来热闹一番？这就是问题所在，这说明你的应酬还不到位，你的人际关系还有欠佳的地方。要扭转这种内心的失落，你不妨积极主动一些，多找一些借口，在应酬中学会"应酬"。

于是，当你新领到一笔奖金，又适逢生日时，你可以采取主动的策略，向你所在部门的同事说："今天是我的生日，想请大家吃顿晚饭，敬请光临。记住了，别带礼物。"在这种情形下，不管同事们过去和你的关系如何，这一次都会乐意去捧场的，你也一定会给他们留下一个比较好的印象。

厚黑交际，一定要入乡随俗。如果你所在的公司中，升职者有宴请同事的习惯，你一定不要破例，你不请，就会落下一个"小气"的名声。如果人家都没有请过，而你却独开先例，同事们还会以为你太招摇。所以，要按约定俗成来办。这是请与不请，当请则请的问题。交际还要注意一个很重要的问题，当别人邀请你时，你去与不去的问题。人家发出了邀请，不答应是不妥的，可是答应以后，一定要三思而后行。

对于深交的同事，有求必应，关系密切，无论何种场面，都能应酬自如。浅交之人，去了也只是应酬，礼尚往来，最好反过来再请别人，从而把关系推向深入。能去的尽量去，不能去的就千万不能勉强。比如同事间的送旧迎新，由于工作的调动，要分离了，可以去送行；来新人了可以去欢迎。欢送老同事，数年来工作中建立了一定的情缘，去一下合情合理；欢迎新同事就大可不必去凑这个热闹，来日方长，还愁没有见面的机会吗？重视应酬，同事之间的礼尚往来，是建立感情，加深关系的物质纽带。

假如，某个同事在某一件事上帮了你的大忙，你事后觉得盛情难却，选一份礼品登门致谢，既顺应人情，又加深了感情。同事间的婚嫁喜庆，根据平日的交情，送去一份贺礼，既增添了喜庆的气氛，又巩固了自己的人缘。像这种情况，送礼时要留意轻重之分，一般情况礼到了就行了。

同事间送礼，讲究的是礼尚往来，今天你送给我，我明天再送给你。倘若你估计到送礼者别有图谋，推辞有困难，不能硬把礼品"推"出去，可将礼品暂时收下，然后找一个适当的借口，再回送相同价值的礼品。实在不能收受的礼物，除婉言拒收外，还要有诚恳的道谢。而收受那些非常礼之中的大礼，在可能影响工作大局和令你无法坚持原则的情况下，你硬要撕破脸面不收，也比你日后落个受贿嫌疑强。这叫做"君子爱礼，收之有道"。

隐藏锋芒　厚而无形

"善于隐藏自己，能以静伏动，看似没有，实则充满者，可为天下英雄。"——厚黑祖师李宗吾。

"隐藏锋芒，示人以弱，厚而无形，黑而无色"，是厚黑学的精华所在。正如"鹰立如睡，虎行似病"，也就是说老鹰站在那里像睡着了，老虎走路时像有病的模样，这就是它们准备进攻前的手段。所以一个有头脑的人要做到不炫耀，不显才华，这样才能很好地保护自己。

厚黑学主张以"扮猪吃老虎"的计谋施于强劲的敌手，在其面前尽量把自己的锋芒收敛，"若愚"到像猪一样，表面上百依百顺，装出一副卑恭的姿态，使对方不起疑心，一旦时机成熟，就一举打倒对方，这就是"扮猪吃老虎"的妙用。

这个世界上才能高的人很多，但善于隐藏锋芒的人却不是很多。比如三国时，死于曹操手下的才子很多，如孔融、杨秀这些人，因为他们不善于隐藏自己的锋芒才命丧黄泉。由此可见，你无论才能有多高，一定要懂得低调做人。而三国中却有一位深谙厚黑之道，隐藏锋芒，厚黑无形之人，那就是善于装傻卖哭的刘备。

刘备最擅长隐藏，以装傻卖哭隐藏虎狼之心。青梅煮酒论英雄，就是典型一例。

刘备大败于吕布，迫不得已而投奔曹操。当时的曹操挟天子以令诸侯，掌控朝廷大权，汉献帝实际上是曹操的掌上傀儡。于是，刘备就一直默默无闻地在自己住处的后园种菜，以示胸无大志，甚至将他的结义兄弟

关羽和张飞都瞒住了。关、张二人非常费解："大哥不留心天下大事，而做这些琐事，为什么？"其实刘备是很识时务的，是在制造假相来提防曹操看破自己的野心而加以谋害。在曹操面前，刘备竭力装出无所事事的样子，每天在菜园中浇水种菜，锄地松土。因为刘备知道曹操是一世奸雄，不能容忍能与他竞争的英雄存在，只有表现出胸无大志的样子，才不会引起曹操的注意。

曹操是何等的精明！他能相信刘备这样志向远大的英雄欣然在家种菜而没有什么蹊跷吗？于是派许褚、张辽引数十人来到刘备的菜园邀请刘备到曹操府邸喝酒，盘置青梅，一樽煮酒，二人对坐，开怀畅饮，随即有了一出脍炙人口的刘备装傻剧。当时，曹操问刘备天下的英雄是谁，其实这是明知故问，目的是要刘备承认自己本怀英雄之志。刘备则故意拉扯旁人，先说出最让人看不起的袁术，曹操斥之为冢中枯骨，刘备又举出袁绍、刘表、孙策、刘璋等人，唯独不提参加了以董承为首的讨曹联盟的马腾和自己。曹操自然不满意，干脆直言相告："今天下英雄，唯使君与操耳！"刘备所担心的是讨曹联盟之事暴露，听到曹操称自己为"英雄"，以为事情已经暴露，手中筷子也掉在了地上。正好此时天空打了一个响雷，为避免曹操进一步怀疑自己，只好推说是害怕雷声所致。果然不出所料，曹操想，这样一个连雷声都害怕的人，也许根本不是什么英雄，反而将戒备的疑心放下。这为后来刘备借讨伐袁术为名领兵出发，撞破铁笼逃虎豹，顿开金锁走蛟龙，奠定了成大事的基础。

刚刚踏上社会步入职场的年轻人往往总是锋芒毕露，到处流露自己的才气，恐人不知自己的本事。然而，为什么那些职场老手们都却看上去毫无棱角，个个深藏不露，好像他们都是庸才，其实人家的才能比你强上百倍；他们看上去好像个个都很讷言，其实人家个个都是能言善道的人；他们看上去好像个个胸无大志，其实人家暗地里却胸怀大志和野心，只是没有表现出来而已。

那么，这是何原因呢？因为他们比你有经验，比你懂得职场上如何为人处世；因为他们有所顾忌，言语过于犀利便要得罪于人，得罪一个人就

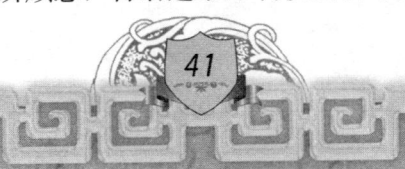

等于给自己制造了一个敌人，行动太露锋芒，便要惹来旁人的妒忌，别人嫉妒会给自己带来意想不到的麻烦。如果自己的四周都是这样的人，在这种情形下，别说发展，就算立足也难上加难了。所以，那些职场老手总是隐藏自己，暗中用力，谋求自己的职场晋升与发展。

当然也许有人会说，采用这样的办法不是永远无人知道吗？其实只要一有表现本领的机会，你把握这个机会，做出过人的成绩来，大家自然就会知道。这种表现本领的机会，不怕没有，就怕你急于求成，沉不住气。《易经》上说："君子藏器于身，待时而动。"锋芒对于年轻人而言，弊大于利，因为额上生角，必触伤别人，不把角磨平，别人必将力折你的角，角一旦被折，其伤害更多。

所以，年轻人想要在事业上一展才华，很有必要用一点厚黑处世之道，隐藏锋芒于无形之中，瞅准时机再巧妙地一展身手。

厚黑拒人　轻松说"不"

很多人为人处世不懂得拒绝，遇事优柔寡断，结果常使自己处于被动地位。说一个"不"字真的这么困难吗？其实，说"不"，并非直言其"不"，而是语中藏"不"。

在厚黑祖师李宗吾看来，有些人心里都知道不要什么、不能怎样，为什么不要、为什么不能，可就是不会说出这个简单的"不"字，只在嗓子眼儿里打滚，怎么也跳不出来。

在待人处世中，有的人为了使别人对自己有个好印象，或为了保全自己的面子，或为给对方一个台阶下，往往对对方提出的一些要求不加分析地加以接受，结果弄得自己很被动，这就是没有掌握待人处世厚黑之道中拒绝别人的技巧。

当朋友提出托你办事的要求时，你首先得考虑，这事你是否有能力办成，如果办不成，你就得老老实实地说，我不行。这时，如果脸皮厚不下来，随便夸下海口或碍于情面不好意思拒绝都是于事无补的。我们知道，

言而有信是做朋友的信条，也是友谊的基础。明明办不成的事却承诺下来，到时候不仅令人失望，还可能耽误朋友的事情。因为如果你办不成，他可能找别人办或另想其他的法子，但你答应了却没有办成，这样做，就会伤了情义。这就是脸皮儿薄的苦果。

一般来说，拒绝别人的要求也的确是件不容易的事。一定要讲究一定的技巧：

第一，拒绝要柔中带刚。

即使有些请求有明显的荒谬性，你拒绝的时候也要讲究力求婉转。拒绝的意向要表示得坚定明确，不要让对方抱有丝毫不切实际的希望。当老师的人每个学期期末考试前，都如同过关一样难熬，原因是很多学生以各种借口或方式来打听考题，希望老师高抬贵手"放风"。但这是原则问题，是绝对不能答应的。千万不能说"我们商量一下再说"或"到时候看看再说"之类模棱两可的话。每逢遇到这种情况，富有经验的老师总是这么说："我也当过学生，当学生的怕考试，古今中外莫不如此。因此，同学们的心情我完全可以理解。但是，十分抱歉，同学们的要求我是绝对不能答应的。如果在复习中有什么疑难问题，我倒是十分乐意和同学们一起研究解决。"这样做，最后并未损害师生之间的情谊。相反，如果拉不下脸面而在考试前"放风"，很可能费力不讨好。因为原来学习好的学生由于现在老师"放风"，而大家成绩都很高，便认为老师的做法埋没了他的才能；原来学习差的学生，高兴一阵后觉得这样的考试没有挑战性，也没学到多少东西，结果也很有意见。这样的教师，最后落得个"老鼠掉在风箱里——两头受气"的结局，并未因"放风"得到丝毫的好处。

第二，拒绝时要彬彬有礼。

拒绝人的时候，应该努力以一种平静而庄重的神情讲话。因为在一般情况下，对于一个客气的拒绝，人们是不能非议的。一个自己所不喜欢的人请你去酒家吃饭，而你又极不愿意去。这时，如果直截了当地回绝对方："我才不和你这样的人一起出去吃饭呢！"就会令对方下不了台，也许对方请你吃饭并无恶意。相反，尽管心里有一百二十个不愿意，仍然笑容满面、彬彬有礼地说："我很感谢你的盛情。不过，十分抱歉，前天有几位老同学已经约好了，所以今天我就没有福气享受你的美意了。"由于你笑容满面，礼貌待人，再加上提出了对方一个无法反驳的理由，对方也就相信，你真的是无法和他一起吃饭了，也就只好作罢。由于你拒绝的时候先感谢了他，维护了对方的自尊心，对方也就不会责怪你了。

第三，拒绝的时候不妨提一点相反的建议。

如果你想避免生硬的拒绝，可以提出一个相反的建议，但要提得合情合理。

假如你的一位同事想把本来应该由他自己完成的任务转嫁到你的头上，也许你会出自本能地回答："哎呀，你的事我可干不来。"这就不太好了，厚黑之道认为，此时你不妨这样对他说："我很愿意帮你的忙，但实在不凑巧，我手头上自己那项工作还没干完。依我看，就你的能力和素质来看，你是完全可以胜任的，你不妨先干起来。或许我能帮你干点别的什么？譬如说我今天要上街买东西，能顺便给你带点什么吗？"这样，既有拒绝，又有一个相反建议，对方还能有什么好说的呢？

第四，拒绝不必说理由。

通常情况下，在拒绝别人的问题上还有一个误解：就是必须说明理由。实际上在很多场合下是不必说明理由的，而且理由要说起来也说不清楚，或很可能被对方反驳，那就可能节外生枝，事与愿违了。例如，有一个经常向人借钱而又不还的人来向你借钱，你就可以很客气地拒绝他："实在对不起，我恐怕帮不上你这个忙。"明确表示无意借给他钱就行了，别的一个字也不用说。如果他继续缠住你，你就把已经讲过的话再客气地重复一遍就行了。假如你在拒绝之前进行一下解释，那很可能引起新的麻烦："实在对不起，这个月工资都用完了。""怎么用得这么快？工资发了还不到一个星期啊！""主要是买了不少东西，例如茶几……""我知道你这人向来很节约，不会月月都光吧？"这样，你便陷入了说不清的境地。因为你开始拒绝的前提是不对的：我如果有钱就借给你，我如果没有钱那就没办法了。对方也正是抓住你内心的这个假设，大做文章，迫使你承认

还有钱。有钱，就得借给他，不惜给他，就是"自私自利"。这种逻辑继续延伸下去，必然以不愉快的结局告终。厚黑学认为，如果你拒绝的前提是：钱是我自己劳动所得，借不借给你完全由我自己决定。有信用的人我乐于相助，没有信用的人，我是绝不会为了顾全面子而借钱给他的。那么你心中就坦然得多了，不必跟他讲任何理由，不借就是了。因为，对于一个真正的厚黑高手来说，"有求"未必"必应"！

脸厚心宽　化干戈为玉帛

人是感情动物，在繁杂忙碌的日常生活中，总免不了一时冲动与他人发生分歧、争论和冲突。然而这些所谓的分歧和冲突往往是由一些无关紧要的问题引起的，其实并没有多大的意义，但却为此伤了大家的和气，真是太不值得，也太不应该。这原本是我们不希望发生的事情。那么，该如何避免生活中发生分歧和冲突呢？

第一，"忍"为上上之策。

只要能克制住自己的火暴脾气，就一定会避免发生许多无谓的分歧、冲突。与他人发生矛盾和纠纷时，千万不要过于急躁。一急就火冒三丈，就很容易与人争吵起来。这时，首先要冷静，仔细地分析对方的话，是有依有据的，还是道听途说的；是臆想猜疑的，还是受人挑拨的。在摸清了冲突发生的根本原因后，就可以很轻松地通过摆事实、讲道理，消除彼此间的误会。

第二，厚颜处事，一笑而过。

当遇到他人对你有意或无意的冒犯时，有的应该严肃对待，有的可以置之不理，有的瞪他一眼就够了，有的则可以不屑一顾，一笑而过。

这种一笑而过的做法，在大多数场合，可以帮你轻易摆脱尴尬难堪的局面。避免跟他人发生不必要的争吵，又可以发泄自己的恼怒，使自己容易下台，更能让对方显得不合理和不光彩。

第三，以幽默为武器。

当发生冲突的双方因争论而僵持不下时，不妨说个小笑话，来段小幽

默，缓和一下紧张的气氛，一场冲突就会有避免的可能。一位在国家税务局工作的朋友反映说："几乎每个来上税的人都或多或少有一些敌对情绪。我们并不见怪，反而在告示板上画一些自嘲的连环漫画，把我们的机构戏称为'收入裁减局'。"其中一幅漫画画着一名审计员对一名缴税人说："保持心理平衡的秘诀是不再认为你手上拿的是你的钱。"另一幅漫画上则写着："真抱歉，我们又赚了！"有趣的是，纳税人看见这些漫画，态度都会有所好转。

第四，心宽体胖，不要锱铢必较。

生活中那些心宽体胖的人往往总是乐乐呵呵，优哉游哉，为人处世也都显得游刃有余。可见宽广的胸怀对于为人处世的重要性。如果你有宽广的胸怀，你对他人的态度，就不会那么锱铢必较；你对自己的行为，也能勇于承担，任劳任怨。你有温和的态度，有宽广的胸怀，有宽宏的"海量"，就会使本来发火的一方火气大减，自感没趣，放弃争吵。所有矛盾和冲突也就不解而解了。

第五，以退为进，主动言和。

几乎在所有意见冲突的场合，双方论点都有某些合理之处。所以，在"没有赢家的争论"中，各自保留意见是一种优雅的退却。在你显然不能改变对方的态度，对方也不能改变你的态度时，应及时停止争论。一种有效的避免僵局的策略是说："我们都言之有理！"然后转向一个较安全的话题。例如，你和配偶讨论管教子女问题，不幸讨论激化成为争吵。虽然双方见解不完全一致但并非意味着彼此对立，你不妨说："嗨，我们想的其实是一回事儿！"这可使双方摆脱对立情绪，重新携手配合。

第六，对他人的抱怨不作辩解。

假定办公室的电话铃响了，你拿起话筒，听对方发出一串牢骚："我三个星期前就索要商品目录，但至今未收到！你们干工作怎么这样？"你不必解释说一半职员都因病请假，即使这出自善意，对方也容易把这视为借口。如果对方的抱怨理由充分，请不要多费心解释出错的原委。相反，承认对方抱怨有理，并致歉意，继而谈解决办法。如："你说得对，很抱歉你至今未能收到。如你把姓名和地址告诉我，今天我会亲自给您寄过

去。"告诉对方你很抱歉并不等于自认有错，这只是承认对方的困境并以此消解抱怨。然后将目标置于可行措施而不去纠缠未做之事，你可在失误未酿成大错前将其补救。

第七，察言观色，灵活对待。

注意揣摩对方的心理状态和性格特征，也是避免争吵的一个好办法。那些受到重大刺激、情绪恶劣、心里有气的人，最容易对周围的一切人"发泄"。这时你如果与他论短长，就会成为他的"出气筒"。所以，你必须暂时避开，等到他情绪趋于平和时，再跟他谈你所要谈的一切。

黑无色，厚无形，糊涂难得

厚黑祖师李宗吾认为，有些人喜欢处处较真儿，斤斤计较，眼里容不得半点"沙子"，对什么都看不惯，连一个朋友都容不下，这些人定会麻烦不断。相反，有的人并不是那么计较，一切顺其自然，该糊涂时就糊涂，结果为人处世就能事事顺心。所以，为人处世一定要懂得难得糊涂的真谛，该糊涂的时候就糊涂一把。

"难得糊涂"是中国人都很熟悉的一句话。说起"难得糊涂"，还有一段神奇的来历。当年郑板桥在山东当官，有一次外出游览莱州的云峰山，本想观赏其山中郑文公碑，但因盘桓已晚，便借宿于山中一茅屋，茅屋主人是一儒雅老翁，自称"糊涂老人"。主人室中陈列一方桌般大小的砚台，石质细腻、镂刻精良。郑板桥大开眼界，赞叹不已。第二天清晨，老人请郑板桥题字，以便刻于砚背。郑板桥即兴题写了"难得糊涂"四个字，后面盖上"康熙秀才、雍正举人、乾隆进士"方印。因砚台大，尚有余地，郑板桥就请老人写上一段跋语。老人提笔写道："得美石难，得顽石尤难，由美石转入顽石更难。美于中，顽于外，藏野人之庐，不入富贵门也。"他也用一块方印，字为"院试第一、乡试第二、殿试第三"。郑板桥见之大惊，方知老人是一位隐居于此的高官。由于感慨于"糊涂老人"的命名，郑板桥又提笔补写道："聪明难，糊涂尤难，由聪明而转入糊涂更难。

放一着，退一步，当下心安，非图后来福报也。"两人如遇知音，相见恨晚，然后就谈文说词，畅谈人生，最后两人成为挚友。郑板桥这则包含反讽意义的题词，后来广为流传，以至于几百年后的今天，一幅"难得糊涂"的匾额挂得到处都是。

现代人有的将这幅条幅挂在自己的居室里，有的挂在办公室里，有的还挂在公共场所内，至于口头引用"难得糊涂"者，更是比比皆是。为什么人们如此推崇"难得糊涂"呢？因为聪明反被聪明误。

《红楼梦》中的王熙凤是何等的冰雪聪明，她能说会道，贾府上下无人能及。她八面玲珑，九面处世，外柔内刚，笑里藏刀。一个看上她美色的贾瑞被她的计策整得一缕孤魂上青天，一个看上她老公的尤二姐被她的两面三刀给逼得吞金自尽，而她的"偷梁换柱调包计"则送掉了颦儿脆弱的性命。可王熙凤却是一个精明过头的女人，精明到处处好强、事事争胜，哪儿都落不下她，终于得罪了太太太，加之贾母撒手人寰，她的靠山没了，终于落到"机关算尽太聪明，反算了卿卿性命"的田地。这样一个精明能干的女人最终结局如此悲惨，全在于没有看透做人的玄机——难得糊涂。她被她的聪明、她的锋芒毕露给害了。

为人处世要学会糊涂，不一定非要事事明白、事事计较。难得糊涂，糊涂难得。生活中的许多小事，如果我们采取难得糊涂的态度，睁一只眼闭一只眼，很容易小事化了；而如果你一点都不糊涂，抱着事事都明白的态度，一是一，二是二，矛盾纷争甚至流血牺牲都有可能发生。

例如，有两个大学生为争电视频道而发生悲剧，如果一个忍让一下，让着对方，对方看什么就跟着看，电视嘛，哪个频道不都是娱乐嘛，大家就会继续看电视，而不是两个人对打起来，一个恼羞成怒，用刀子活活地把对方捅死。生活中有很多精明的人总是喜欢揪别人的"小辫子"、抓别人的缺点，以为这样做显示自己比他人高明，实际上这种语言、行为上的丝毫不糊涂却是造成两个人关系疏远、分道扬镳，甚至成为仇敌的根本原因。

糊涂哲学与厚黑学所提倡的厚而无形、黑而无色不谋而合。装糊涂无非就是寓黑于厚，寓厚于无形。为人处世切记，难得糊涂，糊涂难得。

第 二 篇
DiErPian

灵活变通 厚黑求人

告诉你一旦掌握了书中的原则，并积极实践，就一定能够启迪智慧，增长才干，开拓思路，更新观念，打破常规，化腐朽为神奇；助你在芸芸众生中脱颖而出，在生活、事业的波涛中乘风破浪，奋勇向前。

厚黑求人第一招："空"字诀

> 厚黑"空"字诀："空"是空闲之意，即放下一切，空出时间来一心一意地做事。而求人办事尤其是为了重要的事情而求人的时候，不仅要放下一切，一门心思、一心一意地专门求人，还要有求人必成的决心和耐心。无论事情进展得如何都不要着急，今日不生效，明日再来，明日复明日，厚着脸皮，持之以恒，直到办成为止。

求人不妨耍耍"无赖"

厚黑求人讲究软磨硬泡，脸皮太薄不行，没手段也不行。当你办事不利时不妨放下脸面，适当地耍耍"无赖"。拿出一副"死猪不怕开水烫"的泼皮无赖精神，求人办事不难。

据说，汉代的大辞赋家司马相如与妻子卓文君就演过一出"无赖戏"。司马相如曾经以一篇《子虚赋》闻名海内，博雅之士无不以结识司马相如为荣。但司马相如放荡不羁，又不治生业，一派浪荡公子相。

有一天，司马相如外游归川的路上路过临邛。临邛县令王吉久仰司马相如之名，恭请至县衙，连日宴饮，写赋作文，好不热闹。

此事不胫而走，竟然传到了当地鼎鼎有名的富豪卓王孙的耳朵里。卓王孙原是赵人，秦人移民时迁来临邛，以冶铁致富，家有万金，奴仆千

人。听说来了个大才子司马相如，也想结识一下，以附庸风雅。但他仍摆脱不了商人的庸俗，故而实为请司马相如，但名义上却是请县令王吉，让司马相如作陪。司马相如本看不起这般无才暴富之人，所以压根儿没准备去"陪宴"。

到了约定日期，卓王孙尽其所能，大摆宴席。县令王吉因平日倚仗卓王孙钱财之事甚多，所以早早就到了。但时辰早过，司马相如却没有来，卓王孙如热锅上的蚂蚁一样，王吉只好亲自去请。

正在高卧独饮的司马相如，驳不过王吉面子，来到卓府。卓王孙一见他的穿戴，心中便起了小瞧之意，心想自己是要脸面的人，却请来这样一个放荡无礼之辈。司马相如全然不顾这些，大吃大喝，只顾与王吉谈笑，早把卓王孙冷落在一边。忽然，司马相如听到内室传来凄婉的琴声，那琴声不俗，司马相如一下子停止了说笑，倾耳细听起来。卓王孙原被冷在一边，现见琴声引住了这位狂士，于是夸耀说这是寡女卓文君所奏。司马相如早已痴迷在那里，忙请求让卓文君出来相见。卓王孙经不住王吉撮合，派人把卓文君请出来。

司马相如一见卓文君，两眼便直勾勾愣在那里，他万万没想到这俗不可耐的卓王孙竟有这般美丽高雅的女儿。于是要过琴来，弹了一曲《凤求凰》向卓文君表达爱意。卓文君心里明白，也爱慕司马相如的相貌和才华，当夜私奔到司马相如处，以身相许。经过商量，两人一起逃回成都。卓王孙知道后，气得暴跳如雷，又是骂女儿不守礼教，又是骂司马相如衣冠禽兽，发誓不准他们返回家门。卓文君随司马相如回到成都后才知道，她的夫君虽然名声在外，但家中却很贫寒。万般无奈，他们只好返回临邛，硬着头皮托人向卓王孙请求一些资助，不料，卓王孙破口大骂："我不治死这个没出息的丫头就算便宜她了，还想要我接济，一个子儿也不给！"

听说父亲的态度如此坚决，夫妇俩的心都凉了半截儿，可是眼下身无分文，日子可怎么过呢？到底他们俩都有"才"，很快想出了一个"绝招"。第二天，司马相如把自己仅有的车、马、琴、剑及卓文君的首饰卖

了一笔钱，在距卓府不远的地方租了一间屋子，开了一个小酒铺。司马相如穿上伙计的衣服，卷起袖子和裤腿，像酒保一样，又是擦桌椅，又是搬物件；卓文君穿着粗布衣裙，忙里忙外，招待来客。酒铺刚开张，就吸引了许多人来。这倒不是因为他们卖的酒菜价廉物美，而是前来目睹这两位远近闻名的落难夫妻。司马相如夫妇一点也不感难堪，内心倒很高兴，因为这正好达到了他们的目的——给顽固不化的老爷子现现眼。很快，临邛城里人人都在议论这件事，有的对这一对夫妇表示同情，有的责备卓王孙刻薄。卓王孙毕竟是一位有身份、有脸面的人物，十分顾忌风言风语，居然一连几天都没有出门。有几个朋友劝卓王孙说："令嫒既然愿意嫁给他，就随她去吧。再说司马相如毕竟当过官，还是县令的朋友。尽管现在贫寒，但凭他的才华，将来一定会有出头的日子，应该接济他们一些钱财，何必与他们为难呢？"这样一来，卓王孙万般无奈，分给卓文君夫妇仆人百名，钱财百万，司马相如夫妇大喜，带上仆人和钱财，回成都生活去了。

司马相如夫妇的"死猪不怕开水烫"的泼皮无赖精神，也实为无奈之举。当我们走投无路之时，也不妨当一回"泼皮无赖"，找条活路要紧，顾不上丢脸不丢脸了。

放下身段　脸厚如墙

厚黑祖师李宗吾说："起初的脸皮，好像一张纸，由分而寸，由尺而丈，就厚如城墙了。"他还说："世间学说，每每误人，唯有厚黑绝不误人。就是走到了山穷水尽，当乞丐的时候，讨口饭，也比别人多讨点。"可见，求人办事的时候，适当运用一点厚黑手段能帮助你成功。

求人就得矮三分，所以很多人不愿意求人，主要原因是放不下面子。"求人不如求己"、"上山擒虎易，开口求人难"，这些谚语表达了人们不愿卑微地去求人的心态。求人厚黑学主张，要求人必须克服自身这种"爱面子"的弊端。求人时，你一定要摆正自己的位置。你首先应该搞清谁是求

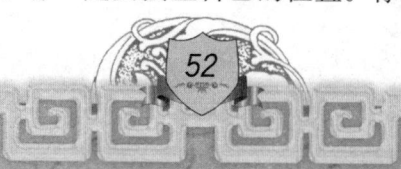

方、谁是被求方，这种求与被求的关系搞清之后，尊卑差别也就搞清了。其次应该根据这种尊卑差别确定自己所应采取的具体的求人手段，特别是作为求方的一方，应该清楚地意识到自己的谦卑地位，一言一行、一举一动都要与自己的这种地位相吻合，否则如果把尊卑关系误认为是平等关系，甚至于颠倒了尊卑关系，以卑为尊，就会做出失礼之举，有碍正常交际，对求人办事是极为不利的。

在求人办事时，搞清尊卑关系非常重要，但仅此还不行，重要的还在于要增厚自己的脸皮，这里的关键是不能自视太高。

1923 年，美国福特公司有一台大型发电机不能正常运转了，公司里的几位工程技术人员百般努力都无济于事，眼看要影响到整个的生产计划。福特心里焦急万分，他只得到一个小厂里去请来一位很傲慢但据说对电机特别内行的德国籍科学家。这位科学家名叫斯特曼斯，他来到福特公司后只要了一架梯子和一根粉笔，然后爬上爬下在电机的各个地方静听空转时的声音。不久，斯特曼斯用粉笔在电机的左边一个小长条地方画了两道杠杠，对福特说："毛病出在这儿，多了 16 圈线圈，拆掉多余的线圈就行了。"技工人员半信半疑，但只能照他的话试试运气。不料电机果真奇迹般地正常运转了。大家都对斯特曼斯表示感谢。斯特曼斯却傲慢地说不要感谢，只要 1 万美元的酬金，并对众人说："粉笔画一条线不值一美元，但知道该在哪里画线的技术超过 9999 美元。"福特心里清楚，斯特曼斯尽管傲慢，会使他没面子，但却是真正的人才，是企业走向发达的根本之所在，所以他不仅愉快地付了 1 万美元酬金，而且表示愿用高薪相聘。谁知斯特曼斯毫不为之所动。他说他现在的公司曾在他最困难的时候帮过他，他不可能见利忘义背弃该公司。福特一听，更觉得斯特曼斯讲信用，重情义，如此人才实为企业所必需。于是，福特毫不犹豫地花巨资把斯特曼斯所在的公司整个买了下来。以福特之地位和财势，竟敢于"厚着脸面"忍受斯特曼斯的冷嘲热讽，是因为福特清楚成大事者必以人为本，斯特曼斯便是他赚取更多钱财的无价之宝，所以福特也敢于不惜工本留下斯特曼斯这块无价之宝。

所以你在求人办事的时候，一定要放下架子，放下面子，心甘情愿地向对方献殷勤，因为毕竟你是在求别人为你办事，而不是命令对方。在求人的过程中应注意什么呢？

首先，一定要能放下身段。

你应该主动到对方那里去求见，而不应被动地等待或颐指气使、发号施令让别人到你这里来。诸葛亮是一介布衣平民，而刘备是汉朝将军，其两者社会地位的尊卑是不言自明的。不过诸葛亮这时并不是刘备的属下，所以尽管尊卑差别很大，也是井水不犯河水。刘备见诸葛亮的目的是想让他"展吕望之大才，施子房之鸿略"，帮助自己成就大业，所以刘备是求人的一方，诸葛亮是被求的一方。刘备不以原来的尊卑差别为念，只讲求与被求关系上的尊卑差别，屈千乘之尊三顾茅庐，把尊的地位让给了诸葛亮，这是为人们所称道的。如果只讲原来的尊卑差别，不顾交际上的尊卑差别，像张飞所说那样："使人唤来，他如不来，我只用一条麻绳缚将来。"那么刘备就得不到诸葛亮这一大贤，这一点是必定无疑的。

其次，从细节体现对对方的尊敬。

在约见时，你要先于对方到达，并要等对方，不要让别人等你。传说当张良与传授其兵法的老人相约时，前两次张良都去晚了，张良因此遭到了长者的责怪；第三次约见时，张良再也不敢去晚了，就在约定地点等长者。长者到后，觉得张良是个守信用的人，就送给了张良一部《太公兵法》。当然，这里要求张良先到等待长者，除了因为有一层求与被求关系外，还有一层长幼关系；不过，长幼其实也是另一种意义上的尊卑。

最后，事成之后表达深深的谢意。

在对方实施帮助完毕时，你要向对方表示致谢，这一点是千万不可忽略的。如果有机会，你还要主动给予对方帮助，以示报答。投桃报李，礼尚往来是交际的一个原则；求方应牢牢记住被求方给予自己的帮助，做到"受恩莫忘"。滴水之恩，当以涌泉相报，这是交际中品德高尚的人所应遵循的准则。韩信为布衣时，自己不能养活自己，一位洗衣物的老大娘见韩信非常饥饿，就把自己的饭分给韩信吃，韩信做了大官后，送给这位老大娘千金来报答她的恩情。

求人办事就必须得脸厚如墙，放下"身段"。其实，人的"身段"本来就是一种虚荣，是一种虚荣的"自我认同"，这种"自我认同"更是一种迂腐的"自我限制"，也就是说："因为我是这种人，所以我不能去做那种事。"自我认同越强的人，自我限制也越厉害，千金小姐不愿意和侍女同桌吃饭，博士不愿意当基层业务员，高级主管不愿意主动去找下级职员，知识分子不愿意去做脏活累活……就是因为他们认为，如果那样做，就有损他们的身份，就会"掉价"。所以，这种"身段"只能让人的路越走越窄。

求人办事要会"磨"

厚黑学认为，在求人办事的时候，一定要学会"磨"。要有足够的耐心，不能一遇到困难就着急，并且还要有恒心，一定要有不到黄河不死心的恒心，无论谁遇到这样的角色，肯定受不了，只好答应你的要求了。这种求人术厚黑兼备，可以说是求人办事的一剂"狠药"。那些做事认真、埋头苦干的人常常是事业上非常专注的人，他们一旦开始做事，便会全身心投入，不愿去理其他事情。这种人往往惜时如金，铁面无情。要敲开这种人的门，首先要学会脸厚心黑，要有足够的耐性，并且要善于区分不同情况，或硬缠或软磨，直至达到目的。

厚黑求人术，从来不把对方当成恩人，而是作为对手对待。当你使用软磨硬泡的办法求人时，你的耐心最初有可能换来对方的不耐烦，遭到对方的拒绝和冷嘲热讽，甚至人格的侮辱。这时你怎么办？撤退只能意味着败下阵来，这个时候你必须摆正心态，心里可能把对方骂了千万遍，脸上还要装着一副毫不在意的样子，甚至是装傻充愣。这实际上就是在心理和智力上进行较量，如果你战胜了对手，你求人的目的就达到了。你千万不要心急火燎，巴不得对方马上着手就办，如果对方一两天没什么动静，便有些沉不住气了，一催再催。

灵活善变 厚黑学

在求人办事时候，即使你被对方拒绝，也不要灰心，这是常有之事。一时的拒绝并不等于事情从此无望，如果你能正确分析对方拒绝的心理原因，根据实际情况采取不同的处理方法，就有可能使你的请求出现新的转机。你要分辨对方的拒绝是属于哪种类型并不容易，需要有较强的察言观色的能力，需要有较准确的判断能力，而这些能力又需要丰富的社会交往锻炼才能获得。"磨"的厚黑求人术强调不可急躁冒进的另一个原因是，你应该这样想，也许对方有自己的难处，不得不慢慢作打算，也许，他对应承你的事自有安排。急躁只能把事情搞砸。这时，一旦求了别人，就要充分"信任"别人。

"磨"在说话办事中有着神奇的魔力。这种方法看起来有些不可思议，但是有时只有这样才能办成大事。有些人脸皮太薄，自尊心太强，经不住人家首次拒绝的打击。只要前进一受阻，他们就脸红，感到羞辱气恼，要么与人争吵闹崩，要么拂袖而去，再不回头。

看起来这种人很有几分"骨气"，其实这是过分脆弱的自尊，导致他们只顾面子而不想千方百计达到目的，这样对自己没有好处。

因此，我们在求人办事时，既要有自尊，又不要过分自尊。为了达到交际目的，有时脸皮不妨厚一点，碰个钉子，脸不红，心不跳，不气不恼，照样微笑与人周旋，只要还有一丝希望就要全力争取，"软磨硬泡"。

"磨"是一种特殊的办事术。它能以消极的形式争取积极的效果，可以表现自己不达目的不罢休的决心和毅力，给对方施加压力，也可以增加接触机会，更充分地表明自己的态度、思想和感情，以影响对方的态度，实现求人的成功。这种战术看似简单，里面的学问却不小。怎样才能"磨"到点子上？

第一，首先要有足够的耐心。

当事情出现僵局时，人们的直接反应通常是烦躁、失意、恼火甚至发怒，然而，这无助于事情的解决。你应理性地控制自己，采取忍耐的态度。

因为，忍耐所表现的是对对方处境的理解，是对转机到来的期待和对

求人成功的自信。有了这种心境，你就能在精神上使自己处于强有力的地位，能够方寸不乱，调动自己全部的聪明才智，想方设法突破僵局，即使消耗一定的时间也在所不惜。

另外，"磨"消耗的是时间，而时间恰恰是一种武器。时间对谁都是宝贵的，人们最耗不起的就是时间。所以，如果你以足够的耐心，摆出一副"打持久战"的架势与对方对垒，便会对对方的心理产生震慑。以"磨"的方式缠住对方，足以促其改变初衷，加快办事速度。所以，你要沉住气，耐心地牺牲一点时间，反而可以争取到更多的时间。

第二，"磨"要讲究灵活善变的技巧。

"软磨硬泡"，就是耐心地"泡"，积极地"磨"。灵活善变地采取积极的行动影响对方、感化对方，以促进事态向好的方向转化。

俗话说："人心都是肉长的"。不管双方认识上的差距有多大，只要你善于用行动证明你的诚意，就会促使对方去思索，进而理解你的苦心，从固执的框子里跳出来，那时你就有了希望。

第三，伸手不打笑脸人。

俗话说，伸手不打笑脸人。你始终笑容满面而且彬彬有礼，摆事实讲道理，并经常出现在能让对方看到的场合，例如，他的办公室、家里等，而且每次都要准时无误，让对方感到好像你是在上班一样，一到点就来了。这样，对方在自己的视野范围内总能看到你，也就总能想到你的事情了。

第四，花言巧语打动其心。

有时候你去求人，对方推着不办，并不是不想办，而是有实际困难，或心有所疑。这时，你若仅仅靠行动去"泡"，很难奏效，甚至会把对方"泡"火了，缠烦了，更不利于办事。

如遇这种情形，嘴巴上的功夫就显得十分重要了。要善解人意，抓住问题的症结，巧用语言攻心。

第五，"磨"要讲究礼貌。

等待对方尽快给予答复。不要让对方感到你是故意找麻烦，故意影响他的工作和休息，要尽量通情达理，尽量减少对对方的干扰，这样，才能磨成功。磨可以不露锋芒，不提要办的事，只是不间断地接近对方，使双方关系渐近，让对方更多地了解你、同情你，从而产生帮助你的意愿。也就是说，想办法与对方接近或与对方家人接近，并通过各种办法与他们搞好关系，从感情上贴近。这种感情上的"磨"，对方是难以拒绝的。

第六，当软磨硬泡遭遇拒绝时。

1. 设法打消对方的疑虑

如果对方的拒绝不是经过深思熟虑后作出的决定，他对你有一定的帮忙愿望，但由于对你缺乏了解，未能建立对你稳定的良好印象，因此，疑虑重重，陷入了一个想帮忙又不想帮忙的矛盾心理状态。为尽快解脱这种矛盾的心理，对方有时就会表示不帮忙。这样的决定随意性大，改变也较容易。有效的办法是，你要多接近他，很自然地展现自己的"真实面目"，让对方充分和全面了解你，对方的疑虑消除了，求人也就成功了。

2. 设法改变对方的偏见

如果对方在拒绝前对你有比较深入具体的了解，是经过分析、对比、反复权衡利弊后的选择。这样的选择或是因为对方认为帮你忙不值得，或是因为你的个性、品质使对方大失所望，或是由于对方的某种固执的偏见。要改变执意拒绝者的态度，一般情况下是不可能的，这时正是厚黑学发挥作用的时候。假如你确认对方是由于固执的偏见而拒绝答应你时，则可以用耐心、真诚的行动去感动对方，使之改变偏见。不过这需要较长的时间，你需要有坚强的毅力甚至阿Q精神为支撑。

3. 认真分析对方拒绝的理由

如果对方拒绝你的请求是出于某种心理需要，而不愿把真正的原因说出来，用某些不真实的理由搪塞你，这时，你应冷静思考分析。对方不愿说出真实原因的理由，大致有如下几种：一是你提出的要求太高，对方无法满足，但又羞于说出自己能力的不足。二是对方对你不放心，对你拿不准，但又不好意思说出来。三是是否对你"特殊关照"，决策人意见不一致，觉得没必要把"内政"告诉你。对于这种求助对象，要尽可能弄清其拒绝的真正原因，然后再采取相应的对策。或解释说服，或降低自己的某些要求或等待时机。

厚黑学认为，花言巧语是开心的钥匙。当你把话说到了点子上，就会敲开对方心灵的大门。那么你的"磨"也就真正起到作用了。

欲取先与　欲擒故纵

先说出与本意相反或无关的话，待对方表态后，再巧妙转移，最终使对方同意与你合作的方法，就是"欲取先与，欲擒故纵"之法。

一般而言，求人办事其实都是为了谋求利益。而要在社会上要获得某种利益，就必须保持一定相对稳定的利益平衡关系。就是说，在利益问题上不能总一头热，一头沉，不能让对方一味地付出，而在付出之前或付出之后还要有所得，这种获得当然不限于物质上的，也包括精神上的、感情上的。所以，正是基于世界上这样一种利益平衡关系，人们才有了欲取先与、欲擒故纵的办事方法。

这种办事方法的守则是："欲取"的目标必须暂时隐藏不露，且在露之前先投其所好，先给对方甜头尝尝，待对方尝得高兴了，再顺势把自己"欲取"的目标提出来。因为对方先尝到了甜头，不但心情好，而且可能产生知恩图报的心理，在这种心理驱动下，很容易答应你的办事请求。

在李宗吾看来，有些事，对方完全有能力做到，但现在一时不能做到，或者不打算与你合作，此时若想说服对方，就需要用到"将欲取之，必先与之"的办事技巧了。有家室的男人都知道自己的媳妇是怎样娶回来的。这与李宗吾的厚黑经有相似的道理：要把人家父母辛辛苦苦养了二十几年的大姑娘娶到手，哪个男人不先付出一大把金钱和笑脸呢？反过来说，就是通过先支出的那么点儿银子和笑脸，一个男人就有了一个一辈子相依相守的大活人，这可是世界上最合算的"买卖"！李宗吾要我们把这些经验推而广之，应用到说话办事方面，保证多赚少赔，甚至稳赚不赔也不是什么难事。

灵活善变 厚黑学

常言道："吃人嘴软，拿人手短。"一旦接受了人家的好处，占了人家的便宜，再拒绝人家的办事请求，就不那么好意思开口了。中国人重人情，讲面子，"滴水之恩，必当涌泉相报"，聪明人运用这一方法，几乎屡试不爽。

清代著名书画家、"扬州八怪"的代表人物郑板桥就曾被这种"糖衣炮弹"打中，吃了一次哑巴亏。

郑板桥擅长画竹、兰、梅、菊，字写得也棒。他那幅"难得糊涂"的复制品，今天大街小巷仍随处可见。当时，慕名上门来求他字画的人不少，郑板桥也不客气，写了一张价格表贴在大门上，上面写道：

"大幅六两，中幅四两，小幅二两；书条对联一两，扇子、斗方五钱。凡送礼物、食物，总不如白银为妙；公之所送，未必弟之所好也。送现银则心中喜乐，书画皆佳。礼物既属纠缠，赊欠尤为赖账。"

明码标价，颇为痛快直爽。不过，郑板桥恃才傲物，鄙视权贵，一些达官显贵想索求书画，哪怕推着装满银子的车来，也被他拒之门外。

有位大富豪新盖了一座宅院，豪华富丽，但就是缺少"斯文"气息。有人建议，何不弄两幅郑板桥的字画，往客厅里一挂，岂不就高雅脱俗了吗？

富豪一听，猛拍大腿，妙！拎着钱箱就往郑板桥家跑。名片递进去后，照例被挡在门外，理由无非是先生外出、不舒服等，一连几次都是如此。

后来，大富豪与一位大官朋友闲聊时，偶提此事，大官说："你怎么连郑板桥是什么人都不晓得？别说你啦，我想要他的画，要了好几年，都还没弄到手。"

大富豪一听，来了精神，夸下海口道："瞧我的，不出几天，定能弄几幅字画来，上面还要让他写上我的大名。"于是，大富豪派手下人四处打探郑板桥的生活习惯和各种爱好。这一天，郑板桥出来散步，忽然听见远处传来悠扬的琴声，曲子甚雅，不觉感到好奇，这附近没听说有什么人会奏琴呀？于是，循声而来，发现琴声出自一座隐匿宅院。院门虚掩，郑板桥推门而入，眼前的情景让他大感惊讶：庭院内修竹叠翠，奇石林立，竹林内一位老者鹤发童颜，银发飘逸，正在抚琴而鸣。哎呀，这分明就是一幅美好的图画呀！

老者看见他，琴声戛然而止。郑板桥见自己坏了人家兴致，有点不好意思。老者却毫不在意，热情地让他入座，两人谈诗论琴，颇为投机。

谈兴正浓，突然，传来一股浓烈的狗肉香，郑板桥感到很诧异，但口水已经忍不住要流下来。

一会儿，只见一个仆人捧着一壶酒，还有一大盆香喷喷的狗肉，送到他们面前。一见狗肉，郑板桥的眼睛就黏在上面了，老者刚说个"请"字，他连故作推辞的客套话都忘掉了，迫不及待地狂喝酒、猛吃肉。

风卷残云般地吃完狗肉，郑板桥才意识到，连人家尊姓大名还不晓得，就糊里糊涂在人家这里大吃一通。现在酒足饭饱，总不能就这么一甩袖子，说声"拜拜"就走吧！

然而，又该怎么答谢人家呢？留点银子吧，不仅太俗，而且自己出来散步没带钱呀。于是，他对老者说："今天能与您老邂逅，实在是幸会。感谢热情款待，我无以回报，请您找些纸笔，我画几笔，也算留个纪念吧。"老者似乎还有点儿不好意思，连声说："吃顿饭不过是小意思，何必在意！"

郑板桥以为他不稀罕书画，便自夸说："我的字画虽算不上极佳，但还是可以换银子的。"

老者这才找来纸笔，郑板桥画完，又问老者的姓名，老者报了一个，郑板桥觉得耳熟，但又想不起来是怎么回事，还在落款处题上"敬赠某某某"。看看老者满意地笑了，这才告辞离去。

第二天，这几幅字画就挂在了大富豪宅院的客厅里，大富豪还请来宾客，共同欣赏。宾客们原以为他是从别处高价购买来的，但一看到字画上有他的大名，这才相信是郑板桥特意为他画的。

消息传开后，郑板桥简直不敢相信自己的耳朵。他又沿着那天散步的路线去寻找，发现那原来是座无人居住的宅院，这才意识到，自己贪吃狗

肉，竟然落入人家的圈套。

厚黑学认为，求人办事一定要懂得欲取先与，欲擒故纵的技巧。将欲取之，必先与之；将欲擒之，必先纵之。这样才能达到出奇制胜的效果。

以热情来化解冷遇

厚黑学认为，日常生活中，求人办事受到冷遇是再平常不过的事，任何事不可能总是一帆风顺的。然而许多人正是因为碰了钉子，受不了冷遇就垂头丧气、心灰意冷，这在厚黑之士看来就太不值得了。遇到冷遇，不同的人就有不同的反应，有的怀恨在心、拂袖而去；有的则纠缠不休，不达目的誓不罢休。这样的做法都不是明智之举，更不是厚黑学提倡的做法。这样就会因小失大，影响求人办事的效果。如果是由于对对方估计过高，而对方并没有答应自己的要求，你就应该反躬自省了。不能轻易就给别人扣个无情或忘恩负义的帽子。

厚黑求人办事，脸皮一定要厚而且一定要能忍受嘲讽或者讥笑。这里之所以说脸皮一定要厚，是为了在求人办事时，洗掉身上的迂腐与矜持，肯于屈尊，不怕受辱，才能锲而不舍，以柔克刚，以达到求人的目的。

往往求人的时候会发生这样的情况，当你准备求人办事之前，原以为对方会热情接待并顺利帮你把事办成，可是到了现场却发觉，其实对方并没有这样做，反而非常地冷淡。这时，你心里就容易产生一种失落感。其实，这种冷遇是对彼此关系估计过高，期望太大而形成的。往往这种冷遇只是"假"冷遇，而非"真"冷遇。到这种情况，你就应该重新审视自己的期望值，使之适应彼此关系的客观水平。这样就会使自己的心理恢复平静，除去不必要的烦恼。

有这样一个事例。小王到一位多年不见面的老战友家去探望。如今的老战友已是商界的实力人物，每天造访他的人很多，他感到很疲劳，大有应接不暇之感。因此，对一般关系的客人，一律不冷不热待之。小王自认为自己是他多年未见的老战友，必定会受到热情款待，不料遇到的却是不冷不热的态度，他心里顿时有一种被轻慢的感觉，认为这个老战友无情无义，小坐片刻便借故离去。小王便愤愤然，决心再不与这位老战友交往。后来才知道，这是此人在家待客的方针，并非针对哪个人。他再一想自己已多年并未与他有什么深交，自感冷落不过是自作多情罢了，于是又改变了想法，并采取主动姿态与之交往，反而加深了双方的了解，促进了友谊。

由这么一个小小的事例我们就可以看出，由于对方的考虑不周、顾此失彼而给你带来的冷落感，应该谅解。在交际场上，有时人多，主人难免照应不周，特别是各类、各层次人员同席时，出现顾此失彼的情形是常见的。这时，照顾不到的人就会产生被冷落的感觉。当你遇到这种情况，千万不要责怪对方，更不应拂袖而去，而应设身处地地为对方着想，给予充分的理解和体谅。比如，有位司机开车送人去做客，主人热情地把坐车的人迎进去，却把司机给忘了。开始司机有些生气，继而一想，在这样闹哄哄的场合下，主人疏忽是难免的，并不是有意看低自己、冷落自己。这样一想气也就消了，他悄悄地把车开到街上吃了饭。等主人突然想起司机时，他已经吃了饭且又把车停在门外了。主人感到过意不去，一再检讨。见状，司机连说自己不习惯大场合，且胃不好，不能喝酒。这种大度使主人很感动。事后，主人又专门请司机来家做客，从此两人关系不但没受影响，反而更密切了。这种求人态度的效果会比责备强烈得多，同时还能感召对方改变态度，用实际行动纠正过失，使彼此关系得到发展。

曾经有一个朋友为办一个手续，连跑了几个地方，不知为什么，总是解决不了问题。有人说要送礼。他不懂送礼也不愿送礼，自己苦恼不堪。一位朋友了解此事后，指点他去直接找某主任。到办公室却扑了个空，追到家也没人，还被势利的保姆骂了几句。他顿时火起，却又因为对方是个女的，不好发作，只得带着满腹懊恼回到家，发誓再也不去求人了。那位朋友知晓后，哈哈大笑，说："你呀，就这么不济事！在外边办事情哪有这么容易的！我找人办事是一求二求三求，不行再四求五求六求。现在，我不但脸皮厚了，连头皮都变硬了！"一席话深深地触动了这位朋友。第二天，他又"厚"着脸皮去找某主任。结果是出人意料地顺利，主任只照例问了一些问题便为他办了手续。

在生活中，每个人都会遇到难题，都需要求人办事，需要请人静忙。万事不求人是不可能的，所以你有必要训练一下自己的心理承受能力，以面对求人时被人挖苦的尴尬，这一关你如果能过了，那么，求人的一般技巧你就学会了。其实，求人很简单。

厚黑学认为，在求人的时候，一定不要在意受到冷落。因为对方冷落你往往是为了激怒你，使你远离他。而远离对方，你又怎么求人家办事呢？这时，你不妨采取厚黑求人的策略，以热情来化解冷遇，以有礼对无礼，从而使对方改变态度。

厚黑求人第二招："贡"字诀

"贡"字诀："贡"乃四川地区的俗语，其意义等于钻营的钻字，"钻进钻出"。有孔必钻，善于见缝插针。而从求人办事的角度而言，就是要善于打开求人的局面，疏通求人的环节。简而言之就是，有孔必钻，无孔也要入。你要掌握这种求人的方法，就要削尖脑袋，擦亮眼睛，削尖了脑袋可以钻营，擦亮了眼睛可以见缝插针。

见缝插针 善于插话

厚黑学认为，求人办事免不了厚着脸皮套近乎，而与人套近乎必须学会见缝插针的插话技巧。和陌生人搭讪套近乎，总是以这样的方式开始："您是哪里人？""哪个学校毕业的？""听口音，你是南方人。"初次见面，这些都算是挺好的话题，以此作为开始，继续交谈下去就会容易许多。

插话也是一种很有效的套近乎的技巧。好的插话能得到事半功倍的效果，不适当的插话则使事情更糟。看看下面几个场景也许会给我们一些启发。

场景一：两位女孩正在一个角落里悄悄地说着什么，一位男士不自觉地凑上去问道："你们在说什么呢？"结果遭到两个女孩的一句："讨厌！"那男士只好悻悻地走开了。

场景二：一位老师正兴致勃勃地给他的学生讲着我国经济发展的形势，滔滔不绝，忽然一个学生站起来说道："老师，你刚才说的不对。"那老师一怔，继而脸色一变："你给我坐下，有问题下课再谈！"

场景三：小王的老板正发泄着对他这几天表现的不满："最近这几天你怎么老迟到？""为什么上班的时候心不在焉的？""真是的，太不像话了，你看，连头发都留这么长！"小王忍不住了，插了一句："这是我的自由！"老板愤怒地说："什么，你的自由，要自由就别到我这儿来！"第二天小王就被解雇了。

生活中不缺乏上面的场景，三个人之所以把事情弄僵了，是因为他们没有把握好插话的时机，结果遭到别人的抱怨或憎恨。求人时说话除了要注意场合和对象外，还要把握好时机，什么时候该说，什么时候不该说，什么时候可插，什么时候不可插，都不是随随便便的，说话如果不注意审时度势，常常会求人不成反蚀一把米。所以，在求人办事的时候，你说话要适时地切入话题，必须找到双方共同关心的东西。

王老爷子家的电话老是出现杂音，他几次找当地电信局要求检修一下线路。电信公司的经理立即把正在看杂志的李师傅找来，批评他的不是，并令其赶快随王老爷子到他家去检修线路。一路上，李师傅紧锁着眉头不吭一声，老王灵机一动，问道："你刚才看的是什么杂志？"小李说：《体育世界》。"老王赶紧说："哎呀，这杂志我家订了好几年了，包你看个满意。"于是一路上两人你一言我一语谈得有滋有味，到老王家后，电话线很快检修完毕，后来两人还成了好朋友。老王适时地找到了共同关心的话题，使他俩原来紧张的气氛很快消除了。

生活中这样的例子有还很多。洗衣机用久了，功能减退了，妻子想再买台新的，丈夫不同意。一天，丈夫对妻子说："我昨天换的衣服洗完了没有，我明天有个重要会议，必须穿。"妻子打开洗衣机一看："还转着呢，第一道程序都没完。""这个破洗衣机！"丈夫说。"还是再买个新的吧。"妻子趁机赶紧插话。"买一个吧。"丈夫欣然同意了。夫妻俩一到商店，看中了一台洗衣机，一问要几千元。"太贵了，以后再买吧！"丈夫说。"衣服那么多，又老换，急着穿怎么办？"妻子说。这时服务小姐插入一句："这台洗衣机虽贵点，但质量好，容积大，功率大，洗得又干净又快。""行，那就买一台吧。"丈夫终于同意了。聪明的妻子能够敏捷地捕捉住插话的时机，达到了目的，而售货员也利用一次巧妙的插话轻松地卖出了一台洗衣机。

当插话提意见或表示反对时，一定要先看准对方的心境。对方如果正激动兴奋不已地陈述自己的观点时，你不要去打断他，插入自己的不同意见；如果对方正针对你发泄心中的不平之气时，你要暂时忍耐一下，不要插话顶嘴。俗话说，出门看天色，说话看脸色，脸色是心情好坏的晴雨表，人心情好时，万事皆乐；心情不佳时，举事皆忧。插话或提反对意见时务必考虑这一点，等对方平静下来，心平气和、心情舒畅的时候去说，才能收到良好的效果，达到自己的目的。

打断别人讲话而插话时，还要注意以下几点。

第一，一定要弄清楚别人谈话主题。插话前先得听明白人家在说什么，说到哪儿了，你才能确定自己应该插什么，可以插什么，什么时候插合适。如果你插些跟他们交谈毫无关系的内容，那只会打乱别人谈话的思路，招人厌恶痛骂。

第二，切记弄清自己的角色。毕竟插话者只是配角，谈话者是主角，多说话的应是他们。如果没有得到他们同意，你不可说话太多，以免喧宾夺主。

第三，必须要讲究礼貌。插话时毕竟会打扰别人的思路或破坏气氛，所以插话前必须获得对方同意。可以先礼貌地打声招呼，"对不起，我插一句"，"请允许我说一点"，"我可以插一句吗？"等吸引对方注意或征得对方同意，不过，这样的插话不要太多。

学会了见缝插针的插话技巧就会更方便地与人套近乎，求人办事就会得心应手了。

巧用老人小孩套近乎

求人厚黑学指出，遇到办事不顺的情况，你不妨找一找其他的"突破口"，有了突破口才能以点带面、由此及彼地打开求人的局面，从而实现求人办事的目的。如果对方是一个上有老、下有小的中年人，你可以哄哄他的孩子，做一做老人的文章，这是不可忽视的获取好感、打通关系的求人妙法。因为，你让对方身边的人欠下你的人情，也就等于对方本人欠下你的人情，他自感亏欠于你的时候，也就是他答应为你办事的时候。

以老人、孩子为求人"突破口"的这种厚黑求人术，在现实生活中最为灵验。这种厚黑求人术有以下优势。

第一，小孩、老人容易接触。

老人因体力虚乏在家休养，或因年岁高而退职在家，没有工作做，家务不让做，话是心里有而没处说，因此，常常显得孤寂。如果有人主动接近老人，哪怕是暂时解除老人的孤寂，老人自然非常乐意。再者，心理学表明，老年人较中青年人柔和、慈善得多，也容易接近。而小孩好奇心强，你用一句唐诗、一段故事、一个鬼脸就可以把他逗得很开心了。

第二，与老人、小孩套近乎很容易。

一般地说，老年人见多识广，阅历丰厚，精神仓库里储藏有大量感性或理性的"经验产品"，一有机会，他们总乐于滔滔倾诉，希望能影响、感动后人，也算获得人生的哪怕些许的慰勉。事实上，老人长年留住家中，这种滔滔倾诉故事、传授经验的机会实在很少，因此，老人的生理、心理便表现出极大限度的和善、平易。尤其对于年轻人，他们总乐于主动招呼，热情交谈。至于小孩，你若真诚地以童心相待，带给小孩新奇欢乐，小孩会立刻把你当做"快活大王"或"英雄人物"而崇拜、亲近。一句话，老人、小孩由于特殊的生理和心理原因，他们喜欢与你接近。

第三，牵一发能动全身。

老人是长者，而中国人有敬老、尊老、孝老的传统。假如老人心旷神

怡，全家也会随之活跃和愉快。中国人又十分看重传宗接代，视小孩为家庭的未来，况且现代家庭小孩多是"独苗"，家里人更是哄捧宠爱，如果能和小孩在一块玩，家庭融洽自是水到渠成。老人和小孩，如同对方的头发，你把对方的头发抓在手中，对方就会心甘情愿地帮你办事，这就叫"牵一发而动全身"。

以下是运用这种厚黑求人术的几个细节，运用时需要注意。

首先，要多了解和积累有关老人、小孩的知识。

了解老人、小孩，除了感性的调查、观察之外，平时也应适当地做些理性积累，如通过报纸杂志、电视电影等，积累有关老年健身知识、休闲知识，小孩游戏知识、智力故事等，以便到时"妙手偶得，借题发挥"。一天晚上，王芳到某同事家做客，自我介绍后，王芳挨着一个 4 岁的女孩坐下，笑吟吟地问："小朋友上幼儿园了吧?"小女孩睁大眼睛点点头。"会拍手掌吗? 千年蛇妖白素贞，下凡来报许仙恩。""我会说，我会拍!"小女孩一下给逗乐了，伸出双手便和王芳玩了起来。很快，王芳和小女孩打成一片，旁边小女孩的爸爸妈妈也格外开心。

其次，主动套近乎，消除陌生感。

谈话是交际中信息交流最直接的手段。进入一个家庭，见到老人、小孩，要想见一面便产生"一见如故"的融洽气氛，求人者应该主动引出话题打开话匣子，而不应该等待家庭一方（老人、小孩）搜寻话题勉强问答。因为双方刚刚接触的短时间内，求人者要有心理准备以便很快地找到适当的话题，尤其是对老人，你主动开口也表示了尊敬;对小孩，你主动开口，能表示亲近。

再次，态度要谦虚，还要谨慎。

对老人必须态度谦恭、心性美善、行为礼让。这一方面表现你的虚心、诚实，一方面显出你对长者的尊重、敬仰。小孩天性乖巧，高兴容易哭闹也容易，稍有不适就可导致"满楼风雨"。因此，和小孩交往，必须因情因境，投其所好，把握分寸。你要用忠诚、童稚去换取欢悦，千万不能居高临下、装腔作势、虚情假意。

利用人脉网去求人

厚黑祖师李宗吾认为，求人办事一定要找对关系求对人，否则找不到对的人，一切心思都只能是白费。要找对人就要先找对人脉关系网，甚至提前建立好一个人脉关系网。

因为，人的关系总有远近之分，对于有关系比较近的人，由于心理上有一种认同倾向，或碍于情面，一般不会轻易拒绝对方。厚黑求人之道正是利用这种心理来求人办事的。

在诸多关系网中，以血缘关系为基础的"家族集团"是最亲密的关系网。厚黑求人者当然不会放过利用家族关系谋利。因为，这是最有效而使用成本又最低的一种关系网。那么如何建立这种关系网络，如何利用这些关系网络呢？

第一，早早就在人脉网中树下好口碑。

如果你在家族中的口碑不好，所有人都以与你有"亲"而感到耻辱，这时你想利用"家族关系"就难了。因此，保持你在家族中的好名声非常重要，这也是一个长期的过程，需要你早做准备。例如，汉朝的王莽曾篡位自立，威风一时。但是当他尚未篡位时，却礼贤下士，待人一片谦恭，这正是他厚黑之处。其实，王莽真正起家的资本还是显赫的"家族集团"。王莽出身于外戚之家，其姑母王政君是汉元帝皇后。汉元帝死后成帝即位，尊其母王政君为皇太后，其舅父王凤为执掌全国兵权的大司马，从此王氏开始垄断朝政。王氏因为是皇亲国戚，家门贵显，故其子弟多过着奢靡的生活，都不思上进。唯独王莽一个人，因其父王曼早死，未能受封。父亲死后，其兄又相继去世。王莽因"独、孤、贫"，不可能如其他兄弟那样去夸侈斗富，而且他也根本不想那样去做，因为他怀有更大的野心。为了实现这种野心，他只抱定一个宗旨，即尽可能多地去沽名钓誉。

第二，与人脉网中成员搞好关系。

你可以善于利用已有的"家族关系"，寻找家族集团中有权有势的人当靠山，在其提携下，出人头地，改变自己的地位，或实现自己的其他求人目标。

王莽为了出人头地，他"外交英俊，内事诸父，曲有礼意"。尤其是诸位手握大权的伯父、叔父，有着现成的血统关系，他当然会加以充分利用。王莽的伯父大司马王凤生病时，王莽守候榻前，小心侍奉，煎汤尝药，一连数月不解衣带，顾不上寝食梳洗，熬得面容憔悴。看到侄儿比亲生儿子还要孝顺，王凤十分感动。王凤临死之时，太后王政君前来探望，王凤郑重地将王莽托付给她，要太后及皇帝尽力照顾他这位侄儿。王凤死后，皇太后念王凤托付之意，就让王莽做了黄门郎，不久，又提升为校尉。王莽顺利地踢开了入仕的障碍。另外，王莽的厚黑表现还取得了意想不到的收获，他的孝敬竟然同时博得了叔父王商的爱怜，他上书给成帝，表示愿意把自己的封邑分出一部分来给王莽。王莽待人谦恭，办事认真，朝廷许多大臣为之赞叹，都认为王莽是一个难得的贤能之士，纷纷上书向成帝推荐。成帝由此很器重王莽。永始元年封王莽为新都侯，不久，又迁骑都尉、光禄大夫、侍中，成为皇帝的宿卫近臣。王莽的声誉已远远超过了他的伯父和叔父们。

第三，千万要避开人脉网中内部的斗争。

王莽外示宽让仁厚之相，实则怀藏倾轧嫉妒之心。当时王莽的姑表兄弟淳于长亦因其舅王凤生前之托甚得太后及皇帝的亲近。后来王莽的叔父大司马骠骑将军曲阳侯王根病重，如果长病不起，那么，身为外戚、位居九卿的淳于长很可能取而代之。王莽担心淳于长受宠，非常嫉恨。为了击败淳于长，扩大自己的权势，王莽抓住淳于长与许皇后之姊私通的事情，加以攻击，并趁为王根养病的机会，说淳于长的坏话，以激起王根对淳于长的不满。后来，王莽求见太后，举报淳于长的罪过，太后勃然大怒，并让王莽去转告汉成帝，汉成帝就免去淳于长的官职。后来淳于长又被下狱处死。在丑恶的宫廷权力角逐中，王莽终于排除了一个强有力的竞争对手，而且还由此获得了"忠直"之名。汉成帝绥和元年，重病中的王根终于"荐莽自代"，王莽遂擢为大司马。这样就为王莽篡位奠定了基础。

上述事例就说明了人脉关系网对于求人的关键作用。求人办事，往往需要一个好的关系来实现目的。送礼也常常通过一个有关系的人才行，因此求人者营造人脉网至关重要。那么应该怎样营造人脉网呢？

首先，要主动与人联系。建立"关系"最基本的原则就是：不要与人失去联络。不要等到有麻烦时才想到别人，"关系"就像一把刀，常常磨才不会生锈。若是半年以上不联系，你就可能已经失去这位朋友了。因此，主动联系就显得十分重要。

其次，人脉网要尽量丰富。一个人求人办事的能力和资历也往往体现在这张"人脉网"上。有能耐的人，他的网络质量高、价值高，在需要托人办事儿时左右逢源，无所不能。设计"联络图"也许不难，但是把它的内容落到实处就不那么容易了。一是要识门。也就是说，对于与自己求助的事情有重要关系的部门人员，一定要清楚、熟悉他们的工作内容和业务范围。二是要识路，也就是说，要熟悉办事儿的程序，先从哪里开始，中间有哪些环节，最后由什么部门决定，都应非常清楚，省得跑来跑去，重复找人。有了一张好的"联络图"后，聪明的人就会懂得如何保护和维系这张图，使它一直有效。他应该不断和图上的人保持联系，加深彼此的了解和合作，保持旧的关系，发展新的关系，使自己的"联络图"越来越丰富。

最后，随时调整人脉网。你要不断检查、修补人脉网，随着部门调整、人事变动及时调整自己手中的牌，修补漏洞，及时进行分类排队，不断从关系之中找关系，使自己的人脉网一直有效。

总之，有了一张人脉大网，你求人办事的时候就会得心应手，左右逢源了。

可以一回生 不能二回熟

俗语说"一回生，二回熟"。然而厚黑学中却不这么认为，厚黑学认

为"一回生，二回熟"的理论有点操之过急，一回生，二回才半生不熟，三回才算全熟。

　　套近乎求人办事可不是一件容易的事。正所谓"欲速则不达"，套近乎一定不能过于心急。

　　例如，有一次葛经理参加了个社交聚会，交换了一大堆名片，握了无数次手，也搞不清楚谁是谁。几天后，葛经理接到一个电话，原来是几天前见过面，也交换过名片的李先生，因为李先生的名片设计特殊，让葛经理印象深刻，所以记住了李先生。李先生没什么特别目的，只是和葛经理闲聊了一会儿。可是葛经理有些不大高兴，因为葛经理与李先生没有业务关系，而且也只见了一次面，李先生就这样打电话来聊天，让葛经理有种被侵犯的感觉，而且，也不知和李先生聊什么好！在现代社会中，这种情形常会出现，以葛经理的立场来看，李先生有可能对葛经理的印象很好，有心和葛经理交朋友，所以主动出击与葛经理联系，另外也有可能是为了业务利益而先行铺路。但不管基于什么样的动机，李先生采取的方式犯了人际交往中的忌讳——操之过急。拓展人际关系是名利场上的必然作为，但在社会上，有一些法则还是必须注意，才能达到预期的效果，而不致弄巧成拙。这个法则就是"一回生，二回半生不熟，三回才算全熟"，也就是建立人际关系要采取循序渐进的方法，而且是长期的、对方不知不觉的。原因主要有两个。

　　首先，人都有戒心，这是很自然的反应。一回生，二回就要"熟"，对方对你采取的绝对是关上大门的自卫姿态，甚至认为你居心不良，因而拒绝你的接近，名人、富人或有权势之人，更是如此。

　　其次，每个人都有"自我"，你若一回生，二回就要熟，必定会采取积极主动的态度，以求尽快接近对方，也许对方会很快感受到你的热情，而也给你热情的回应，可是大部分人都会有"自我"受到压迫的感觉，因为他还没准备好和你"熟"，他只是痛苦地应付你罢了，很可能第三次就拒绝和你碰面了。

　　同时，因为你急于接近对方，所以很容易在不了解对方的情况下，以

自己作为话题，持续两人交谈的热度，这无疑是暴露自己，若对方不是善类，你不是自投罗网吗？

著名学者、文学家、语言学家、幽默大师林语堂总结中国人求人办事，像写八股文一样，对于如何循序渐进地求人办事很有借鉴价值。

第一步是谈寒暄，谈天气。诸如"尊姓"、"大名"、"久仰"、"今日天气……哈哈"皆属于此类。林语堂称之为"气象学"的内容，起联络感情的作用。这些内容在人们生命空间中确实也有很大的共性，不致遭到抗拒。

第二步是叙往事，追旧谊。这就更深一层了，要从大众皆有的生命空间过渡到彼此较为特殊的那一块，是深入的过程。林语堂戏称为"史学"。"也许你的令侄与某君同过学，也许你住过南小街，而他住过无量大人胡同，由是感情便融洽了。如果，大家都是北大中人，认识志摩、适之，甚至辜鸿铭、林琴南……那便更加亲挚而话长了。"这一段做得好，双方感情可能会有真正的融洽。

第三步是谈时事，发感慨。这可是"政治学"了。"感情既治，声势斯壮"，于是便可联手出击，可进入侃的境界。纵横的范围广，包括有"诸政治领袖之品评，等等。连带的还有追随孙总理几年到几年之统计。比如你光绪三十年听过一次孙总理演讲，而今年是民国二十九年，合计应得三十二年。这便叫做追随总理三十二年"。这一段做得好，感情更为融洽，声势又壮，甚而至于相见恨晚，到了两肋插刀的程度。至此，可认为到了陡然下笔，相机言事之际。

第四步是开口求人，这是"经济学"。求人者可以客气地起立，拿起帽子，然后说："现在有一小事奉烦。先生不是认识某某吗？可否请写一封介绍信？"这一段要自然随意，不能给对方造成很大的压力或使对方觉得自己该欠他多大之情，而且要利用前叙铺垫，陡然收笔，总结全文。

林语堂描述的这段"求人八股"，含有某种嘲讽的意味，如果不是一位油滑世故、人情练达的人，想必他也提炼不出如此精妙的求人之道来。这是中国人特有的求人办事之道。

求人办事，与人套近乎切忌操之过急，一定要记住，"可以一回生，不能二回熟"的厚黑求人技巧。

善用眼泪　以情动人

中国有句古话："刘备的江山是哭出来的"。

而在厚黑祖师李宗吾看来，江山尚且能够哭出来，其他的自然不在话下。不过，这种"哭"都有一个原则，就是装作一副诚实的样子。明明是假哭，却用真情来感动观众，博取别人的同情。"同情"是人类最常见的情感之一，厚黑行世者完全可以把"装扮弱者"当成一种说话办事的锐利武器。因此，李宗吾才说，刘备的特长"全在脸皮厚，依曹操、依吕布、依刘表、依孙权、依袁绍，东窜西走，寄人篱下，恬不知耻，而且生平善哭"。《三国演义》的作者罗贯中更把他写得惟妙惟肖，遇到不能解决的问题，只要对人痛哭一场就可扭转局势。

刘备深知"哭"的巨大作用，而且他很会"哭"。

赤壁大战后，刘备按照诸葛亮的安排，用计夺取了军事重镇荆州。周瑜气得金疮迸裂，决心起兵与刘备决一雌雄，经鲁肃劝说才罢兵言和。但周瑜认为刘备占据荆州是东吴称霸的心腹大患，便命鲁肃去向刘备讨回荆州。

最初，刘备以辅助侄儿刘琦为理由赖着不还。刘琦死后，鲁肃又去讨荆州，诸葛亮又以"天下者天下人之天下，非一人之天下"来辩护，并立下文书，取了西川后再归还荆州。鲁肃无奈，只好空手而回。

后来，刘备娶了孙权的妹子，做了东吴的乘龙快婿，孙权又要鲁肃讨还荆州，"厚脸皮"的刘备已经黔驴技穷，问计于军师诸葛亮。

诸葛亮说道："若是提起荆州事，主公只管放声大哭，待哭到悲切处，我自出来劝解，荆州便无大碍。"

鲁肃来到堂上，双方互相谦让。坐下来后，鲁肃说："如今刘皇叔已经是东吴女婿，也就是我鲁肃的主人。既是自己人，我就有话直说了。"

刘备说："子敬不必谦虚，有话直说。"

鲁肃说："小人奉吴侯军命，专为荆州一事而来。皇叔借去许多时日，未蒙见还，今日既然两家结了亲眷，就算是一家人了，希望皇叔今日交还荆州为好。"

鲁肃说完后，专候刘备答复。哪知刘备无话可说，却用双手蒙脸大哭不已。哭得天昏地暗，地动山摇。鲁肃见刘备哀声嘶哭，泪如雨下，不禁惊慌失措，急忙问道："皇叔为何如此？难道小人有得罪之处？"

哪知，经这一问，刘备哭得更加凄惨，俨然哭成了一个泪人儿。

鲁肃被刘备哭得胆战心惊，而诸葛亮却摇着羽扇从屏风后走了出来，说道："我听了很久了，子敬可知我主公为什么哭吗？"

鲁肃说："只见皇叔悲伤不已，不知其原因，还望诸葛先生见教！"

诸葛亮说："这不难理解。当初我家主公借荆州时，曾经立下'取得西川时便还荆州给东吴'的文书。可是仔细想想，主持西川军政大事的刘璋是我家主公的兄弟，大家都是汉朝的骨肉。若是兴兵去攻打西川，又怕被万人唾骂；若是不取西川，还了荆州又无处安身；若是不还，那东吴主公孙权又是舅舅。所以我主公处于两难困境，子敬又三番两次地来讨，因此泪出痛肠，不由得放声痛哭。"

孔明说罢，又用眼色暗示刘备，刘备耸肩摇膀，捶胸顿足，又大放悲声。

鲁肃比较厚道，见刘备泪如雨下，放声痛哭，心中便动了恻隐之心，以为刘备真的是因无立足之地而哭，便起身劝道："皇叔且休烦恼，待我与孔明从长计议。"

这时，诸葛亮说："有烦子敬回见吴侯，将我主烦恼转告。再待一段时间，等我主有了安身之地，再奉还荆州如何？"

鲁肃见刘备悲痛至极，只好答应。刘备这一哭，虽然是无赖之举，但却有了立足之地。明明是要霸占荆州为己有，却伪装一副可怜相。这种以"哭"来保住江山的所谓"大英雄"真可谓前无古人，后无来者。

刘备善于"哭"，而且"哭"得十分有心计。

刘备安定西川不久，因关羽刚愎自用既丢了性命又失了荆州，刘备决定亲率大军前去讨伐吴国。诸葛亮等人极力劝阻，认为若是率百万大军讨伐东吴为兄弟报仇，是存"小节"而失"大义"。而蜀吴相拼，得利者必是曹操。刘备自称汉室之后，不为复兴汉室而出兵，却为私仇而伐吴，有失大丈夫气概。刘备自然也知道这一点，但是"桃园三结义"的情结始终丢不下，加上百官劝谏，不让他出兵，因此他只好终日以泪洗面。

诸葛亮见此情形，便对刘备说道："皇上少忧，死生有命，富贵在天，云长刚愎自用，今日故遭此祸也。皇上宜保全万金之体，徐图报仇。"而刘备却辩白道："孤与关、张二人桃园结义，誓同生死。今日云长已亡，吾岂能独享富贵？若不雪恨，乃负昔日之盟也！"说完，又哭绝于地，众官救醒后，又大哭不已。

就这样，刘备终日泪如泉涌，直哭得泪湿衣襟，血泪斑斑，再加上三天不进食，每当哭到伤心处，就要昏死过去，一天三番五次地被救醒，连一向足智多谋的诸葛亮也无计可施了。

刘备是哭关羽还是哭他自己，只有他本人知道。不过，他这一哭，却哭出了"义"的形象。

刘备的"哭功"的确炉火纯青，使得这位以"哭"而闻名天下的皇帝死后，智慧超群的诸葛亮也不得不继续为刘家卖命。

人常说，得人心者得天下，而刘备却是因为会"哭"而得天下。

刘备实在是会"哭"，能"哭"出感情，"哭"出特色，"哭"出风度。他的"哭功"可谓无人可比。

作为一方霸主，能放下面子以情动人来办事，像我们凡夫俗子就更不用在乎了，但并非以情动人就是要像刘备一样哭个死去活来，我们可以用其他的方法。但只要是用情，相信这样办事一定能收到很好的效果，这也算得上极为灵活、极为常规的厚黑办事"手腕"了。

精通厚黑之道的人善于以弱示人、以情动人。人心都是肉长的，仁慈心、同情心是每个人情感世界中最基本的组成部分。用自己坎坷遭遇的愁容和凄凉悲怆的眼泪，可以使对方的感情之水为之荡漾，即使铁石心肠，也会网开一面，帮助你把事情办成。

厚黑求人第三招："冲"字诀

> "冲"字诀："冲"，四川话叫"冲帽壳子"，就是吹牛的意思。而从求人办事的角度来讲，就是"镀金"术，往自己的脸上贴金，壮大自己的声势，夸大自己的来头，以让对方不可小看自己。正所谓：拉大旗，作虎皮；打肿脸，充胖子。在你求人办事的过程当中，这些手法往往能起到神奇的促进作用。

借人之光　成己之事

在厚黑之人看来，求人需要借助一定的名人效应。也就是说，在求人的时候，你如果能把自己的背景与某个名人联系起来，对方一定会认为你大有来头，所以对你也不敢怠慢。这就是人们常说的"借人之光，成己之事"。如果你实在没有任何大人物来壮壮自己的声威，你也可以利用一些误会，来给自己脸上贴金，只要能引起对方的重视就行。这个求人的策略，在厚黑学中叫做"冲"，就是给自己吹吹牛的意思。的确，"借人之光，成己之事"的求人之道非常实用。即使这位"大人物"不出面，光借个名义也能增加自己的背景。"拉大旗，作虎皮"，蒙住自己吓唬别人。自己的力量并没有增加，但给人的形象不同，因而就有了"借光"求人的效应。

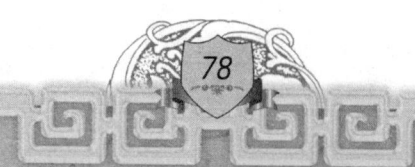

善于"借人之光，成己之事"的一个动物界的典范就是狐狸。狐狸是非常聪明的动物，由于它没有力气，个子矮小，因此处境不利。在森林中，狐狸得不到尊敬，没有动物真正把它放在眼里。为了克服这一点，对于狐狸来说，其中的一个办法就是说服老虎与它做朋友。通过与力大无比、令人畏敬的老虎密切交往，狐狸可以伴随老虎左右在丛林中四处行走，而且享受给予老虎的同样的提心吊胆的尊敬。即使老虎不在狐狸身边，得知狐狸与老虎交往甚密，也足以保证狐狸在旷野中得以生存。假如一只狐狸不能够与老虎交朋友，那么这只狐狸就应该制造一种跟老虎密切交往的假象，小心翼翼地跟在老虎的后边。与此同时，大吹大擂它们之间有着笃深的友谊，这样做，它便制造了一种印象，即它的安危得到老虎极大的关注。

　　狐狸这种做法，便是典型的借光。这个狐假虎威的中国古代智谋，原指狐狸仗着老虎的威风吓唬别的野兽。一般狐假虎威之谋，在世人眼中似乎不算奸诈，主要有狡猾之感，指仗着别人的威力欺压人。这种诡计与常说的"狗仗人势"、"拉大旗，作虎皮"、"挟天子以令诸侯"很接近。从谋略学的角度看，指阴谋家借助外力增长自己的势力威风，达到战胜对手的目的。

　　在现代社会，这种手腕已被政治、经济、文化以及外交等领域广泛运用，而且大有日趋扩展之势。对于人际交往而言，它不失为一种提高自身形象，扩大自己影响的策略和技巧。

　　被社会承认，是人的正当追求，对社会进步也有积极意义，而借助名人提高自己的社会知名度，就是被社会所承认的方式之一。同时这也是寻找"朋友"、建立新关系的手腕，不失为说话办事的一种好方法。

　　许多商业广告喜欢用名人而不惜重金，实际上就是借力策略的应用。有头有脸的人都喜欢用的东西，普通人心理上容易认同："我和××用的是同一个品牌的。"从人类的心理上讲，人们往往都倾向于这一点，认为自己找对了"路子"。因此，同样是消费，多一层名人的光环，自然很多人愿意借这个光。

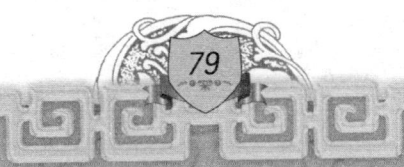

商业上的成败是由细节决定的，很多时候会出现这种情况：明知道过了这一关后，可以挣大把大把的钱，但往往就在这一关口上卡住了。这个时候如有贵人相助，接下来就一帆风顺了。

有一个美国出版商，在总统身上大做文章，不仅推销掉积压的图书，而且还取得了可观的经济效益。

一次，该出版商为仓库里堆积如山的图书卖不出去而发愁，忽然他眉头一皱，计上心来。过了几天，他通过朋友送给美国总统一本样书。后来，总统看到了这本书，只浏览了几页，便漫不经心地说："这本书不错。"出版商闻讯，利用总统这句话大做广告，一个月内便把积压图书全部卖光。

后来，又有一批图书积压，该出版商因尝到了甜头，给总统又寄了一本样书。这一回，总统不给面子，评论说："这本书糟透了！"于是，该出版商在广告中大肆宣传："本公司有一本总统认为很糟糕的书出售！"不久，该书销售一空。

几个月后，该出版商又遇到了图书积压的难题，他像以前一样如法炮制，寄给总统一本样书。这一回，总统学聪明了，干脆对他的书一言不发。于是，该出版商在广告中说道："这里有一本总统难以评价的书出售！"结果，所剩图书轰然销尽。

结交名人之心大部分人都有，谁都希望有个声名显赫的朋友：一个明星，或者随便什么大人物。如果能跻身他们的行列，自己也便沾上了荣耀，在别人眼里也就身价倍增了。

厚黑学认为，巧借他人的力量和威名以达到自己的目的，是一种韬略。借权贵名流为自己所用，只是借光的常见形式，实际上凡是能让我们为人做事增光添彩的人、物、事、情，都是借光的范围。那么，在现实生活中，什么东西是可以"借光"的呢？

你可以巧借名人，如在交谈中常出现的一些身份最高的人的名字，你在别人眼里就不同寻常；巧借闻名地点，如对有地位、有身份的人常去的地方，你不要不好意思表白，这也可以作为提高你的身份和能力的资本；

巧借名言，如，请社会名流为你题词作画，请专家教授为你著的书作序，请明星为你签个名等。这些做法虽然有沽名钓誉之嫌，其实这是一些人"敢为天下先"的眼光，是人的正当追求，而借助名人提高自己的社会知名度，也越来越成为被社会所承认的成名方式之一。

由此可见，一个有声望的人即使是平淡的一个字送给了你，也要比一千个普通人长篇大论地给予的赞美更有威力。

"借人之光，成己之事"，找个"大人物"借借光，照亮渺小的自己，增加自己的分量。俗话说，不看僧面看佛面，谁不怕得罪"大庙大神仙"，免得吃不了兜着走啊？其实，你在求人时不一定非要冒充县长的亲戚，只要你明白"借人之光，成己之事"这种求人之道的奇妙之处，只要开动脑筋，你就能找到适合你的求人"冲"字诀了。

以小充大　自抬身价

厚黑祖师李宗吾说："有孔者扩而大之，无孔者，取出钻子，新开一孔。"如果你一无所有，可以"无中生有"；如果你不是一无所有，你就可以"以小充大"了。

厚黑学认为求人办事有时候就必须自抬身价，你可以把所有的"资本"集中在一个点上，让对方从你某一点上的强大，对你的整体实力产生错误的评估。这也是"打肿脸充胖子"的厚黑求人之道。这种求人之术，常在你的实力不强时运用，而且如果运用得当，确实能够"瞒天过海"。

几十年前，日本神户新开了一家经营煤炭的福松商会，经理便是年轻有为的松永左卫门。开张不久的一天，商会来了一个西村豪华饭店的服务员，服务员交给松永一封信，上书"松永老板敬启"，下款"山下龟三郎拜"，信中说："鄙人是横滨的煤炭商，承蒙福泽桃介（松永父亲的老友）先生的部下秋原介绍，欣闻您在神户经营煤炭，请多关照。为表敬意，今晚鄙人在西村饭店聊备薄宴，恭候大驾，不胜荣幸。"

当晚，松永准时赴约，当他一踏进西村饭店就受到热情的款待，山下

龟三郎毕恭毕敬，使得松永不免飘飘然。酒宴进行中，山下提出了自己的恳求："安治有一家相当大的煤炭零售店，信誉很好。老板阿部君是我的老顾客。如果承蒙松永先生信任我，愿意让我为您效劳，通过我将贵商会的煤炭卖给阿部，他一定乐于接受。贵商会肯定会从中得利。我呢，只要一点佣金就行了。不知先生意下如何？"松永一听，心里马上盘算起来。没等他开口，山下就把女服务员叫来，请她帮忙买些神户的特产瓦形煎饼来，并当着松永的面，从怀里掏出一大叠大面额钞票，随手抽出一些交给女服务员，还另外多抽出一张作为小费。松永看着那一大叠钞票，暗暗吃惊。眼前的这一切，使他眼花缭乱。稍一镇定，便对山下说："山下先生，可以考虑接受你的请求。"稍作谈判后，松永便与山下签订了合同。丰盛的晚宴后，松永一离开，山下就马上赶到车站，搭上末班车回横滨去了，西村饭店这样高的消费，哪是山下所能承受的？他那一大叠钞票，其实只是他以横滨那个不景气的煤炭店做抵押，临时向银行借来的；介绍信则是在了解了福泽、秋原与松永的关系后，借口向福松商会购买煤炭，请秋原写的。然后，山下又利用豪华气派的西村饭店做舞台，成功地上演了一场戏。就这样，山下一文不花，从福松商会得到煤炭，再转卖到中部，他自己赚了一大笔钱。

其实，业务介绍信、饭店里设宴谈生意、给服务员小费，这些都是日本商界中司空见惯的。山下就是利用这些极为平常的小事，"冲"自己的背景，"长"自己的脸面，目的就是为了显示自己拥有雄厚的实力，隐藏自己没有资金做煤炭生意的事实，从而达到了自己求人办事的目的。而年轻的松永，被山下的诚恳恭敬、热情的招待和慷慨大方所迷惑，轻信了对方。

吹牛也是一种自抬身价的手段。相传刘备自称汉中王之后，要把大本营迁到成都，此时就必须挑选一名大将留下镇守汉中。那么到底选谁呢？一班人等，包括张飞本人，都认为非张飞莫属，不料刘备却看中平常不是很骁勇的大将魏延，破格让他担任镇远将军，兼汉中郡太守。结果一公布，全军哗然，都认为主公选错了人，魏延根本没有这样的能力也没有这个资格。

刘备在一次宴会上，问魏延："如今我委托你担当重任，你有什么打算呢？"魏延的话讲得颇有气概，他说："若曹操举全军来犯，我为大王抵挡他；若曹操派偏将统率十万兵力来犯，我为大王吞下他。"

刘备听了心里爽极了，在场文武官员个个啧啧称叹。后来张飞等人也没什么意见，看来魏延这牛皮吹得很有水平，把自己的身价抬高了不少，从一个平常默默无闻的将军做到了太守的位置。

求人办事抬高自己的身价是很有必要的，只有这样你说话才会有底气，不会显得很卑微，求人办事也更顺利一些。当然，这需要你冒很大的风险，但成功几率却也是非常之高。

吹牛也要把握好分寸

厚黑学认为，求人办事吹牛的动机，无非就是想表现自己了不起，借此提高自己的身份，以达到求人办事的目的。

然而，人都有自知之明，夸口、说大话、"吹牛皮"的人，常常是外强中干的，而且他们的目的只不过是引起大家对他的关注，以满足自己的虚荣心。与朋友、同事相处，贵在讲信用，自己不能办到的事情，胡乱吹嘘，会有华而不实的印象。吹牛者在人际交往的圈子里终究会有无法立足之日。

法国哲学家罗西法古说："如果你要得到仇人，就表现得比你的朋友优越；如果你要得到朋友，就要让你的朋友表现得比你优越。"当我们让朋友表现得比我们优越时，他们就会有一种得到肯定的感觉，但是当我们表现得比他还优越时，他们就会产生一种自卑感，甚至对我们产生敌视情绪。

因为谁都在自觉不自觉地维护着自己的形象和尊严。如果有人对他过分地显示出高人一等的优越感，那么无形之中是对他自尊的一种挑战与轻视，同时排斥心理乃至敌意也就应运而生。

灵活善变 厚黑学

成功的欢乐不亚于尝到幸福的果实，成功的希望牵扯着每颗跳动的心灵。可是，在追求成功的奋斗中，自信固然是支柱，可有人却携带了自我吹嘘这颗毒瘤。

王先生在他刚到工作单位的那段日子里，在同事中几乎连一个朋友都没有。那时他正春风得意，对自己的机遇和才能非常自得。因此每天都极力吹嘘他在工作中的成绩，吹嘘每天有多少人请他帮忙等得意之事。然而同事们听了之后不仅没有人分享他的"成就"，而且还极不高兴。后来还是老父亲一语点破，他才意识到自己的错误观念。从此，他就很少谈自己的成就而多听同事们说话，因为他们也有很多事情要吹嘘，让他们把自己的成就说出来，远比听别人吹嘘更令他们兴奋。后来，每当他有时间与同事闲聊的时候，他总是先请对方滔滔不绝地把他们的成就炫耀出来，仅仅在对方问他的时候，才谦虚地表露一下自己。

老子曾说："良贾深藏若虚，君子盛德，容貌若愚。"是说商人总是隐藏其宝物，君子品德高尚，而外貌却显得愚笨。这句话告诉我们，要"敛锋芒，收锐气"，千万不要不分场合地将自己的才能让人一览无余。你的长处短处被同事看透，就很容易被他们支配。

事实只有 1/10，或者连 1/10 都不足，说话却说到 10 分，虚多而实少。有的人靠三寸不烂之舌，说得非常动听，一部分人也许会上他的当，信以为真。这就是吹嘘人的本事。

有的人对于某种学问技术不过初窥门径，还未登堂，更未入室，居然自诩为专家，到处宣扬，不认识他的人不易拆穿，这叫做吹得隐秘。有的人对自身经历说得津津有味，某事是他做的，某计划是他拟的，某问题是他解决的。好像他是足智多谋，好像他是万能博士，不是参与此事的人，自然无法证实其虚伪，这种人叫吹得有水平。有些人的事业并无什么发展，他却说如何有把握，手中的货物如何充分，某批生意赚多少钱，说得大家有些动心，这叫做吹得有能耐。但是这些人终究会被他们的吹嘘所累，害人害己。有的人与某一位名人实在并没有多少关系，他却对人说某人如何器重他，某人如何看重他，某事曾和他商量过，这些都是自我吹嘘

的表现。

在浩渺无边的谈话中，有一些小小的"礁石"，要留心避免。记住，人无完人，即使你在某方面有所成就或者高人一等，也并不能说明你在其他方面都出类拔萃。记住：不要沾沾自喜而大肆渲染。

所以在求人办事吹牛的时候也要谨慎些，不要太过夸张，让人觉得不可信。到最后事办不成不说，还给自己留下个狂妄的骂名。

学会不经意间"吹牛"

在厚黑学看来，"吹牛"确实是一种本事。但运用"吹牛"的方法多种多样，千奇百怪，目的和效果也不尽相同，正所谓"运用之妙，存乎一心"！不过在运用求人"冲"字诀的时候一定要注意方法。

首先，要"吹"出自己的气势，以达到威慑的目的。

在求人过程中，态度不卑不亢，使被求者对你产生与众不同的感觉。一般人在求人的时候，态度一定会低三下四，目的是让对方可怜自己。但是被求者对这样的情况已经习以为常，但是，如果你一反常规，态度不卑不亢，在气势上并不输给对手，对方很自然地会想到"这小子可能有些来路"。

例如，前几年国际市场需要润滑油基础油，某石油化工公司看准这一行情，不惜工本，按照国际标准生产出 8 种牌号的润滑油基础油，打入国际市场后，名声大振。可是，好景不长，由于国际石油市场竞争激烈，油价下跌，继续坚持出口，公司将一年要亏损近千万元。面对危机，公司经理认为，参与国际交易，我们是后起者，在强手如林的情况下，要挤进去不容易，我们应想办法站住脚。如果一遇风浪就退出来，那么，想再占领市场就会更困难。他决心带领公司同人从夹缝中冲出去。为此，他亲自到欧美一些国家作市场调查，搜集信息，寻找合伙对象，开辟新市场。在美国北部，公司找到美国著名的鲁布左尔石油公司国际销售部。经理开门见山地说，希望你们能买我们的产品。对方说："你凭什么让我们把别的公司的产品推掉，而买你们中国的产品?"他则不卑不亢地列举了其石化公司的三大优势：一、我们公司的产品质量保证，有很高的信誉；二、我们可以长期合作，保证长期供货；三、我们公司有自备码头，保证交货及时，并有良好的服务，产品资料齐备，保证信守合同。

其次，要自然地露出自己的"实力"。

在不经意之中，流露出你与某个大人物的关系，不由得对方不信，事也就好办了。公司经理在大谈了自己公司的三大优势后，不紧不慢地告诉这位总经理，贵国莫比尔石油公司已经购买了我们的产品。最后的不经意正是点睛之笔，莫比尔石油公司在美国享有盛名。这位经理听说莫比尔公司已购买了该石化公司的产品，立即放下架子，同意洽谈生意，并对其产品作了质量评定。经检验，该石化公司产润滑油基础油全部指标都达到规定要求。他们很快向世界各地分公司发放了准予购买该石化公司产中性油的许可证。就这样，该石油化工公司开辟了新的市场，在国际石油市场上占有了一席之地。

为了让被求者相信你的背景，上面所讲的采用"不经意"的方式使对方知道还不是最好的办法。因为，毕竟还是你自己说出来的。如果能制造一个假象，让对方自己通过判断得出结论，效果会更好。无论你的心里多么着急，多么迫切地希望对方答应自己的请求，但你表面上还要装出若无其事的样子。

有一次，日本某公司面临着破产的威胁，面对这种绝境，总经理决定必须把公司的全部产品尽快卖出去。公司经理山本不得不飞往美国，与一些公司洽谈。不料美方已探明该公司的底细，疯狂砍价。山本只有两种选择：不卖，听凭公司资金无法周转而步入绝境；或者以低价卖掉，忍受元气大伤甚至一蹶不振的痛苦。山本于是施展开"欲擒故纵"的求人策略，他尽管内心十分痛苦，但表面上却照样谈笑风生。

"故布疑阵"，使对方对你产生判断错误，误以为你还有更强的后台。

例如，山本对美方谈判代表的各种要求似乎都没有加以郑重考虑，却一遍又一遍地问秘书："你再去看看飞往韩国的机票是否已经准备好了。

如果已拿到机票，我们明天就走，那里的生意可是一分钟也耽搁不起的。"这就是在"故布疑阵"。就这样，美方代表"坚信"自己的判断：山本对于同美方的这桩生意兴趣不大，成不成对他都无所谓。极有可能，他还会突然离开美国前往韩国。美方代表急忙拨直线电话报告总裁，询问怎么办。总裁马上下令："按正常价格尽快谈成这笔生意。"得到了这笔资金，山本终于将自己的公司拉出了绝境，转而步入正常的发展轨迹。

总之，不经意间的流露吹牛，不经意的流露出自己的"实力"是求人办事"冲"字诀的精华所在，如果此招运用得当，往往会收到意想不到的效果。

"吹牛"要趁早 自我介绍最重要

厚黑学的求人"冲"字诀就是自抬身价，往自己的脸上贴金，壮大自己的声势，夸大自己的来头，以让对方不可小看自己。然而吹牛一定要趁早，在第一次见面时就要展现自己的"实力"和"气势"。所以，自我介绍往往是"吹牛"的第一站。

所以，我们就不能简单地认为自我介绍就是自报姓名了。自我介绍是一种学问和艺术，有许多必要的技巧和尺度需要掌握。它是一个人的门面，因为通过自我介绍可以给他人留下印象。印象是一个人的某些特征在他人头脑中留下的迹象。从交际心理上看，人们初次见面，彼此都有一种了解对方，并渴望得到对方尊重的心理。这时，如果你能及时、简明地进行自我介绍，不仅会满足对方的渴望，而且对方也会以礼相待，自我介绍。这样，双方以诚相见，就为进一步交往奠定了良好的基础。同时，介绍是人际交往中与他人进行沟通、增进了解、建立联系的一种最基本、最常规的方式，是人与人相互沟通的出发点。

求人办事，想要结识某人，而又无人引见，可以向对方作自我介绍。自我介绍的内容，可以根据自己的实际需要、所处场合而定，要有鲜明的

针对性。

厚黑学认为自我介绍应注意以下几点。

第一，要清晰响亮地介绍自己的姓名。

在聚会场所中，一个人的名字往往代表着他的独特性，所以当介绍自己的名字时，应该告诉对方名字的正确读音和写法。

第二，以独特的方式介绍自己。

自我介绍独辟蹊径，是指从独特的角度，选择使对方感到有意义，又觉得顺其自然的内容，采用生动活泼的语言把自己"推销"给别人。而绝不是指那种借助别人威望给自己贴金的介绍，也不是指那种靠"吹"来取悦对方的介绍。

一些人介绍自己时常说："某银行行长，是我的老朋友……""你知道著名的某某官员吗？我们曾住在一栋宿舍里……""我对某某问题很有研究。昨天我收到了某某杂志的约稿信……"这样的自我介绍也许能给人以深刻的印象，但不会很好。

第三，自我介绍要详略得当。

在一些特定情况下，自我介绍的内容需要较全面、详尽，不仅要讲清姓名、身份、目的、要求，还要介绍自己的经历、学历、资历、性格、专长、经验、能力和兴趣等。

第四，要有自信心。

在日常交往中，有些人怕见陌生人，见到陌生人，似乎思维也凝固了，手脚也僵硬了。本来说话很爽快的，也变得说话结巴；本来笨嘴拙舌的，嘴巴更像贴了封条。这种状况怎能介绍好自己呢？要克服这种胆怯心理，关键是要有自信心。有了自信心，才能介绍好自己，给别人留下好的印象。

第五，要真诚自然。

自我介绍是一种接近对方的语言艺术，这种艺术绝不是花言巧语，而是以真诚、热心、礼貌、得体作为基础的。所以，当你希望掌握这种初次见面就能迅速和对方建立良好关系的语言艺术时，务必保持诚恳的态度。

第六，对象分明。

自我介绍的根本目的是要给对方留下一个印象，因此要站在对方理解的角度来说话。比如第一次参加某方面的研讨会，你站起来说："我叫××，我来发个言。"此时在场的人一定会这么想：这是什么人？怎么从来没见过？他代表哪方面？他的意见值得听吗？所以，面对有这么多想法的听众，你只介绍"我叫××"是不行的，别人不会专心听你的发言。如果你理解了听众的心理，就可这样介绍："我叫××，是××政府的领导。我第一次参加这样的研讨会，望大家多多指教。现在我就这个问题谈谈自己的看法……"这样的介绍，才不会使听众心中结下疑团，也才能使听众专心听你的发言。

所以，在自我介绍时，一定要重视那个或那些与你打交道的人，要随机应变。如你面对的是年长、严肃的人，你最好认真规矩些；如与你打交道的人随和而具有幽默感，你不妨也比较放松地展示自己的特点，作出有特色的自我介绍来。

总之一句话，要在自我介绍中根据社交礼仪的具体规范，把握自我介绍的时机、自我介绍的内容、自我介绍的要求等方面的问题，才能使自我介绍恰到好处、不失分寸。最重要的一点是，一定要不时地流露出自己的"实力"。

厚黑求人第四招："捧"字诀

> "捧"字诀："捧"是捧场、吹捧的意思。求人的时候，把对方捧一捧，巧妙地拍一拍马屁，与对方套一套近乎，增进与对方的感情，这样才有希望把事办成。打仗要知己知彼，求人也要知己知彼，因为只有掌握对方的底细才能对症下药、投其所好。要灵活变通厚黑"捧"字诀，厚黑兼备，变化无穷。

捧之有道　拍之有理

能说会道、具有高超游说舌辩才能，是求人办事的基本素质之一。厚黑高手的武器和本钱就是一张巧舌。

厚黑高手的说话能力是不可小看的，他们比常人深谙语言的力量，并将之充分利用。他们在求人办事时，极尽言辞之能，大拍对方的马屁，一般人很难招架得住。所以说，捧人是厚黑求人术必备的功夫。你有求于人，就要捧一捧对方，好让对方高高兴兴地为你办事才行。要想捧人捧到位，你必须把准对方的心理，善于体察人意，随机应变。厚黑捧人一定要捧到人的心窝里，"隔靴搔痒无济于事，只有搔到对方的心窝里，才能使对方浑身舒坦"。

第一，从细微处捧人。

有些下属总爱找一些上级所做的惊天动地的大事去吹捧，他们认为事情不大，就不足以产生轰动效应，也就不能使上级深切体会到吹捧的妙处。于是，他们专门对上级所做的一些"大事"进行吹捧，诸如上级在调整领导班子中的卓越表现；上级为公司挽回了多么大的经济损失；上级的谈判技巧有多么高超等。其实，上级所做的那些"大事"总是有限的，光注意"大事"，有一天你会发现在上级身上找不到什么可以吹捧的东西了。

另一方面，上级所做的一些"大事"、所取得的一些较大的成绩，都是有目共睹、众所周知的，而且一定有许多人已经向他表示过祝贺了，这时候如果你再去重复别人说过的话，上级就不会再有什么大的感受了。对于你的吹捧，他也只是出于礼貌，点点头，或者说一声"谢谢"，事后回想起来，恐怕他自己也记不清到底哪些下属说了哪些话，因为大家说得都差不多，没有什么特别的印象。随"大溜"去吹捧上级，往往没有什么好的效果，大家都去吹捧一种东西，就像大家都没有去吹捧一样。因为在受吹捧者的心里，大家仍然处于同一位置上，既没有与这个人更靠近些，也没有同那个人更疏远些。

正因为如此，下级在吹捧上级时，不仅要注意上级所做的"大事"，更要注意上级所做的一些小事。上级身上的一些细微变化，偶然发现的上级在某一方面的特长和优点等，都是应该注意的，而这些方面又是一般人不太看重的。如果你能在别人不注意的地方"另辟蹊径"，那一定会出奇制胜，大有收获；上级也会因为有人发现了自己的这些优点而欣喜异常，把你视作"知音"。常言道："知音难觅"，一旦发现，器重程度就可想而知了。

其实，一个人身上小的优点和长处是很多的，关键就在于你是否具有一双慧眼，能否及时地发现和欣赏。例如，对某位经理，你没有对他的管理能力大加吹捧，而是称赞他在木炭上烘烤牛排的方法，你因为对他不突出的一些优点加以吹捧，他才会对你的吹捧感到更加兴奋不已。

第二，直接捧人要把握好度。

吹捧有直接和间接两种方式。直接吹捧，是指那些不以借他人之口转达自己吹捧之意为目的的吹捧。它包括下级对上级面对面的吹捧和为了让他人了解上级而对他所取得的成绩及其优点所作的吹捧。

如果当面称赞上级，用口头叙述方式可以说明对上级行为的赞同或者看法上的一致，夸赞上级认识的先进性、敏感性，衬托出自己认识上的差距。这样的吹捧，话不要多，言中关键，点到为止，曲尽其妙，使上级从中得到认同的喜悦。

如果在下级和同事中吹捧自己的上级，可以介绍一些关心下属疾苦的事实、成效，疏通上级与下级的误解，介绍一下上级正欲采取措施解决上下级矛盾的问题。对于大家还不甚了解的上级的优点、长处，也可作些介绍。

如果向群众吹捧上级，就抓住上级作出的突出成绩、关心下级疾苦、采取重大举措、成功解决了某些难题等要点，向周围的人作宣传，这不但是在吹捧上级，更是为自己的升迁铺平道路。下级在上司身边工作，最有资格、最有理由、最有身份担当这一重任。

如果向群众吹捧上级，要通过新闻媒介的话，下级可以向他们提供准确、详细的资料，给他们采访创造方便条件。必要时要亲自动笔，撰写稿件，这是下级的使命和职责。

如果用书面方式吹捧上级，就不要有随意性。要抓住重大题目和真实的内容，加以认真提炼、撰写成精品，而且须经上级本人同意，千万不可出于好心抢时间而出现谬误，导致上级的被动。

第三，无意间流露吹捧之意。

"无意"吹捧就是不是有意说给被吹捧者听的吹捧，这种吹捧往往被人认为是出于内心，不带私人动机。《红楼梦》中宝玉在黛玉不在场时的夸奖，就是此种情形。

一句简单而看似无意的吹捧，虽然出自无心，但可以得到空前的成功。有位公司职员向副总经理借一本法律书，但不巧得很，副总经理那里

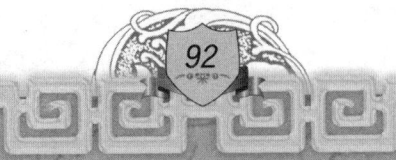

没有这本书。看着职员着急的样子，副总经理想了想说："这样吧，你到总经理那里看看，他学识渊博、博览群书，没准儿他那里会有。"职员找到总经理说明来意，总经理就问是谁告诉他的。这位职员说，副总经理说的。总经理笑道："我是学企业管理的，他怎么会想到我有法律书？"职员于是将副总经理的话说了一遍。听了职员的回答，总经理感到由衷的高兴，从那以后，对副总经理非常关照，虽然副总经理并不明白其中的原因。副总经理无意中的一句话，实际上是对总经理的吹捧：学识渊博、博览群书，这是对总经理才能的认可和称道。

无意中的一句真心话，比平时面对面的一万句奉承话更有效，这也符合我们常说的一句话："要知心腹事，且听背后言"，真实感情的流露，往往是在私下。"无意"的吹捧关键是在"无意"两字，这就是说，吹捧者不是有意那样说，不是为了博得上级的欢心，故意说些"甜言蜜语"。这样的吹捧是没有心理准备的，是真情实意的自然流露。因此，"无意"吹捧并不是人人都能做到的，它需要有个前提条件，那就是吹捧者从心里欣赏对方，觉得对方值得吹捧。作为下级，如果能做到对上级的"无意"吹捧，那是再好不过了，这也说明你对上级的忠诚和尊重。

第四，在背后借人之口吹捧。

对上司进行吹捧有多种方式，比如前面所说的直接吹捧，也可以间接吹捧。间接吹捧就是不直接面对上级，而是借他人之口将自己的吹捧之辞传递给上司，即我们平常所说的"借你口中言，传我心腹事"。这两种方式各有各的妙用，应视不同的场合灵活运用。在此值得一提的是，当下级直接吹捧上级时，对方可能会以为那是应酬话、恭维话，只能"你那么一说，我这么一听"，而不必当真；其他人也会认为你是在巴结上级，别有所图。吹捧若是通过第三者的传达，效果便截然不同了。此时，上司必定认为那是认真的吹捧，毫无虚伪包含在里面。于是就会真诚接受，而且对你也会另眼相看，所以，当上司不在身边时，不妨对其他同事将上司的优点和成就大肆吹捧一番。吹捧的范围可以很广，例如，可以吹捧一下上司的认真负责的工作态度、上司平易近人的工作作风、上司教育子女的成功之处、甚至他今天得体的服装，你还可以谈谈上司的"历史"，提提他的"当年勇"等。如果其他同事与你有不同看法，你也没必要去争论，毕竟这只是你的个人观点。相信吧，你的口舌不会白费，总有一天，你的这些溢美之辞会传到上司耳朵里，他会因为有你这样的"知音"而感到高兴。

"第三者"，不仅仅是自己的同事，也包括其他人。比如，在看到上司的妻子时，你可以适当地赞美一下上司，甚至在看到上司的子女时，也可以说一些诸如此类的话："你爸爸为公司的事情操碎了心，你得劝他多多休息，保重身体"；"听说你工作干得不错，真是有其父必有其子啊！"如果有一天，你上司的上司来你所在部门视察工作，那也要寻找时机进上一言，好好把自己的上司赞美一番。当然，赞美时一定要言之有据，恐怕这是上司最期望的了，不可为吹捧而吹捧。自己替自己说好话，容易使上司心存反感，而由自己的下属代言，又可给上司留下较为客观的印象，效果会好得多。这样一来，上级对你可能就要"感激涕零"了。

第五，吹捧要瞅准时机。

吹捧是对一个人的工作、能力、才干及其他积极因素的肯定。通过吹捧，人们会了解自己的行为活动的结果。可以说，吹捧是一种对自我行为的反馈，反馈及时，才能更好地发挥作用。

下级对上级的吹捧，也要坚持及时的原则。如：当上级刚刚谈成一笔生意，当他圆满地完成了一项工作时，要不失时机地吹捧他。要知道，上级取得成绩时的自豪感不仅要由其上司的赞扬来加强和巩固，更要由其下级来巩固和加强。下级的真诚吹捧，会使上级感到自己的才能和成就得到了别人的认可，自己的心血没有浪费。也会使上级感到下级对自己的支持和尊重。如果上级取得了成绩，而下级没有丝毫的表示，上级就可能会猜疑，如上级可能会想："下级不向我表示祝贺，是不是他们对我有意见？""他们没有说一句赞扬的话，是不是觉得我取得的成绩根本不算什么？""他们态度这么冷漠，是不是嫉妒我？"诸如此类。或者在上司取得成绩后，下级并没有马上表示祝贺，而是过了一段时间，比如一周后才有所表示，那么，同样会引起上级的猜疑。上司可能会认为你现在才向他说一些吹捧的话，是听从了别人的建议，怕得罪他才这样做的；你本人并没有什么诚意，只是事后随便"应应景"而已。吹捧别人从相对意义上来说具有时效性，一旦过了吹捧的最佳时机，吹捧的效果就会大不一样，这一点是每个下级都应该注意的。

厚黑学认为，正是人性的弱点决定了人是最禁不住恭维吹捧的动物。对上级来说也是如此，你求他帮你办事儿，恭敬他是理所当然的。你恭敬了他，他也反过来也重视你，得到恭敬的人是不会轻易地放着对方的难题不管的。如果吹捧拍马屁找对了方法，求人办事就得心应手了。

巧用恭维　万无一失

厚黑者的恭维往往是一点即中。什么叫中？中就是受用，就是被恭维的人心里受用。恭维不点则已，一点一定要中，这样才能得到最佳的效果。恭维的时候，一定要让对方觉得舒服，不然反而会弄巧成拙。这也就是说，即使你想奉承一个对象（比如是老板或女朋友），恭维还是不能天天用的。中听的话虽然次次听起来都中听，但这话天天听便不金贵了。

恭维的目的不过是攻心，如何一点即中呢？例如，某银行的港区总经理杜先生做了一单大生意，备受手下的奉承。在每周业务会议上，差不多谁都说了几句恭维话，就只有张经理笑而不言。这单生意的成功正是时机，因为总行的总裁马上要来亚太区巡察业务。

总裁到后，清早在大酒店召集所有高级职员共进工作早餐，并在火腿蛋与咖啡之间发表训话，讲总公司的生意大计。讲完之后是提问时间。直至此时才见张经理出击：他当众高度评价他的老板杜先生领导有方，做成大生意。不用说，张经理这次的恭维一点即中。

张经理这恭维用得成功，正因他能够看准机会才重锤出击。他知道，他在会议上随众阿谀奉承杜先生也不过是人云亦云，杜先生不会觉得受用。可是在杜先生的老板面前恭维他，而且有那么多的目击证人，杜先生当然受用之至。所以，同样是恭维，用的时机和方法很重要。

灵活善变 厚黑学

有一位颇具文才的作家叫霍尔·凯因，他的作品很有生命力，他出身卑微，只念了8年书就辍学找工作养家。不过，他很喜欢十四行诗和民谣，特别崇拜诗人但丁，欣赏罗塞迪的文学与艺术修养。有一天，他一时兴起，写了一封信给罗塞迪，赞美他在艺术上的贡献。罗塞迪非常高兴，心想："如此赞美我的人，一定也是很有才华的人。"于是就请霍尔·凯因来伦敦当自己的秘书。这是凯因一生的转折点。自就任新职后，他和当时的文学家密切往来，得到他们的支持和鼓励，再加上自己不断的努力，不久，其文学名声便远播各地。可见恭维的功效不小。

众所周知，拿破仑对爱恭维的人很反感，这一点为很多人都知道。有一个聪明的士兵却来到拿破仑面前说："将军，您最不喜欢听奉承话，您是真正英明的人啊！"拿破仑听后不仅没斥责他，反而十分自豪。这位士兵对拿破仑的脾气秉性摸得很透，深知他讨厌奉承话；但这位士兵又绝顶聪明，他准确地捕捉到了拿破仑的这一性格特点。

曾经有这么一个偏僻小学的校长。他因为无钱修缮校舍，多次按规矩层层请示，却始终没有结果，不得已之下，决定向本市水泥厂的经理求援。校长之所以打算找该经理，是因为这位经理重视教育，曾捐款一万元成立"奖教基金会"。遗憾的是，听说近两年由于国家对一些污染严重的企业要实行达标验收，该厂的资金治理污染用去了一大部分，他的经营有了一定的困难，校长深感希望渺茫，但是想到全校师生的生命安全，只好"背水一战"了。

"经理，久闻大名。鄙人近日在省城开会再一次听到教育界同仁对您的称赞，实是钦佩！今日散会返校，途经贵府，特来拜访。"

"不敢当！不敢当！"

"经理您真是远见卓识，首创'奖教基金会'不但在本市能实实在在地支持教育事业，更重要的是，您的思想影响很大。'奖教基金会'由您始创，如今已由点到面，由本市到外市，甚至发展到全国许多地区，真可谓香飘万里，名扬四海！"

校长紧紧围绕经理颇感得意之处，从思想影响到实际作用等方面予以

充分肯定，谈得经理满心欢喜。

此时，校长诉说了自己的"无能"和"难处"："身为校长，明知校舍摇摇欲坠，时刻困扰学生的学习，危及着师生的生命安全，却毫无良策排忧解难。要是教育界领导都能像经理这样，真心实意爱惜人才，支援教育，只要拨一万元钱就能卸下我心头的重担，可是至今申报十几次，仍不见音信。"听到这里，经理立即起身拍拍胸脯，慷慨地说："既然如此，你就不必再打报告求三拜四了，一万元钱我捐献给你们。"校长紧紧握住经理的手，表示由衷的感谢。

这位校长可谓十分精明，他在了解对方的情况下，用美誉推崇的方式获得了募捐的成功。首先，他对经理远见卓识，首创"奖教基金会"的行为，从思想影响到实际成效给予了充分的肯定和恰当的赞扬，光辉业绩的称颂产生了极大的鼓励作用；其次，悲诉自己的"无能"和"难处"，让对方给予同情，从而深深地打动了对方，达到了预期的目的。称赞对方得意的地方，实际上就是对对方人生价值的肯定，有谁不喜欢自己得到社会的承认呢？看到他人的闪光点，既是对被请求的人的尊重，也是求人者必须做好的基本功。

厚黑祖师李宗吾"逢人短命，遇货添钱"的理论，就是一门很高深的恭维学问，本质上是通过一种颇具处世艺术的语言来实现对方心理上的满足，从而取得与对方心理上的沟通。恭维的方式是各种各样的，而且是千变万化的，在求人过程中可收到出奇制胜的效果，从而把事情办成。

有一次，乾隆皇帝问纪晓岚："纪卿，'忠孝'二字作何解释？"

纪晓岚答道："君要臣死，臣不得不死，是为忠；父要子亡，子不得不亡，是为孝。"

乾隆皇帝立刻说："那好，朕要你现在就去死。"

"臣领旨！"

乾隆皇帝说完就后悔了，但自己是金口玉言，岂能说话不算数？何况边上有许多大臣，改口就太没面子了。

纪晓岚磕头遵旨，然后匆匆跑到后堂。不一会儿，他就回到乾隆皇帝

跟前。乾隆皇帝惊讶地问道："纪卿怎么没有死？"

"我遇到屈原了，他不让我死。"

"此话怎说？"

"我到了河边，正要往下跳时，屈原从水里向我走来，他说：'纪晓岚，你此举大错矣！想当年楚王昏庸，我才不得不死，可如今皇上如此圣明，你为什么要死呢？赶紧回去吧！'"

乾隆皇帝听后放声大笑，免了纪晓岚的死罪。

人们总是喜欢被称赞，无论是男人还是女人都一样喜欢被称赞，尤其是喜欢将自己和别人比，将自己比别人说得好一点儿，这是人性的弱点，也是人的共性。

清朝李鸿章，位高权重，文武百官都想讨好他，以便使自己能升个一官半职。

有一年，中堂大人李鸿章的夫人过五十大寿，这自然是个送礼的大好时机，寿辰未到，满朝文武早已开始行动了，生怕自己落在人后。

消息传到合肥知县那里，知县也想送礼，由于李鸿章祖籍合肥，这可是结攀中堂大人的绝好时机。无奈一个小小知县囊中羞涩，礼送少了等于没送，送多了又送不起，这可愁坏了知县大人。

师爷看透了知县的心思，满不在乎地说："这还不好办，交给我了。保准你一两银子也不花，而且送的礼品让李大人刮目相看。"

"是吗？快说是什么礼物？"

"一副寿联即可。"

"寿联？这能行吗？"

"你尽管放心，此事包在我身上，包你从此飞黄腾达。不过，这寿联写好后要由你亲自送去，请中堂大人过目，不能疏忽。"

知县满口答应。第二天，知县带着师爷写好的对联上路了，他昼夜兼程赶到京城，等到祝寿这日，知县报了姓名来到李鸿章面前，朝下一跪："卑职合肥知县，前来给夫人祝寿！"

李鸿章看都没有看他一眼，随口命人给他沏茶看座，知县连忙取出寿联双手奉上。李鸿章顺手接过，打开上联："三月庚辰之前五十大寿。"李鸿章心想，这叫什么句子？我夫人是二月的生日，这"三月庚辰之前"岂不是废话？李鸿章又打开下联："两宫太后以下一品夫人"。这"两宫"即指当时的慈安太后和慈禧太后。李鸿章见"两宫"字样，不敢怠慢，连忙跪了下来，命人摆好香案，将此联挂在《麻姑上寿图》的两边。

这副对联深得李鸿章的赏识，自然对合肥知县另眼相看，而这位知县也因此官运亨通了。

世上几乎没有人能对恭维的话无动于衷，就来连大文豪萧伯纳也曾经说过："每次有人捧我，我就头痛，因为他们捧得不够。"由此可见，恭维之语人人喜欢，可是却并非人人会用。只有谙熟了对方心理，顺藤摸瓜，才能一点即中，并点进对方的心窝子里。

恭维要恰到好处

厚黑学认为，恭维是一项不易掌握的难度很高的技术。恭维的技巧掌握不好就难免沦为谄媚、阿谀。人人都喜欢听恭维话，但并不是所有的恭维话都合适恰当。

恭维也并不是没有风险的。恭维的时机不对，恭维的话说得不合适，等等，都可能导致无法预料的后果。常言说，伴君如伴虎。晚唐时，沙陀族人、河东节度使李克用，出生时即瞎了一只眼睛。他生性残酷，人称"独眼龙"。一天，他叫一位名叫孙源的画家替他画一幅肖像。画家想了想，画成一幅右臂挽弓，左手捻箭，歪着头，闭着一只眼，好像正在检查箭杆弯直的样子。这张画一则表现了他威武的神情，二则掩盖了他一只瞎眼的缺陷。由此可见，厚黑办事者必须懂得乖巧，必须学会脑筋急转弯，必须有应变之才，才能把恭维的计策发挥得淋漓尽致。

厚黑祖师李宗吾认为恭维别人其实是在进行一种人情铺垫，在为说话办事埋设伏笔，以便后来"终得马骑"。但是使用这一计策还有一种情况需要特别注意，即在关键时刻对症下药地送上一顶规格得当的"高帽子"，可以获得立竿见影的效果。

唐贞观八年（公元 634 年）剑南道巡察大使李大亮出巡，发现一个叫李义府的人才学出众。于是举荐其才，对策中第，补为门下省典仪，由此，李义府便跻身朝廷。在此期间，他又得到黄门侍郎刘洎和侍御史马周的赏识，此二人又合力向唐太宗举荐。唐太宗召见他，令他当场以"咏鸟"为题，赋诗一首。李义府脱口吟道："日里扬朝彩，琴中闻夜啼。上林如许树，不借一枝栖。"

李义府的咏鸟诗充分流露出他想做官的急切心情。唐太宗听后颇爱其才，便说："与卿全树，何止一枝！"授予他监察御史，并侍晋王李治。晋王立为太子，他又被授予太子舍人。因其文翰不凡，与太子司仪郎来济被时人并称为"来李"。李义府曾写《承华箴》上献，文中规劝太子："勿轻小善，积小而名自闻。勿轻微行，累微而身自正。"还说："佞谀有类，邪巧多方，其萌不绝，其害必彰。"

看来，李义府正是一个厚黑大师，自己本就是一个佞邪之辈，却能大义凛然地发表一篇宏论，这正是在自己的"黑心"上蒙一层仁义道德的做法。太子将此箴上奏，太宗很欣赏，下诏赐予李义府帛四十匹，并令其参与撰写《晋书》。其实这是一种最高明的"捧"，因为这里隐藏着这样一种逻辑，我是一个正人君子，主子非常敬重我这样的正人君子，那么，你的德行修养自然也很高了。

太子李治继帝位，李义府升为中书舍人。后兼修国史，加弘文馆学士。李义府的青云直上，引起朝臣们的注意，特别是他由刘洎、马周引荐而来，又与许敬宗等相勾结，虚美引恶，曲意逢迎，长孙无忌奏请唐高宗贬他到壁州做司马。诏令尚未下达，李义府已有所闻，急忙向好友中书舍人王德俭问计。王德俭是许敬宗的外甥，其貌不扬，诡计多端，善揣人意。他向李义府献计说："武昭仪方有宠，上欲立为后，畏宰相议，未有以发之。君能建白，转祸于福也。"于是，李义府马上行动，当王德俭在中书省值宿时，李义府代替王德俭值夜，立即上表唐高宗，谎称立武昭仪为皇后是众望所归，请废王皇后，立武昭仪为后。唐高宗闻后正合心意，马上召见了李义府，不仅赐给他宝珠一斗，还将原来贬斥到壁州的诏令停止不发，留居原职。武昭仪也秘密派人向他表示感谢。不久，李义府与许敬宗、崔义玄、袁公瑜等人结为武昭仪的心腹。是年七月，李义府又升为中书侍郎；十月，王皇后废为庶人，立武昭仪为皇后；十一月，李义府又自中书侍郎拜为中书门下三品，监修国史。

向皇上奏报"立武昭仪为皇后是众望所归"，这顶"高帽子"送得正是时候，真是一条妙计得逞，立即青云直上。

恭维人的话尽管好听，但是恭维话过于泛滥就不是好事。赞扬招致荣誉心，荣誉心产生满足感，但当人们发现你言过其实时，就会感觉受到了愚弄。所以宁肯不去恭维，也不要夸大无边。

过分粗浅的溢美之辞会毁坏你的名声，降低你的品位。不论用传统交际的眼光看，还是用现代交际的眼光看，阿谀谄媚都是一种卑鄙的行为。正人君子鄙弃它，小人之辈也不便明火执仗应用它，即使"拍马屁行家"或"马屁精"也会对这种行为嗤之以鼻。孔老夫子有话："巧言令色，鲜矣仁。"毛泽东生前也多次批评过"吹吹拍拍、拉拉扯扯"的庸俗作风。可见，阿谀谄媚者，无仁无义、俗不可耐。

马克·吐温说："一句好话，抵得上我半年的口粮。"的确，没有人会不喜欢受到别人的恭维。一个百老汇的喜剧演员说："恭维人的艺术就是了解人类对于恭维的需要。"恭维别人的时候一定要把握好分寸，把恭维话说得恰到好处，才能更顺利地达到目的。

厚黑求人第五招："恐"字诀

　　"恐"字诀："恐"是恐吓的意思，这个字的道理很深，有人把"捧"字做到十二分，求人还不生效，这就是少了"恐"字的功夫。凡是被求者都有软肋，只要找到对方的软肋，轻轻地点他一下，他就会惶然大吓立刻为你办事。求人时，你在和颜悦色之中，如果能旁敲侧击点破利弊，然后再欲言又止，剩下的一半让对方自己掂量着办，这种柔中带刚的求人术往往最灵验。但是，你在运用求人"恐"字诀的时候，一定要隐蔽，一定要披上"为对方好的"外衣，因为毕竟被求者在地位上和能力上高你一等，弄不好会让人报复你一下。"恐"字与"捧"字，是互相为用的，善恐者捧之中有恐，恐之中有捧。

求人不妨"硬"一点

　　厚黑学认为，作为求人者一般居于弱势地位，当对方不肯轻易顺从你的意见，甚至显示出一种居高临下的态度，只吃硬不吃软，无论你怎样曲意逢迎，投其所好，但是对方就是无动于衷，你就该"硬"起来，运用"恐"字诀。比如，你可以对他深明大义，或者向他讲明这件事对他也有利，如果他不配合，那么，他也会受到影响。这时，你可以危言耸听，夸大对他的不利影响。要用好"恐"字求人术就必须掌握"恐"的技巧。

首先，"恐"、"硬"要以事实为依据。由于大众对这种"硬"的手法已司空见惯，很多时候会持怀疑的态度。所以，在运用这一技巧时，必须以事实为依据，有绝对的权威和明确的针对性，使人信服，才能达到预期的效果。如某电视台的一个"××洁牙水"的广告就大造声势，说明仅仅靠刷牙并不足以防止牙菌膜的产生，甚至在刷完牙不久，牙菌膜就会形成，要想用刷牙防止牙菌膜，必须24小时不停地刷，不然是不可能的。在指出人们日常刷牙习惯的不可靠之后，广告才介绍它需要推广的"××洁牙水"，说这种洁牙水如在刷牙后用于漱口，可12小时内防止牙菌膜的生成，"一次使用12小时见效"等。这样的广告，先造成人们心理上的不安和忧虑，然后再以自己推荐的东西消除这种心理，确实极有影响力。

其次，让对方明白后果的严重性与不可变性。往往说求人一定要心态平和，但这也并不排斥在某些时候，在特定的话题上，带有一定的感情，以可能性为依据，以假设为前提，甚至带有夸张的成分，故意把问题说得十分严重，将后果描绘得非常可怕，使对方惊心动魄，翻然醒悟。例如，下面是一位心理学家对一企图自杀者的劝告。在这劝告里，展示了种种自杀的结局，可算是危言耸听，但又是有理有据，因此感人至深。

"你已经孤注一掷了。生命对于你已不再有吸引力，因而你选择了自杀。"他以直截了当、充满理解与同情的话语开头，打动了对方的心。然后他接着说："自杀不一定能成功。你以为你一定能杀死自己吗？请看这位25岁的青年，他试图电死自己，然而他还活着，但是两条胳膊都没有了。那么跳楼怎么样？去问问约翰，他曾是一个多么聪明和富有幽默感的人。但这都是他跳楼以前的事了。如今，他的脑子受了损伤。拄拐杖，步履维艰，永远需要别人的照顾。但最糟糕的是他还明白他曾是一个正常人。你想吃安眠药死吗？看看这个12岁的孩子，他就是因此而得了严重的肝病。你见过严重的肝病患者吗？你会在全身慢慢变黄中死去，这条路实在是太痛苦了。你想用枪吗？这位24岁的青年人向自己的脑袋开了枪。现在他拖着一条腿和一只没用的胳臂，并且丧失了半边视觉和听觉。这就是你所认为的万无一失的方法。自杀并不那么有魅力。你可以设想一个电影明星在吞服了过量的安眠药之后，随着死亡，她的肌肉变得僵硬，最后，全部的美都化作尘埃。谁从地板上擦去你的血迹，刮掉你的脑浆？谁把你从吊绳上解下来？谁从河里捞起你肿胀的尸体？你的奶奶？你的妻子？还是你的儿子？这种差事即使职业清洁工也会拒绝。但这种事总得有人去做。你那封精心措辞、爱意切切的诀别书是没有用的。那些爱你的人永远也不能从这件悲痛的事情中解脱出来。他们懊悔，陷入无边的痛苦……自杀是一种传染病。你5岁的儿子正在地毯上玩他的小汽车，如果你今晚自杀，那么10年后他也会干同样的事。事实上，自杀将导致家庭其他人的自杀。因为孩子们在这方面尤其脆弱，所以就更容易受到伤害。你必然有其他选择。总会有人在危机中给你帮助。打一个电话，找找朋友，看看医生，或者去叫警察。也许他们会告诉你，生活还是有希望的。这希望之光也许来自明天的一封信，也许来自周末的一个电话，也许来自商店里某位相遇的好心人。你不知道它来自何处——没有人知道。但是你所期待的可能就在一分钟、一天或一个月后突然到来。你仍旧坚持要干这种蠢事吗？一定要干吗？那好吧，我们不久就会在精神病院的监护室里与你相见，那时我们照料你所剩下的一切，依然要干所有你再也干不了的事。"这一席危言耸听的话语，使那位企图自杀的人在惊呆之后终于醒悟，放弃了自杀的念头。可见危言耸听确实能起到振聋发聩、促人猛醒的作用，能促使人们接受你的请求，未雨绸缪，可谓是苦口良药。

最后，一定要指出危及对方切身利益。你在"危言耸听"时，仅以事实为依据，以饱满的情感为衬托，这还远远不够，最关键的是这种可怕的后果会直接危及对方的最切身的利益，这样才能达到"恐吓"的效果。例如，"危言耸听"是古代说客的惯用招术。

历史上有名的范雎觐见秦昭王，一篇披肝沥胆的言辞，深得秦昭王的欢心，又献上"远交近攻"的方略，使得范雎一天比一天受到秦昭王的信任。他就利用机会向秦昭王陈述了一通"四贵"危国，并已对秦昭王王权造成极大威胁的道理。范雎向秦昭王进言说："臣住在函谷关以东的时候，听说齐国有田文，没听说他们有君王。也听说秦国有太后、穰侯、华阳君、高陵君、泾阳君，没听说他们有秦王。能够总揽国家政权的人，才可称为君王；能够掌握利害权柄的人，才可称为君王；能够控制生死权威的人，才可称为君王。现在太后擅自行政，根本不顾忌您；穰侯派遣使者出国，根本不向您报告；华阳君、泾阳君用刑处罚罪犯，根本不畏惧您；高陵君要任用人、贬退人，根本不向您请示。国家有这四贵存在，还不发生危险，是从来没有的事。处在这四贵的下面，就是所谓没有君王，那么国家的权柄怎么能不倾覆，国家的命令怎么能由君王亲自颁发呢？臣听说，善于治理国家的君王，在内要巩固自己的威望，在外要加重自己的大权。穰侯的使者，带着君王的重威，在诸侯之间发号施令，在天下割地封臣，派兵征讨敌人，攻打各国，没有人敢不听命。如果打胜仗，攻下了某个地方，那利益就完全是属于他们的，使各诸侯国都疲弊破败；如果打了败仗，就会引起国内百姓的怨恨，使国家蒙受祸害。崔杼、淖齿二人独揽齐国的大权，结果崔杼射伤了庄公的大腿，淖齿抽掉了国王的筋，把他挂在宗庙的栋梁上，国王立刻就死了。李兑独揽赵国的大权，把赵武灵王囚禁在沙丘上一百天，他就饿死了。现在臣听说秦国太后、穰侯独揽政权，高陵君、华阳君、泾阳君三人从旁协助他们，根本不把秦王您放在眼里，这也就像淖齿、李兑一样的情形呀！而且齐赵两君身死的原因，就是君王把政权全交给臣下，而自己整天纵酒作乐，骑马驰骋，到各处打猎，不过问政事。他授权的人，妒嫉贤才，控制下属，欺蒙君上，以牟取他个人的私利，一点都不为主上打算。主上却不觉悟，因此就丢掉了他的国家。现在从最小的官爵算起，一直到高官，以及君王左右的内侍，没有一个不是相国的人。看到君王在朝廷里孤立无援，臣不禁暗自为君王害怕，恐怕千秋万世以后，拥有秦国的人，不再是君王的子孙呀！"秦昭王听后极为恐惧："对！"于是就废除了太后的权柄，把穰侯、高陵君、华阳君、泾阳君都放逐到国都外。最后，范雎终于得到了梦寐以求的相位。

虽然有些时候"恐"字诀也的确好用，不过，不到万不得已时尽量不要用。因为你一旦"硬"起来，就难免与对方撕破脸。

要注意以下几点。

第一，一上来只字不提所求之事，使对方摆好了阵势却找不到对手。同时，他又不得不面对你提出的另一个严重问题，把"球"踢给对方。

《三国演义》中讲到，曹操率领大军南征，刘备败退，无力反击，大有坐以待毙之势。以刘备单独的力量，绝对无法与曹操的势力相抗衡，解决的办法只有一个，就是与江东的孙权联手。此时，诸葛亮自愿出使到江东做说客。他此行的目的很明显，就是要把孙权卷进这场战争。如果是一般的使者，有可能为了请求对方出兵支援而低声下气。但是诸葛亮却完全相反，采用"反客为主"的方法，表现出一副强硬的态度，硬是激发了孙权的斗志。

当时，东吴孙权自恃拥有江东全土和十万精兵，又有长江天堑作为天然屏障，大有坐观江北各路诸侯恶斗的态势。他断定诸葛亮此来是做说客，采取了一种居高临下的姿态等待诸葛亮的哀求。

不想诸葛亮见到孙权，开门见山地说道："现在正值天下大乱之际，将军你举兵江东，我主刘备募兵汉南，同时和曹操争夺天下。但是，曹操几乎将天下完全平定了，现在正进军荆州，名震天下，各路英雄尽被其所网罗，因而造成我主刘备今日之败退，将军你是否也要权衡自己的力量，以处置目前的情势？如果将军的军势足以与曹军相抗衡，则应尽快与曹军断交才好。若是无法与曹军相抗，则应尽快解除武装，臣服于曹操才是上策。将军你是否已定好方针，决定臣服于曹操？时间剩下不多，再不作决定就来不及了。"

诸葛亮只字不提联吴抗魏的请求，好像专门为东吴的利益来点破迷津的。孙权当时只有26岁，是位血气方刚的青年。诸葛亮明知他不会轻易投降屈居曹操之下，才会采用反客为主的策略，激发孙权的斗志。

第二，一番火力进攻之后，要考察一下效果，看看对方的反应。

例如，孙权听完诸葛亮一席话，虽然不高兴，但不露声色，反问道："照你的说法，刘备为何不向曹操投降呢？"

第三，接招反击，将对手从心理上彻底击败，求人之事自然也就成功。

例如，诸葛亮面对孙权的质问，答道："你知道齐王田横的故事吗？他忠义可嘉，为了不服侍二主，在汉高祖招降时不愿称臣而自我了断，更何况我主刘皇叔乃堂堂汉室之后。钦慕刘皇叔之雄才伟略，而投到他旗下的优秀人才不计其数，不论事成或不成，都只能说是天意，怎可向曹贼投降？"

虽然孙权决定和刘备联手，但面对曹操八十万大军的势力，又考虑到刘备新近败北，未必还有能力抵抗曹军，心里还存在不少疑惑——诸葛亮看出这一点，进一步采用分析事实的方法说服孙权。

"的确，我主是一败涂地，想要整军是比较困难。但曹操大军长途远征，这是兵家大忌。他为追赶我军，轻骑兵一整夜急行三百余里，已是强弩之末。且曹军多系北方人，不习水性，不善水战。再则荆州新失，城中百姓为曹操所威胁，绝不会心悦诚服。现在假如将军的精兵能和我们并肩作战定能打败曹军。曹军北退，自然形成三分天下的局面，这是难得的机会，现在全看你的决定了。"

果然，孙权被诸葛亮激起斗志又听到他中肯的分析后，心情大悦，也增强了信心，遂同意诸葛亮提出的孙刘联手抗曹的主张，这才有后来举世闻名的赤壁之战。诸葛亮真不愧为厚黑求人高手。

设局诱敌 釜底抽薪

厚黑学认为，在求人时不妨用一下"设局诱敌、釜底抽薪"的计谋。诱引他进入你设的局，然后你再来一个"釜底抽薪"，断掉他的后路，他就无所不从，顺你的意了。这一招即厚又黑，可谓厚黑兼备。

相传历史上，徐达为朱元璋登上皇帝宝座立下了汗马功劳，可谓功不可没。但是，当初徐达并非自愿为朱元璋出力，朱元璋请他出山还费了一番心思。当朱元璋广招天下贤才时，各路好汉纷至沓来，可就是缺少一位运筹帷幄的领兵元帅。这时，朱元璋手下的大将胡大海想到姑表兄徐达精通兵法，胸怀韬略，只是不满当时朝廷，故而隐居山林，过着自食其力的田园生活，遂向朱元璋举荐。而朱元璋对徐达并不陌生，所以听胡大海一说，便欣然应允。一见徐达，胡大海迫不及待地把想法告诉了他。谁知没等胡大海讲完，徐达连连摇头道："多承贤弟美意，只是愚兄久居深山僻野，一向孤陋寡闻，实难从命！"说着，徐达又指指胡大海带来的礼物："重礼不敢收，烦请带回，在你家主人面前多多美言，请另选贤达之士。"胡大海知道徐达做事谨慎，对朱元璋不太信任，于是，继续软磨硬泡，劝说徐达。

第二天，徐达干脆远出山门，对胡大海避而不见。胡大海急得团团转。忽然，胡大海心头一动，想起徐达是一名大孝子，遂授计随从，各随从领命而去。当天夜半，大风呼啸。突然，徐宅浓烟弥漫，不多时，一座清静淡雅的四合院竟然烧得片瓦不存，一片灰烬。徐达闻讯赶到，以为老母亲已葬身火海，直急得捶胸顿足，哭得死去活来。就在徐达痛不欲生时，胡大海赶到，一把拉起徐达："表兄莫要悲伤，快去追赶强盗，为姑妈报仇要紧。"徐达翻身上马，咬牙切齿道："不擒得这伙强盗，碎尸万段，岂解我心头之恨？"徐达跟着胡大海，直追到天亮时分。可徐达追得快，那伙人也跑得快，等徐达追了一阵，累得人困马乏，前面那伙强盗也停下来休息。如此一连数日，忽见前面一座军营。徐达顿生疑窦，忙问胡大海。胡大海这才赔礼告罪，把自己想请他出山，而他又死活不肯，不得已，只好吩咐手下扮成强盗，闯入徐宅劫走姑母、嫂子、侄子，然后将放火焚宅的实情全部告诉了徐达。徐达见事已至此，哭笑不得，加上已无家可归，所以只得长叹一声，随胡大海来到军营，最终成为朱元璋的左膀右臂。胡大海求贤若渴，在不得已的情况下，只得一把火把徐达逼到"墙角"，使其再无回旋余地。

这种"设局诱敌、釜底抽薪"的厚黑求人办事的计谋要依靠你完美的设局能力，只有把局设得天衣无缝，对方才会达成你的心愿。

日本商人系山最初经营的是高尔夫球场。高尔夫球场的选址很有讲究，如果球场位置好，地形条件好，顾客就多，容易获利，但拥有这样土地的地主很难打交道，收购费相应也高；比上述条件差的土地，虽容易收购，且收购费用低，但顾客少，经营也不易获利。系山深知这其中的奥秘。一次，许多人看中了一块地，系山也是其中之一。这块地无论是地理位置还是地形条件，都可以说是上乘，但价格也高得惊人，市价约 2 亿日元。系山决定要以更低的价格将这块土地买到手。他先放出风声，声称他对这块地十分满意，并扬言他将不惜一切代价买下这块土地。很快，地主的经纪人找上门来，一见系山仿佛是一个不懂行的纨绔子弟，便存心好好敲一竹杠，开口便报价 5 亿日元。谁知系山连眼睛也没眨一下，便说："这么便宜，我要定了。"到这里，设局诱敌的任务基本完成。接下来，系山便开始了抽"梯"断敌退路的计划。见到系山愿出高价，经纪人欣喜若狂，马上跑到地主那里，和地主签订了代理契约，并把系山的情况绘声绘色地描述了一番。想卖出大价钱的地主当然高兴，觉得碰上这么个冤大头，可以大占便宜，就把其他有意买地的人一概回绝。此后，经纪人多次找系山签约，但系山要么不见踪影，要么借口拖延。一连几次，经纪人再也沉不住气了，只得摊牌，求系山购买。系山知道"火候"到了，便历数那块地的缺点，证明自己十分在行，而且知道那块地完全不值 5 亿日元。于是双方讨价还价，经纪人挡不住系山凌厉的攻势，只好步步退却，最后亮出低价 2 亿日元。但系山并不罢休，他说："如果市价是 2 亿日元，我就出 2 亿日元，我又何必费这么多工夫呢？而且别人还会嘲笑我不懂行。"黔驴技穷的经纪人只好去找地主如实诉说。地主则更伤脑筋，因为当初别人想买这块土地时，他已一一回绝了："系山已买下了这块土地。"如果现在系山不买，重新找顾客谈何容易，再找原来回绝的顾客，一来会被他们讥笑，二来会被大杀其价，说不定结局会更惨。无可奈何的地主只得说："既然如此，你就开个价吧。"最后，系山以 1.5 亿日元的价格得到了这块风水宝地。

　　由此可见，"设局诱敌、釜底抽薪"是一种非常有效地厚黑求人术。

软硬兼施　先哄后吓

　　求人的时候，"哄"是一种风格，"吓"也是一种风格，你不妨将这两

种风格结合在一起，连哄带吓，说服对方为你办事。求人者都是为了争取一定的利益，而作为被求者则应该尽量保护自己的利益不受损害。如果在求人过程中，不回避利益这个核心问题，而采用开诚布公的方法，客观地分析对方行动的利与弊，具体地指出自己能满足对方哪些利益需要，设法使对方的某种需要得以满足，从而实现求人办事的目的。

首先，以利哄之，有福同享。

在求人办事过程中，求人者处于不受欢迎的地位。那么，什么可以作为消除隔阂、沟通关系的桥梁呢？那就是共同利益。如果你能获悉对方的利益所在，就可以采用明修栈道的方法，告之以利，使求人的过程变成寻求共同利益的过程，肯定会收到良好的效果。对方也会明白，他与你是栓在一条绳上的"蚂蚱"，他与你是一个"战壕里"的战友。

一天下午，一位年轻的员工走进维克多的办公室。年轻员工向维克多宣称他刚接到别的公司的录用通知，说这家公司愿意提供较高的待遇，还附带一些其他福利，其中包括使用公司的汽车，每年可以在公司冬季销售会议期间到圣地亚哥度假，等等。上述福利是维克多的公司所不能提供的。这位年轻员工知道公司不可能满足他的这些额外要求，但他坚持要和维克多谈谈，好让公司在他要接受新的工作之前，有机会能重新考虑。维克多找出整个事件中不寻常的地方来与这位年轻员工谈判。维克多知道，别的公司是用高薪来做诱饵，这一点雷明顿公司办不到，再说以目前这位年轻人的职位和对公司的贡献，还不值得投这个"资"。不过考虑到这位年轻人今后对公司的作用，维克多开诚布公地与他进行了交谈。

他首先答应可以将年轻员工的薪金略微提高。在同意了调整薪金之后，维克多指出，以年轻人目前在本公司的职位，将来的升迁潜能很大。虽然目前本公司所提供的薪金与别的公司相比要低一些，但公司不会亏待每一位员工。如果年轻人能胜任当前的工作，那么根据公司的奖励制度，薪金将会逐年调高。

其次，以害吓之，后果自负。

在提醒了公司对他的一贯态度之后，维克多就开始打着"为你着想"

的旗号，采取"恐"的手段。他指出，年轻人考虑要接受的那份工作实际上是死路一条。虽然这家公司比维克多的公司愿意提供的薪水要多些，不过，如果他接受那家公司的工作，那么他将来在那家公司的职位，将很难有机会继续提升。他继续告诉年轻人，他想加入的那家公司是个家族式企业，其中的成员大多攀亲带故，一个外人很难进入权力核心。再说，通向权力核心的路途，也不是他的专长所在。他的专长是销售，而那家公司则是以提供融资服务为主的。维克多还进一步指出，本公司没有升迁上的限制，说不定有一天他会坐在维克多现在的位子上。如果他考虑留在公司，公司会为他提供良好的发展环境。维克多为他描绘着远景。这位员工对自己很有信心，他也知道维克多并不是在开空头支票，因为维克多说的都在情在理，都是符合实际的。几天以后，这位年轻员工又回到了维克多的办公室，告诉维克多说他已经放弃了新的工作，决定仍然留在公司里。

由此可见，维克多在同年轻员工的这次交谈中，为了能够说服年轻有为的员工留下来，基本上采用"恐"字之道，开诚布公地分析了年轻员工去与留的利弊得失。由于维克多态度中肯，且又语中要害，虽然没有满足年轻员工眼下的种种额外要求，但还是达到了他挽留年轻员工继续为公司服务的目的。

含沙射影　　点中要害

厚黑祖师李宗吾再三强调，在用"恐"字诀的时候，一定要把握分寸，一旦用"恐"过度，得罪了大人物，就可能会造成无法弥补的后果。所以说非到无可奈何的时候，"恐"字诀不能轻用。然而，如果用"恐"用得巧妙，用"含沙射影"的含蓄方式，拐弯抹角地去点中要害之处，亦可以取得事半功倍的效果。

含沙射影，抓住对方的一些"要害"，要隔层纸，不一语点破，点到为止，对方的心理防线无形之中就会被攻破。

裴旻是唐朝开元年间东都洛阳的一位将军，剑法超群，没有几个人能

超过他。

裴旻不仅剑舞得好，而且酷爱书画。一次，他家有亲人亡故，为表达对死者无尽的哀思，他想请人在天宫寺绘制一幅壁画，一来为亲人超度亡灵，二来也暗合了自己的嗜好。于是，他遍访各地，但一直未找到合适的画师。

事有凑巧。一日，他来到天宫寺，巧遇画家吴道子和书法家张旭，裴旻高兴得手舞足蹈。

他热情地迎上前去，主动报上姓名，盛情邀请两位艺术家到一家酒店吃顿"便宴"。两位也不推辞，口呼"幸会"，脚也毫不犹豫地迈向酒店。

席间，裴旻虚心请教画坛之事。吴道子像是遇到知己，大谈起画坛境况。裴旻直点头，大叫深刻、精辟，很受启发。

酒过三巡，裴旻道出了自己的心事，并分别给两位送上玉帛十四、纹银百两，作为作画、题字的酬礼。

哪知两位艺术家笑意全消，立刻冷若冰霜，拂袖而去。

裴旻见状，心想：大概是两位艺术家嫌这些报酬太低，有辱"大师"名声，给他们如此微薄的报酬，太少、太不像话了吧。

他立即拦住两位，赶忙赔礼道歉："两位先生莫嫌钱少。等画作好之后，我再有另一份报酬。"

吴道子听罢，怒从心起："裴将军不是太小看人了吗？"说罢，气呼呼转头就要走。

裴旻觉得十分难堪。他想，论社会地位，我不比你们低，我是将军；论本事，也是各有所长，说不上谁高谁低。你画画得好，字写得棒，我的剑术亦堪称一流。今天我屈尊求画，反在这公共场合受到冷落，好生尴尬。裴旻不由怒气上升，一时难以压下。

裴旻有个"毛病"，一怒就要舞剑。这大概是战场上培养出来的条件反射。只见他脱掉孝服，拔剑起舞，身子左旋右转，宝剑上下翻飞。吴、张两位看得津津有味，频频点头。在场围观的游人，个个惊得目瞪口呆，竟都忘了叫好。

裴旻一边挥剑狂舞，一边口中念念有词："什么大师！什么书圣！画圣！我看是欺世盗名，徒有其表！光会舞文弄墨，描些香草美人，于世道无补，甚至不能助我尽一份孝心……还不如咱手中这把剑，可以斩妖驱邪，换来人间太平。有能耐来呀！"

　　吴道子、张旭听着，面面相觑，不禁汗颜。看罢舞剑，上前与裴旻长时间地热情握手、拥抱。

　　"刚才不是我们故意使你难堪，实在是我们太厌恶铜臭。我们绝不为了钱而出卖艺术。"说罢，吴道子灵感大发，挥动如椽大笔，在画壁上舞墨作画，一气绘成了一幅巨型壁画。这就是吴道子平生最得意的《除灾灭患图》。

　　交谈中，难免要试图使他人接受自己的建议或意见。如果此时说话不当，有时别人并不应允；如果直截了当地请人帮忙，他们也会一再地拒绝。在这种情况下，巧用侧面突袭则会起到平时难以起到的作用。

　　李宗吾认为，点中要害之处，由对方自己推想后果，可以达到很好的"旁敲侧击，触动心灵"的目的。因为，结论不是你强加给对方的，一切都是水到渠成，不由得对方不相信。

　　楚灵王于周景王七年召开诸侯大会后，为了向各诸侯国展示自己兵力强盛，两次攻打吴国，但都没有成功。于是大兴土木，欲以物力夸示于诸侯。

　　他修建了一座宫殿，名叫章华宫，占地四十里，非常雄伟。周景王十年楚国邀请鲁昭公前来祝贺章华宫落成。

　　前去邀请的大夫蓬启彊说："鲁国国君开始还不肯来，我再三向他叙说他与我国大夫婴齐的旧情，又以讨伐相威胁，他害怕被攻打才来的。鲁君对礼仪很熟悉，愿主公多多留意，不要被鲁人笑话。"

　　楚灵王问："鲁君相貌如何？"

　　大夫蓬启彊说："白面皮、高身材，留着一尺多长的胡子，可谓一表人才。"

　　楚灵王暗中选了十名大汉，都留着长胡子，让他们学习鲁国的礼仪，作为鲁昭公的陪同。鲁昭公乍见之下，十分吃惊。又见章华宫华丽壮观，

夸赞之声不绝于耳。

楚灵王十分得意，问："贵国亦有这样的宫殿吗？"

鲁昭公忙躬身回答："敝国小得很，比不上贵国万分之一。"

楚灵王更得意扬扬，遂下令在章华宫中宴请鲁昭公。宴毕，楚灵王一时兴起，便将楚国兵库中的镇库宝弓，一张名为"大屈"的弓赠给鲁昭公。

第二天，楚灵王酒醒后就后悔了，他舍不得此弓被别人拿走。

蓮启彊说："主公放心，我能使鲁君把此弓还给您。"

蓮启彊到公馆拜访鲁昭公，假装不知道这件事，对鲁昭公说："我国国君昨日宴请时，赠给君王什么东西没有？"

鲁昭公拿出了大屈弓。

蓮启彊见了，佯装毕恭毕敬的样子，向鲁昭公祝贺。

鲁昭公说："一张弓有什么值得祝贺的？"

蓮启彊说："这张弓可谓名扬天下，齐、晋、越三国，都曾派人来索求它，我国国君都未答应。现在把这弓赠给君王，他们三国，将向贵国索求了。贵国应加强防御，小心地保护着这张宝弓。这还不值得祝贺？"

鲁昭公说："我不知道这是张宝弓。要知道这样，怎敢接受呢？"

于是，便把大屈弓还给了楚国。

要用好含沙射影的策略，就务必找到能击中对方的要害，迫使他就范。在李宗吾看来，蓮启彊所用的就是"含沙射影"之法，巧妙地利用宝弓的名气与大国的实力，看上去是在恭维鲁昭公，而实质上却是在吓唬他，从而达到为楚灵王"要回大屈弓"的真实目的。

厚黑求人第六招："送"字诀

　　"送"字诀："送"就是指送东西。从求人的角度而言，就是送礼。求人办事，送礼的重要性是毋庸讳言的。我们运用"送"字诀求人时，不但要敢送，还要会送。人们常用"千里送鹅毛"来达到"礼轻情意重"的目的，这就是"会送"的表现。送礼要看对方身份，还要看场合、看时机，一定要送得好，送得巧，送到对方的心坎上，才能起到"雪中送炭"的功效。

送要送得有境界

　　求人办事一定要懂得送礼，不但要会"送"，还要"送"得有境界。常言说，"雪中送炭胜过锦上添花"。"雪中送炭"可以说是"送"的最高境界，因此，"送"的原则，就是想对方之所想，急对方之所急，送对方最急需的东西。

　　日本前首相田中角荣在担任自民党干事长时，虽然他要忙着主持自民党选举事务，但他也不忘记派人将慰问金送到落选的议员家中，并且勉励他们不要气馁，下次重新再来。对落选的议员来说，田中角荣的勉励已经使他们深受感动，而送慰问金，更加深了他们的感激之情。在此之后，拥戴田中角荣的人越来越多，竟形成了一个"田中派"。

相反，如果田中角荣在此时将相同的金额或礼品送至当选的议员家中，情况就不同了，那些礼品、礼金就成了锦上添花，一点也不特殊，更不能取得效果。

人们对金钱的标准，往往因状况不同而有很大的差异，因此，精通厚黑术的人更懂得"雪中送炭"远比"锦上添花"更有意义。

每个人活在这个世上，都不可能不有求于人，也不可能没有助人之时。但是，怎样帮才帮得更有意义呢？请记住一条规则：救人一定要救急，锦上添花，不如雪中送炭。

有成功，就有失败；有得意者，就有落魄者。或许你昨天还是成功的典范，是一个意气风发、春风得意的人；到了今天，你就可能由于某种原因而一贫如洗，变成一个普普通通的人，甚至还不如普通的落魄者……自古至今，这种现象并不罕见。

道理很简单，如果他人有求于你，说明他正等待着有人来相助；如果你已经应允了，就必须及时兑现。如果他人没有应急之事，也不会向你求助，因为一般人都不愿轻意求人。所以，在别人困难的时候拉别人一把是不会被忘记的。

有一个公司的总经理，每年年底的礼物、贺卡就像雪片一般飞来。可是当他退职离休之后，所收的礼物只有一两件，贺年卡一张也没有收到。以往访客往来不绝，而这年却寥寥无几，正在他心情寂寞的时候，以前的一位下属带着礼物来看他，在他任职期间，并不很重视这位职员，可是来拜访的竟是这个人，不觉使他感动得热泪盈眶。过了两三年后，他又被原来的公司聘为顾问，当然很自然地就重用提拔这位职员。因为这人能在没有利益关系的情况下，登门拜访，因此，在他心中留下了很深刻的印象。同时更让他产生了"有朝一日，一旦有了机会，我一定得好好回报他"的想法。老实说，送礼的人即使存在着反馈心理，但只要在送礼的当时，彼此不存在任何利害关系，他所怀的目的，就不会被对方发现。

常言道："滴水之恩，涌泉相报"。其实，这"滴水之恩"也是分场合的，如果一个人处在极度的困境之中而你施加援手，那么他便可能会感恩

一辈子；与之相反的是，一个人处在顺风顺水、春风得意时，你给他一点好处，他极有可能"贵人多忘事"。所以，施人以援手最好在别人处于困境之时，这样便能起到事半功倍的效果。

20世纪70年代初，石油危机波及香港。香港的塑胶原料全部依赖进口，香港的进口商趁机垄断价格，将价格炒到厂家难以接受的高位。不少厂家因此被迫停产，濒临倒闭。在这个关系许多企业命运的时刻，李嘉诚毫不犹豫地站到了风口浪尖。在他的倡议和牵头下，数百家塑胶厂家入股组建了联合塑胶原料公司。原先单个塑胶厂家无法直接由国外进口塑胶原料，是因为购货量太小，现在由联合塑胶原料公司出面，需求量比进口商还大，因此可以直接交易。所购进的原料，按实价分配给股东厂家。在厂家的联盟面前，进口商的垄断不攻自破。笼罩全港塑胶业两年之久的原料危机一下子结束了。

李嘉诚在救业大行动中，还将长江公司的13万磅原料以低于市场一半的价格救援停工待料的会员厂家。直接购入国外出口商的原料后，他又把长江本身的20万磅配额以原价转让给需求量较大的厂家。危难之中得到李嘉诚帮助的厂家达几百家之多，李嘉诚因而被称为香港塑胶业的"救世主"。可见在别人危难时伸手援助，可以为自己建立更深厚的群众基础，赢得更多的朋友。

你在关键的时刻帮人一把，别人也会在重要时刻助你一臂之力。初看起来这似乎是等价交换，然而，不管你是一个什么样的人，都不可能孤单一人打拼天下，尤其是要使自己的人生局面推广开来，更离不开与各种各样的人打交道。要想让别人将来帮助你，你就必须先付出精力去关心别人、感动别人，这样才能赢得别人回报的资本。因此，高明的为人技巧就是急人之难，解人于倒悬之中。

人们对雪中送炭之人总是怀有特殊的好感。所以，施人以援手最好在别人处于困境之时，这样就会使对方深深地感激你，甚至会"滴水之恩，涌泉相报"。

送礼一定要有技巧

厚黑学认为，送礼一定要讲究，一定要用心。送什么、送多少、何时送、怎么送，都要仔仔细细地考虑好了才能送。送得恰到好处就是人情，送得不当就是尴尬。无论是无意间送的人情，还是有意送的人情，都会有让对方如何感想，如何理解的问题。送人情最重要的不在于你送的情分是否轻，而在于对方的感受是否合适。

送礼并不一定非要送实物，"送"就是"给人甜头"。无论谁都会有"给人甜头"的经验，而且也只有"给人甜头"，才能从别人身上也得到一些"甜头"！

从不给人"甜头"的人大多没有太大的成就，这正是"送"的意义所在。给人好处还是有一些学问的，别以为"给"这个动作很容易。厚黑学认为，给得不恰当，不但对方不会感激你，有时还会怨你。你白白损失了金钱与心血，又招人怨，那你说你冤不冤啊？

曾经有这样一个故事说的道理来形容送礼再也恰当不过了。

魏文王问名医扁鹊："你们家兄弟仨，都精于医术，到底哪一位最好呢？"

扁鹊回答："长兄最好，仲兄次之，我最差。"

文王再问："那么为什么你的名气最大呢？"

"我长兄治病，是治病于病情发作之前。由于一般人不知道他事先能铲除病因，所以他的名声无法传出去，只有我们家的人才知道。我仲兄治病是医治于病情初起之时，一般人认为他只能治轻微的小病，所以他的名声只及于乡里。而我扁鹊治病是治疗于病情严重之时，一般人都看到我在经脉上穿针管放血、在皮肤上敷药动大手术，所以认为我的医术最高明，名声也因此而响遍全国。"

送礼就要像扁鹊看病，一定要送在点子上。我们在社会上，内心都有一些需求，有的急有的缓，有的重要有的不重要。而我们在急需的时候遇

到别人的帮助，则内心感激不尽，甚至终生不忘。濒临饿死时送一个萝卜和富贵时送一座金山，就内心感受来说是完全不一样的。有某种爱好的人，遇到兴趣相同的人则兴奋不已，并以此为人生一大快乐。两个人脾气相投，就能交上朋友。所以，要落人情，便应洞察此中三昧。

所以，在送人情时，一定要讲究以下原则。

第一，送礼要"珍贵"。送礼一定要让人觉得珍贵，至少让人感觉你很用心。不要让对方觉得这个"好处"来得容易，让他体会到"付出"之后才可能"得到"，只有这样他才会珍惜这来之不易的好处。假如你过于频繁地给人好处，为了跟别人套近乎，那么他不仅不会珍惜这些"好处"，对你也不会有任何感激之情，反倒是嫌少、嫌不够好，甚至一而再、再而三地向你要好处，要是你不给或者给得不如以前好、不如以前多，对方就会怀恨在心，还不如不给呢。

第二，送礼要有准则。该给多少都要有准则，否则会出现和"轻送"一模一样的后遗症，而且还会造成是非不明的结果。

第三，送礼不要小气。应该给、必须给、不得不给时，就要慷慨大方地给，不怕给得多，只怕给得少。这种情形包括人家有恩于你时、奖赏有功的下属时、要重用某人时、要收买人心时，以及情势所迫时。如果你给得少，给得不干脆，那么这"好处"的效果，得不到别人的感谢也就罢了，有时还会招怨！

由此可见，"送"是一门艺术，那么在整个礼物馈赠过程中，送又是最后一环，送得好，方法得当，会皆大欢喜，境界全出。送得不好，让人挡回，触了霉头，定会堵心数日。所以，只有巧妙掌握送礼的技巧，才能把整个送礼过程画上一个漂亮的句号。

常用的"送"的具体方法如下。

一、送老家的土特产。如果你送上土特产品，你可以说，是老家来人捎来的，分一些给对方尝尝鲜，东西不多，又没花钱，不是特意买的，请他收下。一般来说受礼者那种因盛情无法回报的拒礼心态可望缓和，会收下你的礼物。

二、人情也可以送。有时送礼不一定自己掏钱去买，然后大包小包地送去，在某种情况下人情也是一种礼物。比如，你能通过一些关系买到出厂价、批发价、优惠价的东西，当你为朋友同事买了这些东西后，他们在拿到东西的同时，已将你的那份"人情"当做礼物收下了。你未花分文，只不过搭上点人情和工夫，而收到的效果与送礼一般无二。受礼者因交了钱，收东西时也会心安理得，毫无顾虑；送情者无本万利，自得其乐。

三、借花献佛。一位学生受老师恩惠颇多，一直想回报，但苦无机会。一天，他偶然发现老师红木镜框中镶的字画竟是一幅拓片，跟屋里雅致的陈设不太协调。正好，他的叔父是全国小有名气的书法家，手头正有他赠的字画。他马上把字画拿来，主动放到镜框里。老师不但没反对，而且非常喜爱。

四、借风使舵。有时你想送礼给人，而对方却又与你八竿子拉不上关系，你不妨选在受礼者的生日庆贺会或婚礼上，邀上几位熟人一同去送礼祝贺，那样一般受礼者便不好拒绝了，当事后知道这个主意是你出的时，必然改变对你的看法。借助大家的力量达到送礼联谊的目的，实为上策。

五、不留痕迹。如果你送的是酒一类的东西，不妨假借说是别人送你两瓶酒，来和对方对饮共酌。这样喝一瓶送一瓶，礼送了，关系也近了，还不留痕迹，岂不妙哉。

六、婉转迂回。老张有事要托小刘去办，想送点礼疏通一下，又怕小刘拒绝，驳了自己的面子。老张的爱人与小刘对象很熟，老张便用起了夫人外交，让爱人带着礼物去拜访，一举成功，礼也收了，事也办了，两全其美。看来，有时直接出击不如迂回运动能收奇效。

七、照顾到对方的自尊心。假如你是给家庭困难者送些钱物，有时，他们自尊心很强，轻易不肯接受帮助。你若送的是物，不妨说，这东西我家摞着也是闲着，让他拿去先用，日后买了再还；如果送的是钱，可以说拿些先花，以后有了再还。受礼者会觉得你不是在施舍，日后又还，会乐于接受的。

八、投其所好。一位下级平时受上司照顾颇多，心存感激，只是苦于

没有机会报答。一天，他偶然发现上级喜欢养金鱼，就到处寻觅，总算弄到了几条稀有品种，放到了上级的鱼缸里，令上级喜笑颜开，下级回报的愿望也终于实现了。

送礼的技巧一定要活学活用，用得呆板死板就体现不出厚黑知道的"厚"与"黑"了。

有了"人情"好办事

厚黑学认为，人是有感情的动物，人人都有爱的需要，都会有仁慈心、同情心。因此，通过满足别人人性的需要、感情的饥渴而进行投资，达到办事的目的。所以从古至今，但凡大政治家或事业上的成功者无不把精神奖励当做激励属下的重要手段，相应地也就产生了奖牌、奖状之类的有别于物质的东西。唐肃宗问功臣李泌："将来天下平定，你打算要什么封赏？"李泌说："只要能枕在陛下的大腿上睡一觉就心满意足了。"肃宗听后大笑，后来，肃宗驾临保定，李泌像往常一样，为肃宗打点好行宫，因久等肃宗不到，就躺在床上睡着了。等他醒来睁眼一看，自己居然枕在肃宗的大腿上。李泌大吃一惊，连忙跪地谢罪。肃宗搀住李泌笑问道："现在爱卿的愿望已经实现，天下何时才得平定？"原来，肃宗到来时，见李泌正在酣睡，就悄悄爬上床，把李泌的头轻轻放在自己的大腿上，以此了却了李泌的一大心愿。

在厚黑学看来，肃宗以一条大腿付出片刻之劳，这种小小的感情投资，令功臣感激涕零，那简直太值得了。

由此可见，感情投资不在乎有没有东西或者东西的多少，有些时候也许一钱不值的东西也能笼络人心。常言道："士为知己者死，女为悦己者容。"能为知己者死的，必欠下了天大的人情，因此偿还人情也就成了他们矢志不渝的目标。

战国末年，燕国太子丹在秦国做人质，秦国对他很不友好，太子丹对此怀恨在心，偷偷逃回燕国，于是秦国派大军向燕国兴师问罪。太子

丹势单力薄，难以与秦兵对阵，为报国仇私恨，他广招天下勇士，去刺杀秦王。

荆轲是当时有名的勇士，太子丹把他请到家里，像招待贵宾一样，把荆轲照顾得无微不至，终于，打动了荆轲。后来，又对逃到燕国来的秦国叛将樊於期以礼相待，奉为上宾。两人对太子丹感激涕零，发誓要为太子丹报仇雪恨。

荆轲虽力敌万钧，勇猛异常，但秦王戒备森严，五步一岗，十步一哨，且有精兵护卫，接近秦王难于上青天。

于是，荆轲对樊於期说："论我的力气和武功，刺杀秦王不难，难在无法接近秦王。听说秦王对你逃到燕国恼羞成怒，现正以千金悬赏你的人头，如果我能拿到你的头，冒充杀了你的勇士，找秦王领赏，就能取得秦王的信任，并可趁机杀掉他。"

樊於期听罢毫不犹豫，拔剑自刎。

荆轲带着樊於期的人头和督亢地方的地图，去见秦王。这两件东西都是秦王想要得到的，但他未能杀掉秦王，反被秦王擒杀，只为后人留下了"风萧萧兮易水寒，壮士一去兮不复还"的悲壮诗句和"图穷匕见"的故事。

樊於期之所以能"献头"，荆轲之所以能"舍命刺秦王"，完全是为了回报太子丹的礼遇之恩。"投桃报李"、"滴水之恩，涌泉相报"，足以说明"恩惠"对人心感化的巨大作用。

谁都知道有了"人情"好办事，但"人情"是有限的，就像银行存款一样，你存进去的多，取的就多；存的少，取的就少。你若和别人只是泛泛之交，你困难时别人帮你的可能性就很小。如果你平时多储蓄些"人情"，甚至不惜血本地进行感情投资，那么当你急着要求人办事时就不致犯难了。

春秋时，楚庄王励精图治，国富民强，手下战将众多，个个都肯为他卖命。楚庄王也极力笼络这批战将，经常宴请他们。

一天，楚庄王大宴众将。君臣们喝得极其痛快，不觉天色渐晚。楚庄

王命人点上蜡烛，继续喝酒，又让自己的宠姬出来向众将劝酒。

突然间，一阵狂风吹过，厅堂里的灯烛全部被吹灭了，四周一片漆黑。猛然间，楚庄王听得劝酒的爱姬尖叫一声。楚庄王忙问："何事？"宠姬在黑暗中摸索过来，附在楚庄王耳边哭诉："灯一灭，有位将军无礼，偷偷搂抱臣妾。已被我偷偷拔取了他的盔缨，请大王查找无盔缨之人，重重治罪，为臣妾出气。"

楚庄王闻听，心中勃然大怒，自己对众将这样宠爱，竟有不逊之人，胆敢戏弄我的爱姬，真乃无礼至极！定要查出此人，杀一儆百！

他刚要下令点灯查找，但又一转念：这帮战将都是曾为我流过血、卖过命的人，我若为了这点小事杀一位战将，其他战将定会寒心，以后谁还会真心诚意地为我卖命呢？失去这批战将，我将凭什么称霸中原呢？俗话说，小不忍则乱大谋，还是隐忍一下，放过这等小事，收买人心要紧。主意已定，他低声劝宠姬道："卿且去后堂休息，我定查出此人为你出气。"

等那宠姬离开厅堂，楚庄王便下令说："今日玩得甚是痛快，大家都把盔缨拔下来，喝个痛快。"

大家在黑暗中都不知就里，不明白大王为何让大家拔下盔缨，但既然大王有令，就只好照办了。

这时，那位肇事的将军在酒醉之中闯下大祸，听到庄王宠姬尖叫，吓得酒也醒了，心想这次必死无疑了。等楚庄王命令大家拔盔缨时，他伸手一摸，盔缨早已没有了，才明白楚庄王的用心良苦。

等大家都拔去盔缨，楚庄王才下令点上灯烛，继续畅饮。那位肇事的将军也因此对楚庄王有了一份特殊的感恩，下定了以死效忠的决心。

自此以后，每逢战斗，都有一位楚将冲锋陷阵，拼命地出击作战。楚庄王细细查问，才知道他就是那位被宠姬拔掉盔缨的将军。

其实，有时给别人一些小的恩惠和人情对你来说只是举手之劳，并不费多少力气，可是对别人来说却是一种莫大的恩惠，如果你有朝一日办事有求于他时，他也一定会倾力帮你。

求人办事 "礼" 先行

求人厚黑学说，有礼走遍天下，无礼寸步难行。可见，送礼在求人过程中的作用非同小可。在求人办事的时候，如果送一点礼物，则任何话都好说；如果空手求人，自己求人没底气，对方也会觉得你很不懂礼貌。礼多人不怪，这是古老的中国格言，它在今天仍有十分实用的效果。

有人经过调查研究指出，日本产品之所以能成功地打入美国市场，其中最秘密的武器就是日本人的小礼物。换句话说，日本人是用小礼物打开美国市场的，小礼物在商务交际中起到不可估量的作用。当然，这句话也许有点言过其实。但是日本人做生意，确实是想得很周到的。特别是在商务交际中，小礼品是必备的，而且根据不同人的喜好，设计得非常精巧，可谓人见人爱，很容易让人爱礼及人。小礼物起到了非同小可的作用，而精明的日本人此举之所以成功，在于他们摸透了外国商人的心理。一是他们了解了外国人的喜好而投其所好，以博得别人的好感；二是他们采取了令人可以接受的礼品，因为他们深知欧美商业法规严格。送大礼物反而容易惹火烧身，而小礼物绝没有收贿行贿之嫌；三是他们又很执著于本国的文化和礼节。可见，礼品虽小，功效可不小。

送礼其实已成了一种艺术和技巧，从时间、地点一直到选择礼品，都是一件很费心思的事情。礼尚往来，人之常情，在求人办事时也不例外。送礼是表达心意的一种形式。礼不在多，达意则灵；礼不在重，传情则行。双方都不要看重礼物本身的物质价值，而应视收到的是一份浓浓的情、厚厚的意。礼物是一种友情的表示，正所谓"投之以桃，报之以李"。朋友之间或出远门旅游捎回一点儿当地特产，年节佳辰、个人喜庆，赠送一点敬贺礼品，表现彼此间的一番情谊则是有必要的，这是一种诚挚的感情交流，是发自内心的馈赠，是感情的物化。送礼作为一种文化现象，自有其特定的规律，不能盲目去做、随心所欲。它反映出送礼者的文化修养、交际水平、艺术气质以及对收礼人的了解程度和关系远近。在一定意义上讲，是一门特殊的交际艺术。

有一个罗先生开车去看朋友，打算离开的时候再把礼物从车上拿下来送给朋友。于是，他空着两手就进了朋友的家，大家寒暄一番，时近中午，朋友没有留他的意思。罗先生起身告辞，说："我买了一些东西，放在车上，我去拿下来。"朋友一听，马上说："今天中午怎么能走呢？就在我这里了。"朋友的妻子也立刻转身去了厨房。

那次以后，罗先生算明白了一个道理，拜访朋友，采用"兵马未到，粮草先行"的策略，先把礼物一放，不管是大是小，是多是少，只要有礼在，保准办事一路畅通。

在别人给你帮过忙之后，再将礼物送去，对方一定会认为你这样做是理所当然的。如果你从未拜托人家帮忙，并将礼物煞有介事地送去，收礼者的想法就会大不一样。他肯定会记着你，一旦有事相求就会竭尽全力帮你。

礼要送在用不着朋友的时候，才能尽显威力。送礼要送在平时，要知道，好的人际关系才是求人成功的基础。

"无事不登三宝殿"，当你有事的时候，才想起某某朋友可帮得上忙，往往会犯"大礼不解近忧"的错误。即使你想提上大包小包的东西，人家也未必会给你这个方便。朋友维系关系，功在平时，这样，朋友之间才可能有求必应。常常有这样的说法："你瞧这人，用得着的时候才想起我。"说的就是平时不送礼，有事求人了再去送礼。

我们活在一个讲"礼"的环境里，如果你不讲"礼"，简直就寸步难行。送礼要讲"手腕"，如果送礼的功夫不到家，就收不到预期的效果。一个人要想能够成功办事，就要学习和把握送礼的技巧。

一件付出你大量心血、体现你诚心的礼品，会使人产生意外的感激之情，其效果即使是最昂贵的珠宝也无法比拟的。

中华民族向来是礼仪之邦，"礼"文化源远流长。即使在今天，礼尚往来也是人际交往的一项重要内容，在那或轻或重、或多或少的礼物中，我们既可以体会到人情缔结的温馨，又可以享受友好往来的欢乐。中国是

一个重人情的社会，很多事情靠公事公办往往办不成。因此，沟通就成了办事的必要环节，要想有个良好的沟通就应该有所行动，而送礼就是这种行动的最佳表现。同样办事，有的人送礼就能把事情办成，有的人送礼就没有什么效果。可见，送礼也是一门学问。

巧送人情　不露声色

厚黑学认为，送礼、送人情一定要不露声色，让对方无形之中或无可选择地领你的人情。如果能做到既收了人的好处又送了人家人情的，那就是一位厚黑高手。

三国时期的刘备被认为是精通厚黑之道的人，其皮厚心黑恐怕无人能及，满口仁义道德，心里却有吞并天下的野心。刘备在送人情方面更是高手中的高手。欲取西川却要想方设法让人来求，既送了人情又得了西川。

夺取西川是刘备的既定方针和基本战略目标，但是"蜀道之难，难于上青天"。欲取西川，必须先获取西川地理图本，以便详细了解西川的复杂地形。正当刘备准备进兵西川时，益州别驾张松来了。张松是奉刘璋之命携带金珠锦绮为进献之物前往许都的，任务是联结曹操，共治张鲁。行前，张松还有一个打算，随身暗藏画好的西川地理图本，到许都相机而行，"献西川州郡与曹操"。张松的行迹，诸葛亮早使人随时打听着。没想到他到许昌之后，曹操表现出一副骄横傲慢的样子，对他的游说反应十分冷淡，一气之下，他挟图离开了许昌。可是他离开益州时在刘璋面前夸过海口，这次倘若无功而返，空手而归，又怕被人取笑。他突然一想，早就听说荆州的刘备仁高义厚，美名远播，我何不绕道走一趟荆州，看看刘备究竟是何等人物，然后再作定夺，于是改道来到荆州。

张松人是主动来了，但他也并非等闲之辈，要想让他心甘情愿献出这张图绝非易事。刘备和诸葛亮为了得到这张地图，可谓是煞费苦心，其运用引而不发、欲扬先抑的策略也确实达到了出神入化的地步。《三国演义》第六十回生动而形象地描写了这场"戏"。

　　张松乘马引仆从望荆州界上而来。行至郢州界口，忽见一队军马，约有五百余骑，为首一员大将，轻装软扮，勒马前问曰："来者莫非张别驾乎？"松曰："然也。"那将慌忙下马，曰："赵云等候多时。"松下马答礼曰："莫非常山赵子龙乎？"云曰："然也。某奉主公刘玄德之命，为大夫远涉路途，勒马驱驰，特命赵云聊奉酒食。"言罢，军士跪奉酒食，云敬进之。松自思曰："人言刘玄德宽仁爱客，今果如此。"遂与赵云饮了数杯，上马同行。来到荆州界首，是日天晚，前到馆驿，见驿门外百余人侍立，击鼓相接。一将于马前施礼曰："奉兄长将令，为大夫远涉风尘，令关某洒扫驿庭，以待歇宿。"松下马，与云长、赵云同入馆舍，讲礼叙坐。须臾，排上酒筵，二人殷勤相劝。饮至更阑，方始罢席，宿了一宵。

　　次日早膳毕，上马行不到三五里，只见一簇人马到。乃是玄德引着卧龙、凤雏，亲自来接。遥见张松，早先下马等候，松亦慌忙下马相见。玄德曰："久闻大夫高名，如雷贯耳。恨云山遥远，不得听教。倘蒙不弃，到荒州暂歇片时，以叙渴仰之思，实为万幸！"松遂上马并辔入城。至府堂上各各叙礼，分宾主依次而坐，设宴款待。饮酒间，玄德只说闲话，并不提起西川之事。松以言挑之曰："今皇叔守荆州，还有几郡？"孔明答曰："荆州乃暂借东吴的，每每使人取讨。今我主因是东吴女婿，故权且在此安身。"松曰："东吴据六郡八十一州，民强国富，犹且不足耶？"庞统曰："吾主汉朝皇叔，反不能占据州郡；其他皆汉之蟊贼，却都恃强侵占地土；唯智者不平焉。"玄德曰："二公休言。吾有何德，敢多望乎？"松曰："不然。明公乃汉室宗亲，仁义充塞乎四海。休道占据州郡，便代正统而居帝位，亦非分外。"玄德拱手谢曰："公言太过，备何敢当！"

　　自此一连留张松饮宴三日，从不提起川中之事。张松告辞准备返回益州，刘备又在十里长亭设宴送行。刘备举酒壶亲自为张松斟酒，嘴里说道："承蒙张大夫不见外，故能留住三天，今日一别，不知何时方得赐教。"说完不觉潸然落泪。张松暗地寻思："刘备如此宽仁爱士，实在难得，我也有些不忍舍他而去，不如劝他取兵攻打西川。"于是说道："我也朝思暮想在你鞍前马后侍候，只是未得其便。据我看来，你现在虽据有荆

州，但南面孙权虎视眈眈，北面的曹操又常有鲸吞之意，恐怕不是久居之地呀！"刘备说："我也知道严峻的形势，但苦于再无别的安身之所啊！"张松又说："益州地域，地理险塞，沃野千里，乃天府之国。凡有才干的智士仁人，很早就仰慕皇叔你的功德，倘若你愿意率荆州之众，直指西川，则肯定霸业可成，汉室可兴。"刘备一听此言，故作震惊，慌忙答道："我哪敢有如此妄想。据守益州的刘璋也是帝室宗亲，又长久恩泽西川黎民，别人岂能轻易动摇他的统治？"此时的张松已完全落入刘备和诸葛亮的圈套，而且步步走向圈套的核心还不觉察，一听刘备这番话，更敬佩他的宽仁厚道，于是把心里话掏出来了："我劝刘皇叔进取西川，并不是卖主求荣，而是今天遇到了明主，不得不一吐肺腑。刘璋虽据有西川之地，但他本性懦弱，且是非难分，又不能任贤用能。况且北面的张鲁时有进犯之意。现在西川人心涣散，有志之人都希望择主而事。我这次本来受命去结交曹操，没想到他傲贤慢士，冷淡于我，一气之下我弃他而来见你。你若是先取西川为基础，然后向北发展图得汉中，最后收取中原，匡扶汉室，将有名垂青史的大功。你要是愿意进取西川，张松我愿意效犬马之劳，以作内应，不知你的意见如何？"

此时的刘备，见时机成熟，开始收紧套环，进入正题，但仍不露声色，只是无可奈何地说道："我对你的厚爱，表示深深的感谢，无奈刘璋与我同宗，同宗相拼，恐怕落得天下人笑话呀！"此时的张松已是不能自已了，生怕这笔"交易"做不成，错过机会，反过来还去做刘备的动员工作，只见他急切地说道："大丈夫处世，理当建功立业，哪能如此瞻前顾后、婆婆妈妈的？今天你若不取西川，他日为别人所取，那就悔之恨晚了！"直到这时，刘备的谈话才涉及与地图有关的事。他说道："我听说西川之地，道路崎岖，千山万水，双轮车无法通过，连两马并行的路都没有，就算想进军，也苦无良策啊！"张松终于和盘托出了。他忙从袖中取出一张图，递给刘备说："我深感皇叔盛德，才献出此图给你，一看此图，便对西川的地形地貌一目了然了。"刘备略为展开一看，只见上面尽写着地理行程，远近阔狭，山川险要，府库钱粮一一俱载明白。刘备看到地图到手，自然高兴不已。可张松还嫌不够，进而说道："我在西川还有两个挚友，名叫法正、孟达，皇叔你欲进西川，他二人也肯定愿意相助。下次他二人若到荆州，你完全可以心腹事相商。"直到这时，刘备和诸葛亮共同导演的而由刘备主演的这场"索图戏"方可以谢幕。

如果刘备见张松之后开口便提如何取西川，或酒过三巡便索要西川地图，那么，刘备的形象必然会在张松心目中黯然失色，陡然渺小起来，张松在荆州就会倍加警惕，左右权衡。即使刘备硬逼强抢，得到的也只是一张"死地图"，而张松、法正等一批西川人才就难为刘备所用，甚至陡增对抗。

明明是在求人，而给人的感觉却是在施恩；本来了无大功，只顺水推舟，却两边讨好，大得人情，这就是刘备的高明之处。

尽管厚黑之士认为人与人之间的关系归根结底是一种交换和利用关系，但求人毕竟有别于市场的交换行为，不能太直来直去。

周灵王二十六年，吴国攻打楚国。楚国令尹屈建利用诱敌之计，大败吴国。

周灵王二十七年，楚国国王楚康公为报吴国伐楚之仇，准备讨伐吴国，派他的弟弟公子围率兵出战。

吴国得知消息后，以守为攻，屯重兵于江口坚守。楚国见吴国有所准备，不易取胜，就转而攻打一直归附于晋国的郑国。

双方交战，郑国自然不是对手。楚国大夫穿封戍活捉了郑国大将皇颉，大胜而归。

楚康公的弟弟公子围，也想在主公面前领功请赏，便想从穿封戍手中夺走皇颉，将此功据为己有，穿封戍当然不从。

公子围仗着是楚康公的弟弟，便来了个恶人先告状。他对楚康公说："我捉住了郑国大将皇颉，不料却被穿封戍夺去。"

过了一会儿，穿封戍押着皇颉前来领赏，并向楚康公陈述公子围要从他手中抢夺皇颉、冒功领赏之事。

两人各说各有理，楚康公一时不知谁真谁假，便命太宰伯州犁来决断。

伯州犁早就有心奉迎公子围，只是平时没有机会。现在楚康公要他决断公子围与穿封戌的争论，真是天赐一个向公子围献媚的好机会。他对楚康公说："俘虏是郑国的大夫，并非普通将士，只要问问他便真相大白。"

楚康公认为这是一个好主意，于是命皇颉站在庭下，伯州犁站在他的右边，公子围、穿封戌站在他的左边。

伯州犁先把双手向公子围高高拱起，向皇颉介绍说："这位是公子围，是我们国君的弟弟。"然后，又对着穿封戌，双手在下边拱了拱，向皇颉说："这位是穿封戌，是方城外边的县尹。到底是他俩谁将你抓到的？你要从实说来。"

皇颉虽然当了俘虏，但毕竟是郑国大将，对伯州犁的眼神、动作所表现出的一切，早已领悟，为了活命，也为了讨好公子围，便佯装看了看四周，回答说："我遇公子围，战他不过而被俘。"

穿封戌听了大为愤怒，顺手从兵器架上抓起一戈，发疯般地朝公子围刺去，吓得公子围急忙跑开。

伯州犁见状，忙走上前去，一面竭力劝解，一面请求楚康公对两人都记功奖赏，又亲自设酒宴，劝二人和好。结果是皆大欢喜。

伯州犁这个人情送得可谓不露声色，手段高明至极，堪称典范。他的高明之处就在于，稍有心计的人便可看出在行巴结之事，但无论多有口才的人也难责备其决断不公平。即使强有责备，也只能说皇颉冤冤相报，干伯州犁何事。假人之手，行我之事，真是绝了！

而在现实生活也是这样，送的"礼"不一定是自己的，像上文两则事例中无中生有、巧送人情才是送礼的最高境界。

第 三 篇
DiSanPian

商战无情 厚黑兼备

当今社会商场不同情弱者，商业竞争更不相信眼泪！现代商战是一场不流血的战争，如何在当今一幕幕惊心动魄、硝烟弥漫的商业战争中掌握先机，出奇制胜，交战双方都应凭着自己的心智，运用谋略在竞争中展开一场你死我活的角逐，才能纵横商海，大发利市。

纵观古今中外成功商人和企业家的经营谋略，无不渗透着"厚黑"的哲学——谋求利益应取放有度，赢得顾客更要懂得让利于人……厚脸是行为的方式，心黑是行为的准则，如能加以灵活运用，即可所向披靡。

厚黑经商第一招：勇猛果断　敢于冒险

"不入虎穴，焉得虎子"是厚黑之人所奉行的经商准则。他们为了达到目的往往毫无顾忌，敢于铤而走险。勇于冒险，永远是厚黑商人的看家本领。厚黑商人胡雪岩说："商人图利，只要划得来，刀头上的血也要舔。"他能在别人看来充满危险的地方发现商机，不怕风险，当机立断。可见，要做一个成功的商人，必须有过人的胆识和气魄，敢做人所不敢为之事。

敢于刀头舔血

厚黑商人胡雪岩曾经说过"只要划得来，刀头上的血也要舔"。做生意就是一场冒险之旅，在不违背法律的前提下，谁敢于冒险，谁就会获胜。因为风险和利润的大小是成正比的，巨大的风险也能带来巨大的效益。

俗话说：没有永远不变的事情，没有一劳永逸的机会。只要勇敢地把握住风险中的机会，就能大赚一笔。

确实，经商需要惊人的胆量和魄力，尤其是面对商场上的未知数，经商者更需要有拼搏的勇气。任何一件事都有成功和失败两种可能。当失败

的可能性大时，却偏要去做，那自然就成了冒险。问题是，许多事成败可能性的大小很难分清，那么这时候也是冒险。商战的法则是风险越大，利润越多。当机会来临时，不敢冒险的人，永远是平庸之人。而厚黑商人则不然，他们大多具有乐观的风险意识，并常能发大财。

美国大亨哈默在利比亚的一次冒险的成功，就很能说明这个问题。在20世纪60年代，当时，利比亚的财政收入不高。在被意大利人占领期间，墨索里尼为了寻找石油，付出了巨大财力和人力，结果一无所获。埃索石油公司也在花费了几百万美元，发现效果不大后，正准备撤退时，才在最后一口井里挖出油来。壳牌石油公司大约花了上千万美元，但打出来的井都没有商业价值。西方石油公司到达利比亚的时候，正值利比亚政府准备进行第二轮出让租借地的招标，出租的地区大部分都是原先一些大公司放弃了的利比亚租借地。

根据利比亚法律，石油公司应尽快开发他们的租借地，如果开采不到石油，就必须把一部分租借地还给利比亚政府。这一次，有来自9个国家的40多家公司参加了这次租借地投标。参加投标的公司，有很多是"空头公司"，他们希望拿到租借地后再转租。另一些公司，其中包括欧美石油公司，虽财力不够雄厚，但至少具有经营石油工业的经验。利比亚政府允许一些规模较小的公司参加投标，因为要避免遭大石油公司和大财团的控制，其次再去考虑资金等问题。

这次，哈默虽然充满信心，而且尽管他和利比亚国王私人关系良好，仍存在许多变数。此外，他不仅这方面经验不足，而且和那些资金雄厚的石油巨头们相比，竞争实力悬殊太大，真可谓小巫见大巫。但是，决定成败的真正关键，绝不是取决于这些条件。哈默的董事们都坐飞机赶了过来，他们在四块租借地投了标。他们的投标方式不同一般，投标书用羊皮证件的形式，卷成一卷后用代表利比亚国旗颜色的红、绿、黑三色缎带扎束。在投标书的正文中，哈默加了一条：他愿意从尚未扣税的毛利中，拿出一部分钱供利比亚发展农业用。此外，还允诺在国王和王后的诞生地库夫拉附近的沙漠绿洲中，寻找水源。另外，他还将进行一项可行性研究，一旦在利比亚找出水源，他们将和利比亚政府联合兴建一座氨气厂。最后，哈默终于得到了两块租借地，使那些强大的对手大吃一惊。这两块租借地都是其他公司耗巨资后，一无所获不得不放弃的。

这两块租借地不久就成了哈默烦恼的源泉。他钻出的头三口井都是干井，光是打井费就花了近300万美元。于是，董事会里有许多人开始把这项雄心勃勃的计划叫做"哈默的蠢事"，甚至连哈默的知己、公司的第二大股东里德也失去了信心。但是哈默的直觉使他固执己见，在和股东发生意见分歧的几天里，第一口油井出油了，此后另外8口油井也出油了。这下公司的人高兴坏了，这块油田的日产量是10万桶，而且是品质要比一般石油好的高级原油。更重要的是，油田在苏伊士运河以西，运输非常方便。在这时候，哈默在另一块租借地上，采用了最先进的探测法，钻出了一口日产7.3万桶自动喷油的油井，这是利比亚当时规模最大的一口油井。接着，哈默又投资1.5亿美元修建了一条日输油量100万桶的输油管道。之后，哈默又大胆吞并了好几家大公司，等到利比亚把油田实行"国有化"的时候，他已羽翼丰满了。哈默一系列事业的成功，完全归功于他的胆识和魄力，他不愧为一个厚黑经商大师。

哈默凭借对形势的精确分析，让他的投机生意做得更为成功。在别人不敢去的地方，才能找到最美的钻石。也就是说，高风险意味着高回报，只有敢于冒险的人才会赢得人生的辉煌。而且，那种面临风险、审慎前进的人生体验可以练就过人的胆识，这更是宝贵的精神财富。

瞅准时机　险中取利

厚黑学认为，经商一定要善于投机，即使有风险也要勇于尝试。而人们常犯的错误是，千载难逢的机会已经倒贴上来时，他还在患得患失，犹豫不决，或是没有信心，或是对突如其来的好机会麻木不仁，没有反应，让机会和财神在自己面前溜走。不要一直盯着概率不大的风险而犹豫不前，不敢担风险的人，必将一事无成。

例如，世界著名萨奇广告公司的创立和发展的过程，便是一个显著的例子。1970 年创立的萨奇广告公司虽然白手起家，但公司从一开始就敢于冒险，在风险中勇于把握时机，终于以小吃大，以弱变强。

1972 年，萨奇兄弟在兼并同行对手方面初战告捷。1976 年，他们更是一鸣惊人，居然买下康普顿广告股份公司英国分公司的绝大部分股票。这家公司在伦敦注册，论规模是萨奇公司的两倍。小鱼吃掉了大鱼。于是，萨奇兄弟得以在伦敦股市登记注册，进入股票市场，通过控制股权的形式掌握了较多的子公司，为公司日后的多样化发展奠定了基础。继兼并康普顿的英国分公司后，萨奇兄弟又毫不留情地一口吃掉了英国好几家广告公司。1979 年，萨奇广告公司在伦敦站稳了脚跟，成为英国最大的广告业集团。

1982 年，在广告史上最大的一次合并中，萨奇公司出资五千多万美元将纽约康普信息公司纳入自己的控制范围，取得了该公司在 30 多个国家的经营权。萨奇公司此举不仅首次打进美国广告界，而且为在全球扩张业务奠定了基础。对于这家已有 70 多年历史、资金雄厚，但发展迟缓的康普信息公司，萨奇公司从伦敦派了一个新的总经理，期望恢复其在市场上的声誉。在两年内，这家公司的利润率逐步提升。

为了稳固在美国扎下的基础，萨奇公司又于次年买下了两家中等规模的广告公司，获得了一大批善于创新的广告专业人才及设备。同年 12 月，

萨奇公司出售了美国储备股票。1986 年，萨奇公司的股票上涨了 18 倍。之后，萨奇公司又花了几个亿的投资兼并了几家各行业的公司，获得了大量的管理咨询调研人才、公关人才以及销售人才，成为世界上最大的广告公司。

驱使萨奇兄弟建立大型公司的动因并不仅仅来自于他们对金钱和权力的渴求。虽然在兄弟俩的一些观点、言论中也可以找到某些金钱和权力的影子，但是，他们之所以想建立一个世界规模的广告公司还有其商业上的理由。因为他们相信，未来是属于一小批像他们那样的大人物的。他们认为，世界上大多数市场拓展得非常缓慢。与此同时，现代化使得人们要同样的东西和以同样的方式生活，这个世界在文化上变得越来越相似。一个多国公司可以由于这种相似性而在世界范围内，或者至少在若干大的市场上，以同样的方式销售同样的产品，从而在那些规模稍小一点的竞争对手无法取胜的经济范围内获得成功。

无疑，这种论点对公认的市场正统观念是一个大胆挑战。后者主张公司应研究每个市场的具体需求并相应地改变调整它们的产品经营方针。萨奇公司之所以迅速发迹，就是由于兄弟俩敢于打破地区差别，不畏强手，同心协作的结果。厚黑商人"小鱼敢吃大鱼"的厚黑竞争策略是非常有效的，它能给一个公司带来生机。只要你有胆量，小鱼照样能把大鱼吃掉。

有一次，但维尔地方经济萧条，不少工厂和商店纷纷倒闭，被迫贱价抛售自己堆积如山的存货，价钱低到 1 美元可以买 100 双袜子。那时，约翰·甘布士还是一家织造厂的小技师。他马上把自己积蓄的钱用于收购低价货物，人们见到他这股傻劲儿，都公然嘲笑他是个蠢货！约翰·甘布士对别人的嘲笑漠然置之，依旧收购各工厂和商店抛售的货物，并租了很大的货仓来储货。他妻子劝说他，不要把这些别人廉价抛售的东西购入，因为他们历年积蓄下来的钱有限，而且是准备当做子女教育费的。如果此举血本无归，那么后果将不堪设想。

对于妻子忧心忡忡的劝告，甘布士笑过后又安慰她道："两个月以后，我们就可以靠这些廉价货物发大财。"甘布士的话似乎兑现不了。过了十多天后，那些工厂贱价抛售也找不到买主了，便把所有存货用车运走烧掉，以此稳定市场上的物价。太太看到别人已经在焚烧货物，不由得焦急万分，抱怨起甘布士，对于妻子的抱怨，甘布士一言不发。

终于，美国政府采取了紧急行动，稳定了但维尔地方的物价，并且大力支持那里的厂商复业。这时，但维尔地区因焚烧的货物过多，存货欠缺，物价一天天飞涨。约翰·甘布士马上把自己库存的大量货物抛售出去，一来赚了一大笔钱，二来使市场物价得以稳定，不致暴涨不断。在他决定抛售货物时，他妻子又劝告他暂时不忙把货物出售，因为物价还在一天一天飞涨。他平静地说："是抛售的时候了，再拖延一段时间，就会后悔莫及。"果然，甘布士的存货刚刚售完，物价便跌了下来。他的妻子对他的远见钦佩不已。后来，甘布士用这笔赚来的钱，开设了五家百货商店，业务也十分红火。

冒险是投机的开始，雄心是投机的动力。对一个成大事的人来说，生活是一种光荣的冒险事业，因为只要你肯冒险，你的问题就已经解决了一半。只要你大胆地迈出了一步，胜利就会提早来临。因为，冒险本身就是一种投机。

该出手时就出手

风险就意味着利益，厚黑商人一定要在风险中瞅准时机，该出手时就出手，如同恶狼扑杀猎物一般迅雷不及掩耳，令人防不胜防。厚黑商人在做生意时素来以"心狠手快"著称，他们的精明家喻户晓，他们善于从长远考虑买卖问题，抓住时机，大胆出手，因此成就了一大批财富拥有者。

摩根是一个典型的厚黑人物，他的厚黑手段也令人佩服。摩根少年时代开始游历北美西北部和欧洲，并在德国哥西根大学接受教育。从哥西根大学毕业后，摩根来到邓肯商行任职。摩根特有的素质与生活的磨炼，使他在邓肯商行干得相当出色。但他的过人胆识与冒险精神，却经常害得总裁邓肯心惊肉跳。

一次，在摩根从巴黎到纽约的商业旅行途中，一个陌生人敲开了他的房门："听说，您是专搞商品批发的，是吗？"

"有何贵干？"摩根感觉到对方焦急的心情。

陌生人说："啊！先生，我有件事有求于您，有一船咖啡需要立刻处理掉。这些咖啡是一个咖啡商的，现在他破产了，无法偿付我的运费，便把这船咖啡作抵押，可我不懂这方面的业务，您是否可以买下这船咖啡？很便宜，只是别人价格的一半。"

"这事很着急吗？"摩根盯住来人。

"是很急，否则这样的咖啡怎么能这么便宜。"陌生人说着，拿出咖啡的样品。

"我买下了。"摩根瞥了一眼样品答道。

他的同伴见摩根轻率地买下这船还没亲眼见质量的咖啡，在一旁提醒道："摩根先生，谁能保证这一船咖啡的质量都与样品一样呢？"这位同伴提醒的并不假。当时，经济市场混乱，坑蒙拐骗之事屡见不鲜。光在买卖咖啡方面，邓肯公司就数次遭暗算。摩根相信自己的眼力，他说："我知道了，但这次是不会上当的，我们应该签约，以免这批咖啡落入他人之手。"

当邓肯听到这个消息，不禁吓了一身冷汗："这家伙太心黑了，拿邓肯公司开玩笑呜？"邓肯这样严厉指责摩根："快去，把交易给我退掉，否则损失你自己赔偿！"摩根与邓肯决裂了。摩根决心一赌，在他父亲的帮助下，摩根还了邓肯公司的咖啡款，并经卖咖啡人的介绍，摩根又买下了许多船咖啡。就在摩根买下这批咖啡不久，巴西咖啡遭到霜灾，大幅度减产，咖啡价格上涨两三倍。而摩根的咖啡囤积居奇，出售价格是收购价格几倍，摩根赚了个盆满钵满。

厚黑商人都认为，商场就是战场，硝烟弥漫中潜藏着无数风险与机

会。然而机会总是稍纵即逝的，一定要有过人的勇气，该出手时就出手，在别人还在瞻前顾后的时候你就已经捷足先登了。

胆大成事　胆小误事

厚黑商人胡雪岩说："越怕越误事，索性去闯，反倒没事。"做生意必须要有惊人的胆量。否则，再好的机会到来，也不敢去尝试，只有失败的顾虑，却失去了成功的机会。现在流行"胆商"一说，它是继智商、情商和财商之后日益被人重视的第四种。它反映的是一个人的胆略、勇气和决断力。

同治元年（公元1862年），太平军围攻杭州，身为浙江巡抚的王有龄守土有责，被围两月弹尽粮绝。胡雪岩受托冲出城外买粮，然而却无法运进城内。

王有龄派胡雪岩冒死出城筹办粮食，自己守在城中，绝不弃城图存。之所以如此，一是因为全城军民的眼光都注视在他的身上，容不得他逃；二是即使有机会能够逃出，不仅已经吃过的苦头都算白吃了，而且还会像在常州做了逃将的何桂清一样，为朝廷严办，逃无可逃。除这两点之外，还有一点，那就是被围在城中，与外界不通消息，不知道情况严重，心中总还有一个想法：救兵一到，便可解围。

其实，杭州的情形，从外面看，才知道事实上已无药可救了。当时太平军由忠王李秀成带领，是以主力大军进攻浙江。杭州被围之后，官军虽有李元度率衢州新军驰援浙江，但实际上进兵艰难，不是指日可待，同时，即使他们能够打到杭州，也并不一定能够击退重重围住杭州的太平军。

从杭州到上海办粮的胡雪岩，综合各种情况，心里已明白杭州破城只是迟早的事，也知道王有龄与杭州玉碎"殉节"也只是迟早的事。但他不顾古应春、七姑奶奶夫妇的劝阻，仍然要将在上海办到的10万石大米，冒死运往杭州。

古应春夫妇劝阻胡雪岩的原因，自然是此行凶多吉少。此时江苏、浙江大部分地区已为太平军占领，自上海至杭州，一路上太平军关卡重重，而胡雪岩在江、浙一带本来就富有盛名，不便隐匿，如果被太平军认出，且被他们知道是为杭州城里的军民送粮，则必死无疑。另外，杭州被围，与外界联系已经完全断绝，即使粮食运到杭州城下，也没有办法送进城去。但胡雪岩以为，信用所在，此行断无取消之理，因而必有一"闯"。

至于危险，胡雪岩说了一段既是安慰古应春夫妇，事实上也很有道理的话。他说："我当然不会闯到死路上去。我说的闯，是遇到难关，壮起胆子来闯……这一路来，我遇到太平军，实在有点怕，现在我不怕了。越怕越误事，索性去闯，反倒没事。"

胡雪岩是这么说的，也是这么做的。他亲自押运粮船前往杭州，历经艰险，最终抵达杭州城外。然而杭州城已被太平军围了个水泄不通，粮船无法进城。而太平军见到胡雪岩的粮船，立马派战船来劫。胡雪岩迫于无奈，只得立于船头，含泪遥向杭州城头的王有龄拜了三拜，然后驶船回到了上海。

没有生意人愿意自己正在做的生意出事，但没有一个生意人做生意是一帆风顺的。那么，当事情来的时候，应如何面对呢？又该以怎样的心态去解决呢？胡雪岩对古应春夫妇说的那番话，自然不是专指商事运作中发生不利情况甚至危机时应该怎么样。但他从自己的亲身经历中得到的经验，所谓"遇到难关，壮起胆子来闯"，所谓"越怕越误事，索性大胆去闯，反到没事"，用于商事运作中危机来到之时，也是十分合适的。

这里实际上说到了一个人在面临危机遇到难关时必备的心理素质问题。在危机到来的时候，确实需要能够"壮起胆子"。

危机到来之时，确实也不妨"壮起胆子"闯一闯，反正已经无路可走，怕亦是死，不怕亦是死，闯错了是无救，不闯更是无救，在这种时候，还不如闯一闯，或许也能够闯出一条路来。正所谓，"冒大险赚大钱，冒小险赚小钱，不冒险不赚钱"。所以，一定要做个有勇有谋的胆商。

厚黑经商第二招：出奇制胜　随机应变

　　厚黑经商讲究以奇制胜，正如厚黑祖师李宗吾所说："用兵是奇中有正，正中有奇，奇正相生。如循环之无端。"兵无常势，水无常形，商战也是如此。在商场上，不为对手察觉的行动才是最可怕的行动，经商者必须动一番脑子，下一番功夫，想出一些奇招、妙招，才能出奇制胜，独占鳌头。

消息灵通　行动迅速

　　每一个厚黑商人都会懂得"消息灵通，行动迅速"这句话的重要性。在如今高速发达的信息社会，时间就是金钱，信息就是金钱。在商战中，究竟鹿死谁手，很大程度上取决于时间。谁行动迅速，抓紧时间提前一步，谁就有了胜利的把握。一个适当的信息可能决定成败存亡，因此，厚黑商人形成了对信息的高度重视与敏感。

　　亚默尔习惯于天天看报纸，虽然生意繁忙，但是他每天早上到了办公室，就会看当天的各种报纸。1875年初春的一个上午，他仍然和平时一样细心地翻阅报纸，一条不过百字的消息把他的眼睛牢牢地吸引住了：墨西哥疑有瘟疫。亚默尔顿时眼睛一亮：如果墨西哥发生了瘟疫，就会很快传到加州、德州，而加州和德州的畜牧业是北美肉类的主要供应基地，一旦

这里发生瘟疫，全国的肉类供应就会立即紧张起来，肉价肯定也会飞涨。

他立即派人到墨西哥去实地调查。几天后，调查人员回电报，证实了这一消息的准确性。亚默尔放下电报，立即集中大量资金收购加州和德州的肉牛和生猪，运到离加州和德州较远的东部饲养。两三个星期后，瘟疫就从墨西哥传染到联邦西部的几个州。联邦政府立即下令严禁从这几个州外运食品，北美市场一下子肉类奇缺、价格暴涨。亚默尔及时把囤积在东部的肉牛和生猪高价出售。短短的三个月时间，他净赚了数百万美元。这一条信息让他赚取了巨额利润。

亚默尔的成功不是偶然的，这是他长期看报纸、积累信息的结果。他手下有几位专门为他负责搜集信息的人员，他们的文化水平都比较高，善于经营，富有管理经验。他们每天把全美、英国、日本等世界几十份主要报纸搜集到一起，看完后，再将每份报纸的重要资料一一分类，并且对这些信息作出评价，最后才由秘书送到办公室来。如果他觉得某条信息有价值就和他们共同研究这些信息。这样，他在生意经营中由于信息准确而屡屡成功。

在瞬息万变的市场上，经商者必须具备极强的应变能力，随时作出正确的决策，而决策的基础在于耳聪目明，获取大量及时、准确的信息。市场上常常出现这样一些情况，一方面消费者持币观望，抱怨买不到满意的商品；另一方面是商店、个体摊位、工厂的产品卖不出去而大量积压，其根本原因就是产品没有销路，造成产品生产与市场需求脱节。很多经营者缺乏信息意识，不作市场调查，凭着主观愿望盲目生产，或者仿制仿造他人的商品，结果在激烈的竞争中一败涂地。有些经营者虽然重视信息，但往往由于不能对得来的信息作出快速决策而坐失良机，或者由于信息不全面而导致错误的决策。信息满天下，专寻有心人。一条有价值的信息，一个准确的情报，会使一大笔生意成功。

厚黑商人认为有了宝贵的信息，得到了好的主意，还需要有切实可行的经验措施，才能使愿望变成现实，把信息变为金钱，否则一切都还只是空想。

美国著名的实业家，同时又被誉为政治家和哲人的伯纳德·巴鲁克在30岁之前已经由经营实业而成为百万富翁。他在1916年时被威尔逊总统任命为"国防委员会顾问"、"原材料、矿物和金属管理委员会主席"，以后又担任"军火工业委员会主席"。1946年，巴鲁克担任了美国驻联合国原子能委员会的代表，并提出过一个著名的"巴鲁克计划"，即建立一个国际权威机构，以控制原子能的使用和检查所有的原子能设施。无论生前死后，巴鲁克都受到人们普遍的尊重。创业伊始，巴鲁克也是颇为不易的。但就是靠那种对信息的敏感，他一夜之间发了大财。巴鲁克28岁那年的一天日晚上，他正和父母一起待在家里，忽然广播里传来消息说，西班牙舰队在圣地亚哥被美国海军消灭。这意味着美西战争即将结束。这天正好是星期天，第二天是星期一，按照常例，美国的证券交易所在星期一都是关门的，但伦敦的交易所则照常营业。巴鲁克立刻意识到，如果他能在黎明前赶到自己的办公室，那么就能发一笔大财。当时是1898年，汽车尚未问世，而火车在夜间又停止运行。在这种旁人束手无策的情况下，巴鲁克却急中生智，想出了一个绝妙的主意。他赶到火车站，租了一列专车。星光下，火车风驰电掣而去，巴鲁克终于在黎明前赶到了自己的办公室，在其他投资者尚未"醒"来之前，做成了几笔大交易。他成功了。巴鲁克同其他投资者相比，他在获得信息的时间上，并在不占先手，但在如何从这一新闻中解析出对自己有用的信息，据此作出决策，并采取相应的行动上，巴鲁克确确实实地占据了先手。

　　厚黑商人善于取胜，并以闪电般的行动去赚钱。美国佛罗里达州有个商人注意到家务繁重的母亲们常常临时急急忙忙上街为婴儿购买纸尿片，于是灵机一动，想到要创办一个"打电话送尿片"公司。送货上门本不是什么新鲜事儿，但是送尿片则没有商店愿意做，因为本小利微，怎么办？这个商人又灵机一动，他雇用全美国最廉价的劳动力——在校大学生，让他们使用的是最廉价的交通工具——自行车。他又把送尿片服务扩展为兼送婴儿药物、玩具和各种婴儿用品、食品，随叫随送，只收15％的服务费。后来，他的生意越做越兴旺。

灵活善变 厚黑学

厚黑商人善于利用市场动荡的有利时机，制定经营策略，以快速的行动来战胜别人。厚黑商人，一顺手"牵"住机会，就会以最快的速度开发它、利用它。

"商"不厌诈　随机应变

兵法云："兵者，诡道也。"也就是说用兵打仗是一种诡诈的行为，能打而装作不能打，要打装作不要打，要向近处行动却装作向远处行动，向远处行动而装作向近处行动，一句话，用兵打仗应讲究诡诈的谋略，才能出奇制胜。商场如战场，商业的经营之道，有时是与用兵之道相通的，在商场上有时候也要运用诡诈之道，灵活变通，才能办事成功。由此我们也不妨可以说："商者，诡道也。"

厚黑商人胡雪岩帮助王有龄解决漕米解运困难的异地买米之计，就是一次典型的打破常规、灵活变通地运用诡诈之道的案例。

王有龄刚刚坐上浙江海运局总办的位置，便遇上了解运漕米的麻烦事。

漕米的漕，本义是以舟运米，特指将江南征收的稻谷由运河运往京城，以供应宫廷及官员俸禄。因为这些稻米历来都由运河北运，所以称为漕米，漕米解运就称漕运。然而由于浙江上半年闹旱灾，钱粮征收不起来，且运河淤积严重，河道浅，旱季甚至断流，没有办法行船，因此，这年浙江的漕米到了9月都还没有启运。同时，浙江负责运送漕米的前任藩司，由于没有理会巡抚的索贿，被抓住漕米没能按时解运的问题狠狠整了一顿，以致自杀身亡。到王有龄负责漕运时，漕米由河运改为了海运，就是先由浙江漕运到上海，再由上海从海上运往京城。现任藩司因为有前任的前车之鉴，将这件事推给了王有龄去办理。漕米是上交的"公粮"，每年都必须按时足额运到京城，哪里阻梗，哪里的官员便要倒霉。所以，能不能按时完成这桩公事，不仅关系到王有龄的官场前途，甚至关系到他的身家性命。

更加麻烦的是，如果按照常规办理，王有龄的这桩公事几乎没有完成的希望。一是浙江漕米欠账太多，达三十多万石之巨；二是运力不足。本来漕米可以交由漕帮运到上海，但是由于河运改为海运，等于是夺了漕帮的饭碗，他们巴不得漕米运不出去，哪里肯下力呢？到时你急他不急，慢慢地给你拖过期限，这些官员自己也该丢饭碗了。

这桩王有龄几乎无法解决的麻烦事，被胡雪岩一个异地买米之计就给化解了。在胡雪岩看来，反正是米，不管哪里都一样，朝廷要米，看的是结果，并不管你的米是哪里来的。只要能按时在上海将漕米交兑足额，也就完成了任务。既然如此，就可以在上海买米，差多少买多少，这样省去漕运的麻烦，问题也就算解决了。异地买米，解决漕运麻烦，严格说来并不是生意，但是从这里却可以看出胡雪岩遇事思路开阔，头脑灵活，不墨守成规的能力。王有龄以及浙江藩司等人，只会想到漕米欠账太多了，一时难以筹足；只会想到由河运改为海运之后漕帮会作梗，即使筹足米数，要按时运达上海也难，就是想不到漕米改海运后，实际上为同时解决这两个问题提供了契机，因而只能在那里一筹莫展，干着急。究其原因，也就是他们拘泥于漕米必须由征收地直接上运的办法定制，而没有想到情势不同还可以有新的运作方式。

生意场上，各种情势总是处于不断的变化之中，正所谓此一时，彼一时，此时可用且行之有效的招数，彼时不一定能用；一种情势下绝不能采用的方法，移到另一种情势下，也许恰恰适用。一个生意人要想在商场上大展鸿图，必须要有随机应变的意识和能力。

美国著名企业家阿曼德·哈默也是这样一位善于"诡道"的大商人。他曾经帮助过列宁，成为当时的世界性新闻。1979年，邓小平访美期间，在休斯敦会见哈默时说："我们知道你是一位帮助过列宁的人，你为什么不来中国，给我们一点帮助呢？"两个月后，哈默便带着一个代表团来到中国，签订了若干合作协议。"打破了外国朋友同中国做生意的一切纪录"。

哈默在前苏联工作期间，一个偶然的机会了解到美国的铅笔售价远远

低于前苏联的铅笔售价，而前苏联正因开展扫盲运动而急需大量铅笔，于是他决定在前苏联开办一个铅笔厂。

当时，生产铅笔的技术以德国纽伦堡的法伯铅笔公司最好，但该公司对技术极为保密，几乎垄断了铅笔的生产，要想获得其中的技术，真是比登天还难。怎么办？

哈默打听到该公司有一位名叫乔治·巴伊尔的技师，受到歧视和排斥，感到这正是争夺人才的好机会。于是他提出以年薪1万美元高薪聘用，并同意每生产一罗（12打）铅笔，另外奖励8美元。这一招果然灵验，不仅争取到了巴伊尔，又通过巴伊尔物色了一批设备和技术骨干。

但如何使这批人员和设备顺利地运到前苏联呢？当时西方世界对前苏联采取了经济封锁政策。经过一番调查研究和筹划，哈默采用了一套"瞒天过海"的商战诡诈之术。

他先把到货的地点写在柏林，制造商还以为他在柏林建铅笔厂，所以如数发运。到了柏林又改其他秘密通道，使这批人员和设备材料顺利地运到了前苏联。

在这一案例中，哈默的目的是要借鸡生蛋——借法伯铅笔公司的技术开厂。借鸡生蛋固然是高手，然而在人家不肯借的情况下，能把鸡借来，才是高手中的高手。这高手的高妙之处，就在于商不厌诈的诡道。这种招数，有时也可以用于营销宣传上，会达到意想不到的效果。

市场上那些"灵，灵，灵"，什么"真管用"，已经让人们听烦了，大家都知道那是"王婆卖瓜"的伎俩，再也不怎么相信。福建某制药有限公司的新产品——"杨柳"牌减肥冲剂的广告宣传就遇到了这样的难题，宣传费用已用了30万元了，而市场反应平平，库存开始增加。

销售部的女经理露娜正为此而苦恼。一天中午，她漫不经心地拿起一份《讽刺与幽默》浏览着。忽然，一篇幽默小品给她带来了灵感。她随即拟文在《芗江晚报》上登载了一则广告：

"本人减肥成功，过去最瘦小的衣服现在也显得肥大，不得已才决定以七折一件的低价转让本人现存的30套质地优良、款式新颖的时令服装，

包君满意。"

广告刊出后，电话、信函应接不暇，来人来客络绎不绝，但没有一个是来要买衣服的，而是纷纷向她打探减肥的秘诀。露娜于是向他们推荐了"杨柳"牌减肥冲剂。

结果，露娜成功了，"杨柳"牌减肥冲剂的销售额直线上升。

露娜这种"挂羊头卖狗肉"的广告方法，也是一种典型的厚黑经商之道。效果与说教是截然不同的，消费者是只相信效果而不相信说教的。不过只有当他们认为你没有推销产品的目的时，才会对你所说的效果确信无疑。

出其不意 掩其不备

精通厚黑之道的商人，在竞争中，是不会直来直去的。如果是这样，对手会有防备，有可能使自己的兼并计划遇到阻碍，甚至是反受其害。厚黑商人会在虚假之中巧设圈套，背后下手，使对手在不知不觉中了圈套而无还击之力。

三十六计中的第八计是"明修栈道，暗度陈仓"，其具体做法是先做出一副轰轰烈烈的假象，掩盖住暗中的军事行动，以便实现"暗出奇兵"的军事目标。"暗度陈仓"的核心是"奇"，要出其不意，出奇制胜，在别人没有想到的地方选择行动的突破口。市场竞争也是如此，没有奇招妙招，只是随波逐流，跟在别人后面跑，是一辈子都不可能赚大钱的。

经商如同行军作战，是特别讲究机动灵活的。当敌人误以为我方将在甲地发动进攻时，我方的进攻目标却偏偏定在了乙地；当敌人猜测我方将要采取行动时，我方却偏偏不动声色，毫无动静；当敌人松懈下来，认为我方不会进攻时，强大的攻势却悄无声息地展开了，如神兵天降，打得敌人措手不及。真真假假，虚虚实实，令敌人防不胜防。这就是"奇正互变"的军事思想，是由我国古代杰出的军事家孙武在他的军事名著《孙子兵法》中最早提出来的。他要求"以正合，以奇胜"，认为"善出奇者，

无穷如天地，不竭如江海"。如果先发制人是"正"，那么迟人半步就是"奇"；如果正面进攻是"正"，那么声东击西、暗度陈仓就是"奇"；如果弱小者故意大张旗鼓、虚张声势是"正"，那么实力空虚者明目张胆地以空虚的面目示人、大演空城计就是"奇"。在人们普遍接受某一观点和措施的时候，却出人意料地采取了另一种观点和措施，机动灵活，真假难辨，效果就会很好。战争中包含着深刻的奇正互变思想，在市场竞争中同样融入了灵活善变的厚黑学精髓。

在风云善变的股市中，某公司的老板将其公司上市。上市后，曾受到了全社会的广泛关注。当股价高涨之后，他把自己所持有的股份全部抛出，获利不菲，但也同时让他失去了公司董事局主席的职位。半年后，股价大跌，他又将原有股份从容购回，重新坐到了董事局主席的宝座上。而在这一卖一买之间，他已有上千万元的收益到手了。他放出风声，说要收购某科技公司，造出了很大的声势，并持有该公司一定数量的股份，还扬言要派人进入公司的董事局。该公司慌了，急忙以高价在股市争抢股份，还愿意斥巨资来收购他所持有的股份。

他见目的达到，于是见好就收，以高价将自己所持有股份转让给该公司，自己大大赚了一笔。两年后，他故伎重演，把目光盯上了地产公司股份。该是一家实力雄厚的大公司，比他的自己的公司要强大得多，可他硬是摆出一副"蛇吞象"的姿态，要把该股份一口吞下。许多人都不相信他这是名副其实的收购行为，误认为他又在虚张声势，目的是在股市制造获利机会。谁料他竟通过私下交易，一举持有了该公司 35％的股份，成为其第一大股东，最终收购成功，使许多人大为震惊。

不久，他又开始了对另一家公司股份的吸纳，人们顿时猜疑起来：这次是真收购，还是假收购？真收购，就要投入二三十亿元的巨资，而他是没有这么雄厚的实力的。但他偏偏做得不动声色，不间断地悄悄吸纳。该公司坐不住了，急忙在股市中回购自己的股份，造成股价大涨。他笑了，把自己所持有的股份全部抛出，又获得了可观的收入。这家公司的三次收购行动，有真有假，真假难辨。当别人认为他是真收购的时候，他却虚晃一枪，获利就走；当别人认为他是假收购、意在套现的时候，他却真枪实干，收购成功。难怪人们感叹说："该公司老板的过人之处，就在于不等到大幕落下，你不知道他要干什么。"虚虚实实、真真假假的厚黑之术被某运用得如此纯熟，难怪他在证券市场上如鱼得水、战无不胜了。

日本松下公司不像世界上著名的大公司那样致力于产品的开发，他们认为做技术先驱所要付出的代价太大，因此他们选择了做技术追随者的明智做法。松下公司很少发明新产品，他们宁愿花钱购买别人的专利，或是改进别人的产品，变成自己的产品，然后再以低价策略占领市场。他们的做法与公认的做法背道而驰，可以算得上"奇"了。

有一次他们研制出了"国民牌"R31型收音机，不小心做了一回技术先驱，老板松下幸之助立刻下令部属把该产品视作竞争对手的产品，继续研制战胜它的新产品。过了不久，R48型、R10型、R11型等新产品就相继问世了。

厚黑商人认为，如果商人能让自己的头脑时刻充满奇思异想，出人意料地不断开展新的行动，人无我有，人有我新，人赶我转，他就能时刻抢占先机，在市场竞争中独占鳌头。

计计相连　环环相扣

商场如战场，要想在商场中站稳脚跟就要学会用计。厚黑商人胡雪岩就曾经成功运用了商场连环计，而达到了自己的最终目的。胡雪岩在与"隆昌"米行斗法的过程就是典型一例。

胡雪岩与山东米商潘家祥的一笔生意，谁料竟然被隆昌米行抢走了。隆昌米行的谭柏年并不是这家米行的老板，他只是一个帮手，老板是他的外甥石三官。谭柏年之所以使尽手段让潘家祥改变主意，目的只是中饱私囊。胡雪岩很快得知潘家祥毁约的消息，他不因为对方愿付一笔罚金而高兴，反而陷入莫名的烦恼之中。潘家祥听了谭柏年的挑唆，只知其一不知其二。胡雪岩此番抛售大米，的的确确想做一次米行生意。生意若要做活，必出奇招，改变套路，抓住机会，才有所获。海运局向来只购不粜，给人印象属官办机构，赢利不多。今年浙江谷米丰收，米价狂跌，胡雪岩知道北方连遭旱灾，粮食紧缺，于是当机立断，一改通常惯例，大量收购新谷，寻找米商脱手，打一次奇袭战，赚一笔银子，再转入常规运作。在这次行动中，胡雪岩迫切需要寻找大宗买主，迅速成交，否则拖延日久，与同行产生竞争，难以脱手，待到海运季节一到，只得启仓北运，剩下的谷米只好屯集来年，落个鸡飞蛋打一场空。所以胡雪岩必须卖了新谷腾空谷房，再购谷米应付海运，计划才算圆满完成。潘家祥的毁约，令胡雪岩尝到了失败的滋味，倘若再传到圈内人中间，有损他的信用。潘家祥系山东富商，垄断了北方民间粮米市场，在商场中具有举足轻重的影响，而胡雪岩向来以诚为本，视信用为生命，如今不能取信于潘家祥，又有何面目见商场同仁？于是，胡雪岩打定主意为自己的利益而战。他沉思了一刻，便想出了一套连环计，接着他就环环实施。

第一计：寻找谭柏年的弱点。

胡雪岩在商场征战半辈子，极善于抓住对手的弱点和疏失，予以痛击，无往而不胜，十分灵验。凭他的直觉，谭柏年身为隆昌米行挡手，老板不在店内主事，他必然营私舞弊以售其奸。天下谁人不愿当老板？世上哪个不爱金钱？胡雪岩细细回想与谭柏年曾经做过交易的每一个情节。他记忆力惊人，如电火闪烁，忽然记起一个情节：当时同谭柏年讨价还价时，谭柏年并不在意谷米的价码，只是要求按一厘二的回扣，把钱存到"裕和"钱庄户头上。胡雪岩敏感地觉察到这笔钱存得蹊跷，若是替主人赚的钱，必然随大笔米款同存入一个户头。分开来的目的，说明谭柏年私吞这笔回扣银。胡雪岩有些兴奋，他自知抓住对方的狐狸尾巴，只须用力拖拽出洞，使其真面目大白于天下，则可战而胜之，挽回败局。

第二计：抓住谭柏年的把柄。

胡雪岩以存20万两银子为条件，让资金紧张的"裕和"钱庄的谷真豪把"隆昌"米行的谭柏年在"裕和"的存款数目告之。谷真豪果然送来明

细账，把谭柏年每次存银的数目、日期誊写得一清二楚。胡雪岩大喜过望，立刻按谭柏年每次存银的数目，推算出"隆昌"近年来的生意情况，隆昌米行再无秘密可言，而谭柏年从米行中攫取的不义之财也暴露无余。

第三计：入股"隆昌"米行。

胡雪岩用计假冒"裕和"之名，将谭柏年在裕和的存银和利息结算账单故意误送至老板石三官处，使隆昌米行的老板石三官知道了谭柏年的所作所为。胡雪岩又找到了石三官，以入股三成，负责米行事务为条件，帮助石三官整顿米行，挽回损失，获得石三官的允许。

第四计：收服谭柏年。

胡雪岩把谭柏年的罪证出示，并说：要么把谭柏年送官处置；要么改跟随胡雪岩安心管理米行，两者任谭柏年选择。在胡雪岩威逼利诱下，谭柏年无路可走，只好打定主意，死心塌地替胡雪岩效力。胡雪岩教他听候待命，不要轻举妄动。原来胡雪岩考虑到潘家祥既然敢毁约，一定对胡雪岩的信用产生了怀疑，贸然劝他信守前约，必遭碰壁。唯有设下圈套，令他钻入，不得解脱，情急之中，才可乖乖就范。

第五计：对付潘家祥。

潘家祥并不知道隆昌米行的变故，他绝对信任谭柏年。签约付定金后，潘家祥急忙返回山东，寻找销售谷米的合作伙伴。其时，北方数省旱灾严重，庄稼连年歉收，饥民成群，已出现"吃大户"、"抢公仓"的情形。太平军、白莲教等团体，乘势号召天下，揭竿而起，攻城略地，对抗官府，局势危如累卵。朝廷严令各省抚督，开仓赈灾，安抚饥民，以防民变。潘家祥看到这种情景，心中暗喜。饥民越多，谷米越不愁销路，正可屯积居奇、待价而沽，谋求最高的价钱抛售出。他正在物色代理商，胡雪岩请的一位官大人翩然来访，此人自称主持直隶粮道，急需购进大批谷米，缓解直隶灾情。潘家祥知道他说的是实情，几天来，前来拜访的粮道官员接踵而至，都企望潘家祥这位粮商提供米源，概因朝廷公仓空虚，漕运迟迟不至，远水解不了近火。潘家祥并未慨然相允，官府出价太低，差强人意。这位粮道大人焦急不安，出手不凡，愿以每石15两银子的价码，购买两万石谷米。潘家祥估算一下，已高出进价近两倍，除去运费打杂开支，这笔生意净赚十多万两银子。他暗自高兴，却不喜形于色，大叹苦经说："江南战乱仍频，谷价腾贵，购之不易，路途迢迢，成本高昂，我已蚀不起老本，不敢多做了。"

粮道大人知道他在讨价还价，索性每石再添二两银子。潘家祥见火候已到，决定成交。签约付定金后，粮道大人意味深长道："救灾如救火，还望潘公信守合约，按此交割，耽误了公事，可不是闹着玩的。"潘家祥拍拍胸脯说没问题。

当下潘家祥乘小火轮飞快回到上海，只等谭柏年如期交米，他已雇下快船20多艘，整帆待发，万事俱备，只等装船启运。眼看第二天便是行期，隆昌米行毫无动作，船老大来客栈见潘家祥，询问哪天装船。潘家祥心急火燎，打轿到隆昌问罪，谭柏年忙迭声致歉，言称米行已换了老板，他做不了主，凡事可问胡雪岩。潘家祥正要发作，只见胡雪岩背着双手，踱出内屋，便明白了：原来中了胡雪岩的圈套。交粮日期迫近，另找米行已来不及，倘若误了期限，粮道大人是胡雪岩的至交，岂能轻饶了我？潘家祥越想越怕，惊出一身冷汗。到此时，潘家祥只好服输，以每石20两银子向胡雪岩买了两万石米。由此一算胡雪岩反败为胜，并且净赚了10万两银子。

由此观之，胡雪岩的连环计可谓用到了家，所以胡雪岩说："用连环计，要计计相连，环环相扣，滴水不漏，不让对方有回旋余地，方能有效。"

厚黑经商第三招：巧借外势　无中生有

> 无中生有是厚黑经商的最高境界。厚黑商人胡雪岩说"凭借他人的资金，开创自己的事业"。一个成功的商人既要善于假借，借钱得利，无中生有；更要虚实有术，游刃有余，八坛七盖不穿帮。
>
> "登高而招，臂非加长也，而见者远；顺风而呼，声非加疾也，而闻者彰。假舆马者，非利足也，而致千里；假舟楫者，非能水也，而绝江河。君子生非异也，善假于物也。"一个人的成功往往要借助外力的帮助。"巧借外势，加强自己"往往是商人惯用的手段，利用外物的力量，使自己走向成功。

借威生势　无中生有

商战厚黑学中有这样一个非常毒辣的策略，就是制造一种假象，巧使障眼法，来造成对手的松懈。精明的商家对此早有心得，运用起来得心应手，使不明真相的人纷纷中了诡计，钻进了圈套。

保罗·格蒂是美国富商、著名的世界石油大王，他以区区 500 美元起家，到去世的时候，他的资产却已达到创纪录的 60 亿美元，谱写了创业史上的一个奇迹。从出世的那天起，他就是父母的心肝宝贝，因为那时候父亲已经 37 岁，母亲已经 40 岁了，所以都对他疼爱有加。过度的溺爱使他

养成了许多坏毛病，在学校里成绩一直很差，让父母亲很失望。他22岁那年，父亲给了他500美元，对他说这就是他未来创业的资本，他应该自立了。从那天开始，父亲每月只给他100美元生活费，而且规定只给两年。他怀揣这500美元，只身一人来到了被称为"冒险家乐园"的俄克拉荷马州塔尔萨镇。这里盛产石油，许多人蜂拥而来，做着一夜暴富的美梦，到处挖井。他也加入到这支庞大的队伍中来。他努力学习有关的地质知识，四处奔走，寻找开采石油的机会。但时间很快过去了一年，他还是一无所获。

一天，他听说泰勒农场要被拍卖，而农场的地下很有可能储藏着石油，他立刻赶赴农场，进行察看。他在农场转了几圈，凭着自己的经验，他估计石油储量一定很丰富，但众多石油商早已闻风而动，对这块地皮虎视眈眈，而他只有区区的500美元，又怎么可能把它拍到手呢？他盘算了很久，终于想出一条迷惑竞争对手的妙计。他来到自己存款的银行，故意不透露谁是真正的买主，要求银行派一名高级职员为他到拍卖现场喊价。凭着三寸不烂之舌，他终于说服了银行，于是银行的一名高级职员和他一同来到了拍卖现场。拍卖开始了，银行高级职员率先举起了喊价牌。参加拍卖会的所有人都极为震惊，纷纷猜测这个买主一定大有来头。大部分人和银行之间有借贷关系，不敢和银行公开竞拍；还有一些人虽说和银行没有来往，但在这种气势的震慑面前，也不得不谨慎地退避三舍。结果，保罗仅以500美元，就出人意料地买下了这块地皮的石油开发权，而这个价钱，仅是报价的1/3。3个月后，石油打出来了，一小时就产油30桶，一桶油在当时卖2美元，照这样计算，一天就会有1400美元的收益装进口袋。3天后，他就将这块地皮转卖了，净赚1.2万美元。他用这笔收入继续进行石油交易，钱越赚越多。24岁那年，他回到家中，向父亲报喜，他已经赚够100万美元了。

刻意地制造一些有利于自己的假象，在营销中也得到了广泛的运用。

在英国伦敦有一家不大的珠宝店，由于缺乏实力，在市场竞争中处于十分恶劣的处境中，眼看就要倒闭了。老板很不甘心，一直在苦苦地寻找

机会，以改变这种劣势。就在这时，英国发生了一件大事，查尔斯王子与黛安娜王妃举行了异常隆重的婚礼，成了轰动全世界的一大新闻。老板很快想出了办法，他立刻派人在伦敦的大街小巷到处寻找长相酷似黛安娜王妃的美女。老天有眼，他总算如愿以偿，找到了一位，然后他请人为她异常精心地梳妆打扮，把她化装成黛安娜王妃的模样，聘请她为店里的高级模特，来进行别具一格的营销活动。他的珠宝店布置一新，假黛安娜王妃乘坐豪华轿车，来到这里选购商品，顿时引起了极大的轰动，许多人前来围观，造成交通严重堵塞，警察闻讯，急忙前来维持秩序。电视台的记者也匆忙赶到，进行了新闻报道。这家珠宝店就这样声名远扬，人们纷纷前来选购珠宝商品，生意前所未有地火爆，老板高兴得哈哈大笑。

借钱生钱　借鸡生蛋

在投资过程中，借用他人的资金来达到自己的目标是一条商场敛财的厚黑之道。很多商人在考虑无本投资时，想出来的办法是"借钱生钱，借鸡生蛋"，并把这个作为做生意的上上策。借钱谋利是许多人投资的一种方法，因为并不是所有人都有钱做生意，在没有钱的时候，只有靠借才能有出路。其实，向别人借钱是最需要厚黑技巧的，那些脸不厚心不黑的人宁可穷一辈子也不愿意去借钱作投资。借钱投资的前提是你要让借给你钱的人觉得你有能力把这个买卖做成功，不会让他的钱打了水漂儿。

世界船王丹尼尔·洛维洛创业初期一无所有。但是，他充分发挥了厚黑之术的力量，大玩空手套白狼的把戏，为自己成为"世界船王"打下了坚实的基础。1897 年 6 月，丹尼尔·洛维洛出生于密歇根州的兰海芬。小时候的丹尼尔性格孤僻，沉默寡言，船是他唯一的朋友。他梦想拥有好多好多的船。9 岁那年，他真的当了一回"船主"。他发现一艘沉没的小汽艇，便向父亲借了 25 美元，将汽艇买了下来。船捞上来后，他花了整整一个冬天才将船修好。第二年夏天，丹尼尔把船租了出去，赚了 50 美元。还了父亲的 25 美元后，年幼的丹尼尔净赚 25 美元。

从那时起，丹尼尔一直想当船主。但是，直到40岁时，这个梦想才实现。1937年，丹尼尔·洛维洛来到纽约，他匆匆出入于几家银行之间，做着儿时做的事情——借钱买船。他想向银行贷款把一艘船买下来，然后改装成油轮，因为当时载油比载货更赚钱。银行的人问他有什么可做抵押。他说，他有一艘老油轮在水上，正在跑运输。接着，丹尼尔将自己的打算告诉对方，他把油轮租给了一家石油公司。他每个月收到的租金，正好可每月分期地还他要借的这笔款子。所以，他建议把租契交给银行，由银行定期向那家石油公司收租金，这样就相当于他在分期还款。这种做法似乎荒唐，许多银行肯定叫他走人。但实际上，它对银行是相对保险的。丹尼尔·洛维洛个人的信用状况或许并不怎么样，但是那家石油公司却是可靠的。银行可以假定石油公司按月会付钱没问题，除非有预料不到的重大经济灾祸发生。退一步说，如果丹尼尔把货轮改装成油轮的做法结果失败了，但只要那艘老油轮和石油公司存在，银行就不怕收不到钱。最后，钱真的到了丹尼尔·洛维洛的手中。丹尼尔·洛维洛用这笔钱买了他要的旧货轮，并改为油轮租了出去。然后，丹尼尔·洛维洛再利用它去借另一笔款子、再去买一艘船。如此几年后，每当一笔债付清了，丹尼尔·洛维洛就成了某条船的主人。租金不再被银行拿去，而是由他放进自己的口袋里。就这样，丹尼尔·洛维洛没掏一分钱，便拥有了一支船队，并赢得了一笔可观的财富。

不久，丹尼尔·洛维洛又有一个利用借钱来赚钱的方法在他脑海里形成了。这种方法就是：他先设计一艘油轮，或其他有特殊用途的船，在还没有开工建造时，他就找到客户，让客户愿意在船完工后租用它。然后，他再拿着契约，跑到银行去借钱造船。这种借款是延期分摊还的方式，银行要在船下水之后，才能开始收钱。船一下水，租费就可转让给银行。于是，这项贷款就像上面所说的方式付清了。最后，等待交款完毕，丹尼尔·洛维洛就以船主的身份将船开走，而在这个过程中，丹尼尔·洛维洛一分钱都没有花。开始时，银行大为震惊。但是，当他们仔细研究之后，觉得丹尼尔·洛维洛的话非常有理。因为此时的丹尼尔·洛维洛的信用已经没有问题，何况还与从前一样，有别人的信用加强还款的保证。就这样，丹尼尔·洛维洛的造船公司迅速发展壮大起来，他拥有的私人船只吨位是当时全世界第一，连奥纳西斯和尼亚斯两位大名鼎鼎的希腊船王也甘拜下风，丹尼尔·洛维洛真正成为一位大富豪了。

现实生活中，筹措资金的方法有多种，借贷是筹措的主要方法之一。但是，大多数人总是前怕狼、后怕虎，不敢借贷，不愿举债，从而耽误了许多发家致富的机会。只想小心谨慎地做自己的生意不敢借贷，往往在商场上成不了什么气候。而大胆地前进一步，勇敢地向银行贷款、举债，则往往会走向成功。其实，在某些时候，机会使得你强迫自己贷款，这样能够帮助自己达到获取利润的目的。

美国亿万富翁马克·哈罗德森说："别人的钱是我成功的钥匙。把别人的钱和别人的努力结合起来，再加上你自己的梦想和一套奇特而行之有效的方法。然后，你再走上舞台，尽情地指挥你那奇妙的经济管弦乐队。其结果是：在你自己的眼里，富人会认为不过是雕虫小技，或者说不过是借别人的鸡生了个蛋，然而世人却认为你出奇制胜，大获成功。因为人们根本没有想到，竟能用别人的钱为自己做买卖赚钱。"

借助一切可以借助的力量

经商厚黑学主张智胜，而不是力胜。大事业是靠智慧和精明取得的，而不是靠体力。现代商人必须开动脑筋，如果只知道拼命，自然会赚到钱，但是却很难赚到大钱。所以，厚黑商人懂得巧干加实干，懂得利用别人的势力打出自己的品牌，为自己营造出强大的声势。经商厚黑学认为，勤劳是一个人成功的必要条件，但是仅仅用勤劳是远远不够的，最终能够成功、能够致富的人们并不是那些一味干活的人。

商战厚黑学指出，一个商人如果能够有效地利用资源，他会创造出惊人的财富，一个商人如果忽视身边的资源或者不能整合利用资源，那么他将会在新一轮的财富流动中变成穷人。

灵活善变 厚黑学

厚黑商人是资源整合的专家，他们总是在尝试着整合资源来创造更多的利润。商人最典型的资源整合方式就是雇用员工，商人通过这种方式来运用别人的时间以及智慧来谋取自己的财富。如果比尔·盖茨一个人创造了 Windows 操作系统，他完全可以把所有的利润都装进自己的口袋。但是仅靠一己之力，比尔·盖茨每年只能完成 5 套产品。比尔·盖茨的聪明之处就在于，他培养员工，使他们能够毫无差错地复制他的系统，为他工作。通过人力资源，微软每年制造出令人瞩目的系统，盖茨也成为这个星球上最富有的商人。泰德是一个资深的房地产销售商。他刚开始做这一行的时候，一个月能卖出一套房子就算比较好的业绩了。但是现在，他一天的销售额是 50 套。当泰德仅仅作为一个销售人员，无论怎么工作也看不到希望的时候，他决定自己开一家公司。此后，他尽全力招揽来几十个非常优秀的房地产经纪人，他们每个人每年都能卖出 50 套房子，所以公司每年就能卖掉几千套。这样，泰德通过资源的整合，效率提高了几十倍，而且再也不用花费那么多时间，投入那么多精力。这就使常说的事半功倍。

有一次，一位下属在喝醉酒的时候对他的老板说："讲到勤奋，你不如我；论成功，我根本不敢和你比！这是为什么呢？"老板听了，惊奇于下属的疑问，但是他马上就意识到了下属的意思，于是反问下属："为什么你们会以为我应该比你们更加勤奋呢？为什么我非要比你们勤奋才能赚钱呢？"老板接着说："我从来没有想过自己的钱是靠勤奋赚来的。尽管我也曾经勤奋过，那已经是很多年以前的事，那时候，我替自己的老板工作。在那个年代，我比你们要勤奋、刻苦得多，却没有你们现在挣得多。在这个社会，大部分人都勤奋，但不是大部分的人都能够发财！靠勤奋发不了财！"下属对此很诧异，问："发财不是靠勤奋，那靠什么呢？"老板说："既然大家都那么勤奋，难道缺我一个，地球就不转了吗？我的长处，是提供让别人有机会勤奋的工作职位，而不是我要比他们更加勤奋！"

厚黑商人认为，最努力工作的人最终不会富有。如果你想变富，你需要"思考"，独立思考而不是盲从他人。厚黑商人最大的财富就是他们的头脑。厚黑商人亨利·福特说："思考是世上最艰苦的工作，所以很少有人愿意从事它。你的头脑是你最有用的资产，但如果使用不当，它会是你最大的负债。"

阿基米德的那句著名的话："给我一个支点，我就能撬起地球。"厚黑商人往往都是懂得如何运用"杠杆"的人，每一次财富的积累都意味着他们会找到合适的支点，使自己很小的力产生很大的效果。"杠杆作用"的力量在于四两拨千斤，也就是更好更有效地整合资源，在最短的时间里把结果最大化。这些有效的资源包括以下几种。

一、借用别人的钱来赚钱

很多人错误地认为，手头上有大把现金才能解决问题，他们经常说："如果我中了头彩，那什么事情都解决了。"事实不是这样。厚黑之人却说："你不必等到有钱了再去挣钱，只要你拥有人们想要的，你就能拿这些东西去付账。如果你出预付折扣，就能用现金得到你所需。很快，它刚好成为变戏法的现金。"没有钱创业是很痛苦的。但是世界上最有价值的商品不是黄金，不是珍珠，也不是金钱。而是智慧！一个商人如果有了智慧，金钱就不会成为问题。聪明的人善于借用别人的钱来赚钱。

二、借用别人的经验来赚钱

如果每一件事都需要自己学习，那么可能商场人士一辈子也学不完，所以经商者更懂得要从别人那里借用或者学习知识。

三、借用别人的智慧来赚钱

当马克希望成为一个职业演说家的时候，他参加了1974年的美国全国演说家协会会议。在一次听了协会的联合创始人卡弗特·罗伯特讲述如何创作多作者图书后，马克就在一个月内应用了这个主意。他与基思·德格林一起创作了《站起来，说出来，战胜对手》。他们聘用了14位联合经销商，每人投资2000美元获得1000册图书。这是马克的第一次零现金投资。他利用了别人的主意，当年自己就赚了20万美元。

四、借用别人的时间来赚钱

大多数人都会以相对较便宜的价格出售自己的时间、才能、关系、资源和技能。厚黑商人都懂得如何才能更好地利用好才华出众的人士来为自己节省时间。

五、借助别人的工作来赚钱

大多数人希望有工作。他们想要的是保险，而不是机会。因此厚黑商人就聘用他人来从事你自己不想做或者没有能力做的工作，通过这些人的劳动价值来赚钱。

其实，经商者可以利用的资源远不止这几样，关键在于你能否去发现它们并有效利用它们，而厚黑商人都善于有效利用这些资源。现在经商者可以想一想，为了实现目标，你可以直接运用的资源有哪些呢？

借风腾云　借势登天

厚黑商人是最精通"借风腾云，借势登天"之术的，他们可以巧妙地借助别人的力量来达到自己的商业目的。不管是在用人方面还是在管理方面，他们追求的是以最小的成本换取最大利益的经商效果。凡是善于借助别人力量的，都可事半功倍，更容易、更快捷地达到成功的目的。狐狸会借助老虎的声威来达到自己的目的。在商场上，借光法是用于直接促销的常见形式，有时巧妙地利用关联的著名人物和组织的影响，也可以为自己打造出一条赚钱的捷径。

几十年前，美国黑人的化妆品市场被佛雷化妆品公司所独占。当时刚创办不久的约翰逊公司因其羽翼未丰，推出的系列化妆品无人问津。于是，约翰逊煞费苦心地想出一条锦囊妙计，他向人们大肆宣传："当你用佛雷公司的产品化妆之后，再擦一次约翰逊公司的粉脂膏，将会收到意想不到的效果。"乍一看，这不是在免费为佛雷公司做广告吗？其实"醉翁之意不在酒"。既然约翰逊的产品可以与佛雷公司的名牌产品相媲美，那么，该产品想必也就与名牌产品相差无几了，消费者乐意接受也就在意料之中了。美国一家公司生产的天然花粉食品"保灵蜜"在销路不畅时，打听到里根总统20多年来一直坚持吃花粉来强身健体，在征得里根的同意后，将总统的强身秘诀通过新闻媒介公之于众，与此同时，"保灵蜜"也开始风靡美国市场。

　　借用名人效应的钻营手法，确实起到了很好的宣传作用。社会上有一个普遍的现象，那就是和名人站在一起，自己不久也会成为名人。作为亚洲四小龙之一的中国香港，它是凭借一个"借"字来成就了其璀璨明珠的繁荣。它凭借与外国的大公司合营，借别人的知名品牌，借用外国原材料，借用外国公司的销售渠道和销售市场，从事加工制造，从事出口贸易。凭借"借风腾云"的思维，迅速使香港走向了繁荣。

　　美国前国务卿基辛格就是一位典型巧于借用别人力量和智慧的能手。他有一个惯例，凡是下级呈报来的工作方案或议案，他先不看，压它3天后，把提出方案或议案的人叫来，问他："这是你最成熟的方案吗？"对方思考一下，一般不敢肯定是最成熟的，只好答说："也许还有不足之处。"基辛格就会叫他拿回去再思考和修改得完善些。过了一些时间后，提案者再次送来修改过的方案，此时基辛格把它看了，然后问对方："这是你最好的方案吗？还有没有别的比这方案更好的办法？"这又让提案者进入更深层次的思考，把方案拿回去再研究。就是这样反复让别人深入思考研究，用尽最佳的达到自己所需要的目的。这就是"他山之石，可以攻玉"的妙处所在。

　　所以，经商者要在商战中站住脚，就要懂得"借势"经商之道，单打独斗永远成不了大气候。

厚黑经商第四招：钻营有术　虚实有术

对于商战钻营术，《厚黑学》中有一句话道出了其中的关键："有孔必钻，无孔也要入。"善于钻营是经商者必备的能力之一。商场钻营术包括很多内容，比如，如何利用人脉广开财源，如何降低成本提高利润，如何正确投资理财，如何独辟蹊径巧妙营销，等等。厚黑商人总是能在商场中找到缝隙，进而见缝插针来赚钱。

抓住弱点　讨债有术

厚黑经商之道认为，借用债务人的弱点去讨债。因为，每个债务人都有其弱点，弱点是其致命的死穴。只要透视客户的性格及其心理状态，再予以各个击破，自然就能全胜而归。只有掌握债务人的心理，才能制定出合适的讨债策略。

一家私营企业因经营不善，财务室的桌子上总是堆满了各种讨债单。由于讨债单实在太多了，都是千篇一律地要钱，财务主管不知该先付谁的好。经理也一样，总是大概看一眼就扔在桌上，说："能拖一天就拖一天，让他们等着吧！"但有一次却例外。那次，老板很干脆地说："马上给他。"原来，那是一张来自某商人的传真过来的账单，除了列明货物标的、价格、金额外，大面积的空白处写着一个大大的"SOS"，旁边还画了一个头像，头像正在滴着眼泪，简单的线条，但很生动。这张不同寻常的账单一下子引起所有财务人员的注意，也引起了经理的重视，他看了看便说："人家都流泪了，以最快的方式付给他吧。"人都是有感情的，抓住这一

点，用富有感性化的语言和文字，激起对方情感的波澜，或许就能收到意想不到的效果。其实，经理和这位商人心里都明白，这个商人未必真的在流泪，但这位商人讨债却成功了，一下子以最快速度讨回大额货款。看来，与众不同的思路，的确能够带来与众不同的收获。

抓住欠债人的心理，攻心为上。

第一，以公正为武器。

这个方法是要求债务人给予公平、公正的对待，而促其如约付款。你可以说："总经理，您是个有见识的人，卖货收款是理所当然的。请问，您赊货给您的客户，不也是派人按时去收款吗？况且，我们收款也是公公正正的，既没有提前收款，又没有作无理的收款要求，所以，麻烦您……"

第二，适当的吹捧。

每个人都很重视面子，假如能够巧妙地刺激债务人，将有助于提升他付款的意愿。你可以说："现在各公司资金都困难，你们厂能搞得这么好，全在你们这些领导。像你们这个行业垮掉不少公司了，你们还能挺过来，很不错。你们对我们厂的支持，我们厂是公认的。以贵厂的经营规模、社会声望及财务能力，付这一点小钱还有什么问题，况且，同业都说您的资金调度能力是本地数一数二的，所以，麻烦您……"

第三，利用人习惯模仿的心态。

在收款时和债务人谈一些其他同业快速付款的情况，往往可以借此刺激债务人的模仿心，提高债务人欣然付款的意愿。你可以说："别人的情况又没有比您好，他们都已经结清了，那您现在付款，也应该是没有问题的，请您看看，这是××客户刚结清账款所支付的支票。"

第四，以利诱之。

向债务人说明尽早结清账款，可以获得一些好处的方法，效果非常不错。你可以说："今天您当场结清货款，您可以得到3％的现金折让，这可比您把钱放在银行里还划算。而且，今后我们公司给您的信用额度，也会提高很多的，真是好处多多。所以，麻烦您……"

第五，以弱示之，唤起对方的同情之心。

精明的商人会使用请求帮忙的语气来唤起别人的同情心。恻隐之心，人皆有之，只是程度有些不同而已。你可以说："千拜托，万拜托您了！我就只剩下您这家还没有付款，您不结欠款，我就交不了差。帮忙结清这笔款项吧!"

第六，适时地恐吓一番。

适时地对债务人采取大胆的胁迫，看对方如何反应。这一策略虽然具有冒险性，但对于"阴谋型"的债务人非常有效。因为债务人本身想占用资金，无故拖欠，一旦被识破诡计，一般情况下会打击他们的士气，从而迫使其改变态度。例如，对一笔数额较大的货款，债权人派出 10 多名讨债人员到债务公司索款，使其办公室挤满了债权人公司的职工。这种做法必然会迫使债务人尽力还款。

让小求大　舍近求远

厚黑大师李宗吾在《厚黑学》中说：生物界充满了相让的现象，试入森林一看，即见各树俱是枝枝相让，叶叶相让，所有树枝树叶，都向空处发展，厘然秩然。树木是无知之物，都能彼此相让，可见相让乃是生物界之天然性，因为不相让，就不能发展，凡属生物皆然。深山禽鸟相鸣，百兽聚处，都是相安无事之时多，彼此斗争之时少。我辈朋友往还之际，也是相安无事之时多，彼此斗争之时少。我们可以定出第六条原则："生物界相让者其常，相争者其变。"

在这里，李宗吾讲的是"谦让"的哲学。

在任何商业竞争中，都要讲究一点儿礼让的精神，虽然说竞争就是为了获利，但如果竞争者为了满足自己无休止的利益欲望，占尽了他人的利益，不让其他人获利，那么这样的竞争者只能获利于一时，不可能得利于一世。精明的商人懂得，要想获得更大的利益，就要让别人也有碗饭吃。无疑，这是商场立足的大智慧。

李宗吾在《厚黑学》中说："竞争要以适合生存需要为准，超过需要以上，就有弊害。"在商战中，很多商人不懂这个道理，结果搞得自己很惨。

明朝时，芜湖城内有两个大粮商汪真润与曹伯财，每到秋收季节的时候，芜湖地区的粮食几乎都被这两个粮商垄断收购。两人一得江南，一得江北，本来是相安无事的。但汪真润为收购到更多的粮食，也为了挤垮对手，他把收购的价格上扬了许多，以致江北的一些农民都跑到了江南来卖粮食。无奈之中，曹伯财也只得将粮价上涨，可他只涨到与汪真润给出的粮价持平，也就是向汪真润暗示他无意竞争，但汪真润却再次提高粮价。曹伯财在忍无可忍之下，开始反击，他提高粮价并派人在江南拉拢顾客。就这样，一来二去，双方的损失都很惨重，只能导致两败俱伤。这就是汪真润逼人太甚所造成的，也是他不懂得给自己留余地，只想把利益占尽的结果。

相反，有的商人却懂得"让小利得大利"的道理。例如，北京的同仁堂药店至今已有数百年的历史。在晚清的时候，时局混乱，生病需要抓药的人非常多。而同仁堂的名气吸引了大量的客源，所以一直是门庭若市，生意兴隆。但同仁堂并没有趁机大肆提价，反而对于有些实在无力承担药费的百姓免费诊治抓药。有时，在自己药店某项药物紧缺时，同仁堂还会将顾客介绍到自己的竞争对手——其他的药店去。这样，同仁堂不仅继续保持了大量的客源，而且在同行中也获得了一致的美誉。

道理看起来是非常简单的，如果其他人一点儿利没有，谁还会与你打交道，做生意呢？商业竞争中，你要想生意兴隆，就必须做到在自己有所得的同时，让别人也有收获，大家都得到一定的实利，这样买卖才能够继续下去，合作关系才能长久地保持下去。

在竞争中，虽然说竞争者要竭力争取自己的利益，但也不要忘记让大家都得利；既要使自己生活得好一点儿，也不忘记让大家都活下去；既要努力去达到自己的目标，也要学会妥协、让步。这样，竞争才不会过度，才可以文明、有序、健康地进行。在竞争之中不应用不正当的手段对付自己的竞争对手。用不正当的手段对付竞争对手，就会出现不公平竞争。而不正当的伎俩用得太多，受损的也只能是自己。

公平竞争要求竞争者不能不择手段地对待对手。而应严守竞争规则，凭自己的实力和智慧去竞争，赢得正大光明，对手才能输得心服口服。每一个竞争者心中都应恪守一条如此的道德禁令，并时时刻刻以它警醒自己的行为，那就是以正当竞争为荣，以不正当竞争为耻。但是，在竞争激烈的商场上，如果别人拿一些不正当的竞争方法来对付自己又该怎么办呢？我们在保证自己不使用如此不正当的竞争手法的同时，也应该对这些不正当的竞争手法有所了解，有识破它们的能力。诡计最怕被人揭穿，一旦发现，就应将它暴露在光天化日之下，把它从阴暗的角落里拖出来，那些使用如此伎俩的人必然有所忌惮，不敢肆意妄为了。

商战之中，给别人留条出路，也就等于给自己留条后路。作为一个商人，要时时刻刻记住：让别人也有碗饭吃，才能使自己有更多赚钱的机会。这才是真正的厚黑经商之道！

有孔必钻　有钱就赚

商机就是财源。厚黑者"有孔必钻"。财源的发现，首先要求经商者要有好眼光。经商者的眼光，第一是要准，也就是能够在别人不愿做的生意行当中准确发现既适合自己去做，又能给自己带来利益的生意；第二是要远，也就是不能总盯着一门一行，甚至把眼睛放在眼前利益之上，而是要能在商海变幻莫测的复杂情势中看出必不可易的大方向，按照这个大方向来经营好自己的财源。看得准，才能发现财源，看得远，才能把发现的财源经营成真正属于自己的财源。当然，一个经商者即使精力再充沛，知识再丰富，也不可能行行都通。这就需要自己做个有心人，要有能问遍千家的心性。俗话说，问遍千家成内行。能问遍千家，能成内行，自然也就能由此发现赚钱的门道。

我们仍然以厚黑商人胡雪岩为例。胡雪岩为生丝生意逗留上海，他在上海的基地是裕记丝栈。有一天，胡雪岩到裕记丝栈处理生意上的事务，顺便在丝栈客房休息一会儿。他躺在客房的藤躺椅上，本想考虑一下自己生意上的事情，无意中却听到了隔壁房中两个人的一段关于上海房地产的谈话。这两个人对于洋场情况及上海房地产开发方式都相当熟悉，他们谈到洋人的城市开发方式与中国人极不相同：中国人常常是先开发市面再修行路，市面起来了，走的人多了，便有了路。但以这种方式进行市面开发，有一个很大的弱点，往往等到要修筑道路，扩充市面的时候，自然形成的道路两旁已经被市房摊贩挤占，无法扩展。而洋人的办法是先开路，有了路便有人到，市面自然就起来了。如今上海的市面开发就是这种办法。其中的一人说道："照上海滩的情形看，大马路，二马路，这样开下去，南北方面的热闹是看得到的，其实，向西一带，更有可为。眼光远的，趁这时候，不管它苇荡、水田，尽量买下来，等洋人的路一开到那里，坐在家里也会发财。"

两个不相识的人这一番谈话，使胡雪岩一下子就躺不住了。他马上雇了一辆马车，由泥城墙往西，不择路而行，去实地查看，而且在查看的路上，就报出了两个可供选择的方案：第一，在资金允许的情况下，趁地价便宜，先买下一片，等地价上涨之后转手赚钱；第二，通过关系，先摸清洋人开发市面的计划，抢先买下洋人准备修路的地界附近的地皮，转眼之间，就可赚钱。

不用说，胡雪岩眼睛盯到上海的房地产生意上，又是一下子为自己发现了一个绝对可以大发其财的财源。胡雪岩"进军"上海之时，正是上海开埠开始大发展的时候，当时虽然太平军正顺江东而下，试图一举占领江浙一带富庶之地，但英、法等国为了自己的在华利益，清政府为了借助洋人对付太平军，他们之间心照不宣地定下"互保"的策略，联合起来坚守上海，当时的上海其实是没有受到太平军炮火影响的"孤岛"。而由于太平军的进攻，从东南各地逃难至上海租界的人却越来越多，上海市面也随之更加兴旺。事实上，这个时候也正是上海历史上第一次房地产生意高潮到来的前夕，到 19 世纪末期，上海每亩地价已由几十两涨到几千两，其后不过年间，上海外滩地界的地价甚至一度高达每亩数十万万两白银之巨。这种生意可不就是一个一本万利的大财源吗！

胡雪岩就有这既看得准又看得远的眼光。例如创办钱庄的过程中，胡雪岩却盯上了生丝生意，而在做生丝生意的过程中，他又盯上了药店、房地产、典当业甚至军火、粮食。对于胡雪岩这样一位眼界开阔、头脑灵活且敢想敢干的人来说，实在是到处都能见到财源，到处都能开掘出财源来的。他自己也说："凡事总要动脑筋，到处都是财源。"

商场钻营，需要有敏锐的眼光，第一要看得"准"，第二要看得

"远"，如果经商者能做到这些，那么就不愁没有钱赚。

以弱示强　以退为进

厚黑祖师李宗吾认为，当人们在看到一位高高在上的威严者的丑态和弱点时，对这个人所抱的紧张感便会消失。如果反用这种倾向的话，也可借着故意显露自己的丑态，使对方疏忽，甚至也可能将对方拉拢成为自己人。遇到强手不妨把自己的"弱点"展示给对方看，以退为进，在其不意之时攻其要害。

一次，有位记者去采访某个大政治家下属丑闻真相，这位大政治家明白记者的来意后，把兴致勃勃准备开始质问的记者拦住："时间多得是，慢慢来好了！"然后一屁股重重地坐下。

由于这种态度，记者的开场白被抑制住了。

一会儿，咖啡送来了。接着，发生了一些偶发事件。那个大政治家看来像是不敢喝热饮的人，刚喝了一口咖啡便大叫起来："烫死了！"把杯子都打翻了。

收拾告一段落后，谈了不一会儿的话，大政治家又把香烟放颠倒了，就要在滤嘴上点起火来。

"先生，香烟放反了！"由于记者的注意，政治家便慌慌张张，连烟灰缸也碰翻了。

听说只要大喝一声便能令普通的国会议员打哆嗦的这位了不起的大政治家，却让记者意外地看见了这些丑态，因此，不知不觉中，记者的挑战之心悄然消失，甚至对这位大人物感到亲切不已。

其实，这种做法只能说是这位大政治家耍的一个手段，记者只是被假像迷惑了。

有一位在一流企业担任要职的领导荣升为经理，在就职的宣言中宣布道："我一向对数字感到头痛，所以以后希望大家多多帮忙！"

就这一句话，把为了迎接能干的经理而战战兢兢的下属们的紧张感一扫而空。

但是，后来的情形是这样的，当下属提出书面报告时，他却一眼看出了差错："这地方数字有错哟！"若无其事地督促其注意。这个指正其实是很细微，而且相当重要，这样继续一段时间的话，便会建立一种评语"这经理明明说他什么都不懂，其实却是相当不含糊呢"。于是短期内下属对他的信赖感也增强了。

为了解除人们的警戒心和紧张感，并拉拢他人到己方来，暴露自己的缺点、弱点，是能发挥相当效果的。

学生对一位新来的老师感到有些好奇和畏惧。因此，这位老师故意在课堂上说："我的字写得不好看，板书更差，小学时我的书法都不及格，因此我特别害怕在黑板上写字。"以此博得学生一笑，为的是很快缩短师生之间的距离。有时，他也会说："看我的领带漂亮吗？"学生就会暗暗在心里想："这老师真有趣，竟注意些小事，可见老师也是普通人。"学生的心情便一下子放松了，产生了亲切感，此后这位老师的教学也变得很顺利。

同样地，在人前演讲，在麦克风前打喷嚏，站不稳，故意表演些小失误，是能缓和原来紧张的气氛的。听众们对有头衔的大教授都有戒备心，但是看到小的失误后，心里便会想："同样都是人，难免做出些不雅的事。"于是一种亲切感就自然产生了。

明朝张崛嵘任滑县县令时，有两名江洋大盗任敬、高章来到县城，冒充锦衣卫（特务组织）的使者拜见张公，并且凑近张公耳边说："朝廷有令，要公开处理有关耿随朝的事情。"

原来当时有位滑县人耿随朝，担任户政的科员，主管草场，因为发生火灾，朝廷下令羁押在刑部的监牢里。张公听到此事，更加相信两人的身份。任敬于是拉着张公的左手，高章拥着张公的背，一起进入室内坐在炕上。任敬摸着鬓角胡须，笑着说："张公不认识我吧！我是霸上来的朋友，要向张公借用公库里面的金子。"于是两人取出匕首，架在张公的脖子上。

张公抑制住内心的紧张，装出替他们着想的样子说："你们不是为了报仇，我也不会因为财物牺牲性命。你们这样暴露自己的真实身份，如果被别人发现，对你们可相当不利！"

两个强盗觉得有道理。

张公又进一步说："公库的金子有人看管，容易被发觉，对你们不利。有一个办法是，我向县里的有钱人借贷，这样你们可以安然无事，也不致连累了我的官职，岂不两全其美。"

两个强盗听了更加赞同张公的办法。就这样，张县令不露声色地稳住了强盗，并取得了他们的信任与合作，同时一条计谋酝酿成熟。

张县令传令要属下刘相前来，刘相到后，张公假意说："我不幸发生意外，如果被抓去，会很快被处死。这两位是锦衣卫，他们不想抓我，我很感激他们，想拿五千两黄金当他们的寿礼，以表心意。"

刘相听了，目瞪口呆，说："到哪里去弄这么多钱？"

张公说："我常看到你们县里的人，很有钱而且急公好义，我请你替我向他们借。"

于是拿出笔来，一共写了九个人，正好人数符合。所写的这九个人，实际上都是武士。

刘相看了以后，恍然大悟。不一会儿，名单上列出的九个人，一个个穿着华丽的衣服，像富贵人家的子弟，手里捧着用纸包着的铁器，先后来到门口，假装说："张公要借的金子都拿来了，因为时间太紧迫，没有凑足所要的数目，实在过意不去。"一边说，一边装出哀求的样子。

两个强盗听说金子到了，又看到这些人果然都像有钱人的样子，很高兴地说："张公真的没骗我们。"

张县令趁两个强盗查看金子的空当，急忙脱身，并大喊抓贼。九个武士一拥而上，两个强盗猝不及防。其中一个被抓，另一个自杀身亡。

张县令遇事从容镇定，不动声色引诱盗贼上当，糊涂装得多么彻底，既保全了身家性命、公家钱财，又擒获了强盗。

以弱示强，以退为进。示弱可以减少乃至消除别人对自己的不满或嫉妒。要使别人对你放松警惕，造成亲近之感。只要你能巧妙地、不露痕迹地在他人面前暴露某些无关痛痒的缺点，出点小洋相，表明自己并不是一个高高在上、十全十美的人物，这样就会使人在与你交往时松一口气，不以你为敌。

第 四 篇
DiSiPian

玩转职场 八面玲珑

我们面对职场竞争，就要准备做"多面手"，黑脸白脸都要能演、能玩，才能在职场中做到八面玲珑。有时玩转了自己的圈子，还得深刻领会到领导的意图、目的，让同事和下属把你当成主心骨，从而用智慧之谋略来使自己立于不败之地。

灵活善变 厚黑学

厚黑职场第一招：灵活处上　积极响应

厚黑学在职场中绝对是必不可少的，尤其是在对待上司的时候，一定要倍加小心。不管你遇到什么样的上司，他都会每时每刻注视着你的言行举止，掌握着你的升降大权，更掌管着你薪水的数目。对待上司，如果你能让他体会到你的尊重，体会你的"忠贞不贰"，他会把你当成"自己人"，那么，你的职场坦途将会就此铺开。当你因为错误被上司批评甚至是责骂的时候，一定要能拉下脸来，保持顺从的态度。又如当你面对荣誉，最好不要独揽，要巧妙地拉上上司同享。这是职场人士必须学会的"软"功夫。

适当地"哭"出你的委屈

成人用语言交流信息，婴儿用哭声表达意愿。婴儿的哭，不仅仅是告诉大人他饿了，更多的时候，是要大人抱他，和他一起玩儿，让大人爱抚他。哭是婴儿的语言，他以特殊的方式告诉大人，他需要爱抚，需要温暖，需要慰藉。相反，不哭的孩子，大人就很少去关注他，因为他乖、不哭不闹、不让人烦，甚至有时竟让人忽略了他、忘记了他。因此，爱哭的孩子也是被人爱抚最多的孩子。

俗话说：会哭的孩子有奶吃。同样，这个道理用于工作中，同样

奏效。

　　放眼看去，到处都有会哭的孩子。在公司里，一样的工作，一样的业绩，会"哭"的人往往会有更好的报酬，因为他一"哭"，老板就会知道他的辛苦、他的劳累，他的收入少，他的付出多，他的热情受挫，他的后劲儿不足，总之老板会被他"哭"得不加薪不足以平其愤。而再看那些默默工作、不声不响的人，日复一日，年复一年，好事很难光顾，想想也不难理解，偌大的公司，老板怎么可能会注意到每一个人呢？只会做，不会"哭"，谁知道你辛苦，谁知道你劳累，谁知道你对薪水不是很满意，谁知道你时刻想着离开，想去一个更能体现你价值的地方呢？不知是否想过，即使去了一个全新的地方，你仍然只会做不会"哭"，结果是不是会一样呢？

　　侯礼馨女士在华尔街某公司上班后，与她一起被公司录用的年轻同事曼丽，违反公司规定偷偷告诉她，她的薪水仅仅是曼丽的一半。"美国公司很歧视外国人。"她友善地说。侯礼馨几乎要气疯了，于是她跟老板们据理力争。她对大老板说："你也许不完全知道，与我一起雇来的员工都无经验。而且这三个月以来，我的成绩最大，一共完成三个项目，其中一个是独立完成的，给公司创汇 7 万多美元，但被人抢了功。这，您知道。"她加重语气，"而且大家有目共睹我是多努力，我的上司根本没有耐心教我任何专业知识，却把我的成绩当做他个人的功劳，在公司获取最高的待遇。在这种情况下，我的薪水还要少于他人，这很难让我接受。我相信，这也难以让您接受。如果谁因为我的种族而欺侮我、歧视我，我一定和他拼到底！"她眼含泪水地说，"如果我是你们家庭的一个成员，是你们的小妹妹，你们会这样待我吗？"最终，侯礼馨得到公司的道歉卡，同时加薪50%，并补足原来的数额。后来，大老板告诉她，加薪的主要原因是她能"舍命"保护自己的权益。"一个能保护自身权益的人，就一定能保护公司的权益。"他说。

　　侯礼馨身在美国，观念和文化与中国有差异，但道理却是一样的。该出手时就出手，大胆地索取，与"先付出，后得到"并不矛盾，是勇气、

信心与实力的表现。有些时候，不索取就得不到，索取就能得到。后来上面例子中的侯女士深有感触地说："自己不去争取，就不会得到，公司都是装糊涂。我觉得当自己有把握的时候，属于自己的就应该去争取。如果觉得现在不满意，硬要挺下去，肯定不舒服，反会适得其反。所以一定要争取，如果争取不到，那也算看清了局势，放弃也罢。"

人非草木，孰能无情？自己受到不公正的待遇，自然感到恼火、窝心、生气、烦闷，这当然要影响自己的工作和生活，对身体健康也颇为不利。可见，羞于争利，失去的不仅仅是自身的利益，还会有一系列的负面后果，对此我们应有足够的认识。

人类天生就会同情弱者，这是人性的弱点。调动眼泪战法，对人哀哀以求，动之以情，这种说话办事术，古今中外，屡试不爽，原因就在于此。当然，"装扮弱者，博取同情"也要讲究策略。电影里经常有这样的场面，姑娘撒娇似地哭了，背对着姑娘的恋人忽然转过身来，用惊讶、怜爱的表情注视着她，接着热烈地吻着。这就是女性征服男性的一种方式。

李宗吾认为，这里所说的哭并不是说一定要摆出一副可怜兮兮的样子，流下几滴眼泪。关键是设法调动对方的同情心，使听者首先从感情上与你靠近，产生共鸣，这就为问题的解决打下了基础。人心都是肉长的，只要你将受害的情况和你内心的痛苦如实地说出来，对方是会感动的。

学会在背后恭维上司

职场厚黑学指出，当着上司的面直接给予夸赞，虽然也是一种"恭维"上司的方法，却很容易招致周围同僚的轻蔑。而且，这种正面式的歌功颂德所产生的效力反而很小，甚至有反效果的危险。与其如此，倒不如在公司其他部门，上司不在场时，大力地吹嘘一番。这些赞美终有一天是会传到上司耳中的。同样地，如果您说的是些批评中伤的话，迟早也都会被泄露出去的。一个精明能干的上司，即使在他管不到的部门内，必定也会安置一两名心腹。下班后相邀去喝酒应酬的，不见得全是同一部门的同

事，在这种情况下，即使是一个不经心的批评，也很容易被扩大渲染而传到上司的耳中。因此我们不妨也利用这些传话者，让赞美的言辞流传出去。一个人若连这点儿"智慧"都没有，那他可就很难在职场上立足了！

"人各有所长"，你可以针对上司的长处和优点加以赞美。如果有人对此不赞同甚至发出批评上司的言论时，你应该极力维护自己的立场，千万不要轻易改变自己的态度。

对其他部门的人，不管是谁，也请不要忘记赞美他们。一件西装、一条领带，甚至看到人家心情好的情形等，都可以作为赞美的对象。不过，这些赞美应该在私底下用亲切而稳重的语气表达，如果您是在大庭广众面前大声叫喊，那可能会得到相当恶劣的反效果。

自己的下属在其他部门是否受欢迎，这也是上司很在意的事情。自己的下属很得人缘，上司也会觉得自己很有光彩。如果上司又知道，下属在其他部门中不遗余力地称赞他，不用说，上司对这种下属的好感度会是直线地上升。而且和不同部门的人在一起，彼此没有警戒心，较容易得到一些"幕后消息"。这些往往对上司是非常有价值的。经常收集这些消息给上司，也是一种博取上司欢心的好方法。不过，必须要特别注意的是，如果一个下属和其他部门的人，尤其是其他部门的上司走得太近，这时，直属上司可能就会不高兴。人总是会有猜疑心的。万一实在无法拒绝其他部门上司的邀约时，隔天最好向自己的上司说明。这也是做下属应有的态度。

对上司交代的事，如果下属总是因为怠慢而无法完成，这样的员工很难有出人头地的机会。上司说什么就做什么，毫无怨言地达成任务的是"勤勉型"，算是差强人意。但是，要获得上司的青睐、信赖和欢心，光是勤勉还不够。一个能被赏识的下属，他的工作态度应该是努力完成命令外，还要予以创造或延伸，也就是所谓的"创意型"。"创意"并不是自己随便乱出主意，而是要把以前上司的训示等加以应用，这样才能收到奉承的效果。

例如，处理客户的诉怨事件时，你可以偶尔央求上司出面协助。他既然身为上司，有超过你的地方，这样既可以见识见识上司处理事情的技巧，又可制造赞美上司的机会。事情告一段落后，就当着上司的面对他"真不愧是……"地极力赞美一番。上司对这种部属当然是会很喜欢的。

一个创意型的下属，也是善于察言观色的人，只要上司的脸色一有变化，就要未卜先知地替上司接下来的行动做好准备。去拜访重要客户前，要向上司请示有无传言给对方或应付对方的方法；访问回来后，则要将对方的反应仔细报告给上司。这是下属应有的态度，也是奉承上司的一种方法。也有人将下属分成"待机型"和"期待型"。前者是指随时都具有等候指示的心理准备的人；后者是指光会想如何被上司器重，而对工作命令一点儿也没有心理准备，也即不做事而光期待的类型。一个能长久被赏识器重的下属应该是"待机型"而不是"期待型"的。

有一个有趣而值得参考的例子，就是日本职业艺人发掘艺人的原则："注意他的眼睛、牙齿、声音。"或许你会认为"我又不当演员"，但是至少这是上司观察部下的一个原则，应该是很有参考价值的。观察眼睛，不是看它的外形，而是要注意眼神是否明亮。眼神明亮与否，往往就是一个人有没有干劲儿和毅力的表征。看牙齿，要注意牙齿是否洁白，牙列是否整齐。洁白美丽的牙齿是健康的证明，也是给人好感的要素。声音的大小，有无震撼力，说话时唇、齿的移动是否美观也是必须要注意的。事实不也正是如此吗？一个人要是两眼无神，声音细小如蚊子，语调荒腔走板，一张口牙齿不整、口臭且又口沫横飞，那么，即使他再巧言令色也是枉然的。创意型的部下，也是一个懂得掌握上司心理的人。他不会老是重蹈失败的覆辙，即使失败，也会积极地借着上司的责罚或教训作为事后的警惕。这种部下在上司的眼中，当然也是很可爱的类型。

上司总希望得到下属的信赖和敬爱，你们应该懂得这一点。让上司觉得他是被信赖和敬爱着，最直接的表现是下属很愿意听他"教训"。一个上司不愿给予责骂的下属，通常不是极优秀的人才，就是不被重视的人。"责骂"事实上也含有忠告、指示和鼓励的意味。因此，被责骂时应该心存感谢，不要辩解地低首倾听。同时切记，眼睛不可随意飘动，姿势要始终保持如一。这样即使做错事情，上司还是会觉得你是可原谅的。如果上司的责骂中有所教训时，要把被指责事项逐一复述，并尽可能地陈述善后对策或改善方法，诚恳地请求上司给予指导。事后并对上司的训示加以感谢一番。下属能完全接受教训、理解上司的"苦心"，且积极地谋求改善，还对教训心存感谢。这对上司而言，是再高兴不过的事了。因为在这一瞬间，让上司深切地感受到他的价值，并且得到指导人的成就感和满足感。如果做下属的人在面对上司的教训时，表现出一副很不耐烦的态度，或有一句没一句地辩驳，不仅无法理会上司的苦心真意，还会招致上司的嫌恶，一点好处也没有。对上司的训斥，最好的应对态度是"没有理由"。一个好的下属，最起码的条件就是要懂得"逆来顺受"。

应对上司有妙招

要念好厚黑职场经，首先就要学会掌握一定的应对上司的技巧。然而，也不必过于紧张。因为无论你的上司位高几许，他终归是人，终归具备人有七情六欲的共性。他会在不同场合表现出喜怒哀乐。如果你了解了上司的秉性，给上司归纳出性格品行特点，从而确定自己的处世之道。

应对不同上司的小妙招。

第一，应对朝令夕改的上司。你真正体会到"左右做人难"的滋味儿，因为你的上司经常朝令夕改，叫你不知所措。究竟上司这种态度的动机是什么？有些人确实是优柔寡断的，偏偏上司就是有这种性子，加上他地位比你高，自然是改变初衷也无歉意。在这种情况下，最好什么行动都遵照他的旨意，只是既然有了"随时改变"的心理准备，凡事未到最后期限，就不必切实执行，例如做计划书，只做好草稿，随时再做加减，就是比较聪明的做法。很不幸，你发现上司这种态度，原来是故意的，目的在于挫你的锐气，或是弄权，叫你敢怒不敢言。你自忖不能长此忍气吞声，那么来个怎样的对策好呢？在适当时候做出某些反应吧。例如，你遵照上司指示，做妥了一个计划书，呈给上司时，他竟然力指计划书之不足，不

妨这样反问他"一切都是依您意思去做的呀，还有什么要改的呢？"

第二，应对暴君似的上司。极权主义的上司除了对下属的工作吹毛求疵外，最叫人讨厌的是他们会如暴君一样，连你的私事也要过问。例如，不准你跟其他部门的同事交往，不准你下班后去上英文课，不准你业余时间与同事一起消遣，等等。所谓势孤力单，精明的做法是与其他同事联合起来。遇到有其他部门的同事邀约午饭，答应他们，并与你的拍档们一起赴约，大家在公在私，都不妨交流一下。还有，下班后去娱乐一番亦是一个好主意。而且礼尚往来是必需的，就由你来做主动吧。要是上司知悉，向你查问，可以直言不讳："我们一起吃午饭只属普通社交。"充实自己是最厉害的武器，所以切莫放弃业余时间修读课程，上司根本无权反对；坚持原则，即使上司利用超时工作来制裁你，也不必惧怕。不过，你反抗的目的只是要争取自由和主动，并非在公事上与上司作对，而且不宜在其他人面前批评上司的极权，以免有后遗症。

第三，应对摆款型的上司。很多春风得意的上司都喜欢"摆款"。很不幸，你的一位新上司是"摆款"祖师，叫同事们十分看不顺眼，却又敢怒而不敢言。聪明人肯定明白，跟上司作对只有吃亏的份儿，然而，采取"拍马"政策也是不切实际的，因为需要看你的运气。大部分人都喜欢戴高帽，要讨上司欢心自然不困难，问题是，大公司的权势往往瞬息万变，你盲目地恭维上司，其实不划算。那么，是否要做"言听计从"之人？其实，尽量迁就对方，却以不违背个人原则为准，就很足够了。事实上，尊敬上司、服从上司和努力工作，是每一个白领的必要条件，太强迫自己去做不喜欢之事，倒是不必的。最后，还得提醒大家，切忌在上司背后与同事大讲其"摆款"故事，这太容易制造是非了。同样，别人讲得兴高采烈，最好也不要插话或认同。何不实际地利用这些时间去为工作做更多准备呢？

第四，应对管家婆型的上司。有些上司喜欢以"管家婆"的姿态出现，事无大小，他都要过问，还插手去干预，令负责推行工作计划的职员感到很苦恼。这种上司到了过分专制的地步，他表面上似乎相当开明，鼓励"人尽其才，各就其位"的精神，实际上他是一切工作幕后的策划者，对他来说，下属只是他获得某个结果的工具，他的意见就是命令。如果你的上司是这类型人物，你必然时常感到精神紧张，很难从工作中获得成就感。你想与这样一位上司好好相处，首先你要仔细想想，对方什么事情都要管一管，间接命令你要依从他的指示而行，在工作进行期间，你是否获得宝贵的经验，从中获益良多？你不妨尝试说服他就算你以自己的方法处世，结果也会像他所预期的那样美好。如果他一意孤行，你只有两个选择：对上司唯命是从，或是向他递上辞职信，另谋发展。不过，在你采取最后的行动之前，应努力争取自己的权益，鼓起勇气对上司说出自己心中的话，尝试以朋友相待，看看他究竟有什么忧虑，以致总是对下属缺乏信心。须知你的上司也是一个普通人，有时也很需要人家肯定其价值与成就。如果他对事事都表现出不放心的态度，你要想办法令他感到安心，最好的策略莫如主动向他报告你的工作进展情况，让他对一切了如指掌，心情自然会轻松舒畅，对你也不再虎视眈眈，大家合作日趋纯熟愉快。

第五，应对不体谅下属的上司。你有一位见高就拜、见低就踩的上司，做事缺乏责任心，不会体谅下属又疑心大，叫你满腔俱是怨言。记着，千万不能向其他部门的同事诉苦，指出上司的不是，所谓"家丑不可外扬"。何况，这些同事可以帮上什么忙呢？你给他们提供了一个上佳谈资，那只会让事态扩大，对你绝没有好处。想一下，老板会喜欢一个背后中伤上司的员工吗？即使是搭档，你也不能泄露一句怨言，以免因为利害关系而白白给人告密的机会，就是对方先诉苦，你也保持缄默好了。那么，如何将自己的不满宣泄才对呢？向上司直接表态！不过请先分析对方的性格和预计其反应。对思想保守、自尊心强的人，切勿开门见山地倾吐不满，只能婉转相告；若对方比较开放，胸襟较宽广，不妨相约一个时间，将你的心中话说出来，相信不难找出一个解决办法。

第五，应对其身不正的上司。你的上司经常迟到早退，一则令你有不公平之感；二则他不在，往往会影响工作进度，因为好些决策未能及时由他批出；三则遇上公事出错，你会被逼"背黑锅"，苦不堪言。向老板申

诉吗？不错，此举可避免"背黑锅"，可是，你将上司的偷懒情况公开，到头来，大有可能给自己造成不利！此话怎讲？有远见的老板，不会因某职员"打小报告"就会对某主管采取行动，老板们一定会懂得让主管的尊严保存。另一方面，身为上司被下属投诉，面子实在丢尽了，再宽宏大量的上司，也无法容忍这样的下属，于是，你就成了上司的眼中钉，你以后的日子会好过吗？难道就这样敢怒不敢言地过下去？不妨试试以下的办法：尽量记录好上司不在时发生的事和找他的电话，一等他出现，立刻如数家珍般逐一向他报告，让他知道，你的公务是如何繁重。

第六，应对懒散型的上司。努力工作，争取表现，目的就只有一个，希望一朝获得上司赏识。但令你气恼的是，遇上一个懒散不已又喜争领功劳的上司，叫你一万个不服气。就此打退堂鼓，另谋他职，只属消极之法，而且一切从头开始，等于打仗重新布阵，太浪费弹药了吧，同时，一遇困难就退缩，注定你难登成功阶梯。挺起胸膛，面对挑战！一般而论，这类上司在接到重大任务时，必然会不假思索就交给你去执行，当任务大功告成，他又会一手接过，向老板交代，将你的辛勤汗水抹杀，一切当做是自己的努力成果，争取老板的信任和赞赏。你当然不可能当面拆穿他，跟他理论，这只让你陷入不利的处境。比较理想的做法是，在每一个步骤进行时，请来一个见证者，当然不是公然地去找，而是有意无意，例如在秘书小姐面前进行，目的是要有人知晓整件事的来龙去脉，即使最终的功劳给上司夺去，在公司里也必然有人晓得真相，一传十，十传百，你的目的就可达到。

第七，应对完美主义型的上司。追求完美是人的天性，但如果你的上司是一个完美主义者，要求你事事做到 100 分，符合他的办事标准，只讲理论，根本不理会实际的情况，个中的苦恼，实不足为外人道。你跟他合作，无疑是困难重重，会遇到不少烦恼，你要与这样一位上司相处，须参考以下的一些意见：首先，当上司交给你一项任务之时，不能虚应此事，随后便把它忘记，你应该问清楚他的要求、工作性质、最后完成的期限等，避免彼此产生误解，应尽量符合他的要求。其次，假如上司处处刁难你，可能是他担心你将来会取代他的位置，你应该尽自己最大的努力使他安心，让他明白你是一个忠心的下属，你可以主动提出定时向他报告的建议，让上司完全了解你的工作情况，一旦获得他的信任后，他便不会对你过分要求完美的工作效果。最后，不要只看到上司的缺点，应努力发掘他的长处，在适当的时机好好称赞他。

第八，应对爱戴高帽的上司。你的上司是个不折不扣的"高帽王"，最爱别人给他戴高帽，一听了赞美之辞，就眉开眼笑，什么都好办。偏偏你拒绝说阿谀奉承之辞，但眼见有好些同事因为精于此道，已经升职的升职，加薪的加薪，平步青云，气得你牙痒痒。除非是另谋高就，否则你仍得面对这位上司，如何才能两全其美，既受到上司器重，又不必违反自己原则？其实，赞赏别人不是一件困难的事，也不一定是虚伪的，问题是要有的放矢。每个人都必有其长短处，只须"隐恶扬善"，加一些善意，用词夸张一点儿就可以了，这样，既不违背良心，又能令对方高兴，何乐而不为呢？经常留意上司的言行举动，甚至衣饰打扮，只要有一点点你是觉得合眼的，就抓紧机会，表示你心中的好感。但你得记着，说话时不要矫揉造作，一切就自然得多。

第九，应对暴躁型的上司。有些人天生脾气暴躁，情绪容易失去控制。这些上司常常为了一些小事而大发脾气，甚至公开斥责下属，叫人难受极了。请先考虑导致恶劣情况的真正原因。研究一下上司的工作习惯。一般而言，他发脾气是否有一定的模式？是否他一直与老板之间有问题呢？还是，只是现有的一个特殊任务，令他紧张不已，才会像吃了火药一般？知道了所有问题的答案，你就可以做出反应和防止下一次事件重演。环顾一下，办公室里是否有人比你更懂得应付上司？向他学习吧。据心理学的推断，经常令下属惊怕的上司，只是权力欲作祟而已，你没有可能请他去见心理医生，可以做的，就只有自我保护了。当上司大发雷霆，不要推卸责任或试图解释，冷静地说："我会注意这情况的。"或"让我立刻去调查！"然后离开办公室。既然目标物已在眼前消失，老板就没有咆哮的对象了。

第十，应对工作狂型的上司。遇到上司是个工作狂，你一定终日大皱眉头。因为在工作狂的心目中，认为不断工作才是一种生活方式，每个人都应该如此。可是，天天超时工作，周六、周日依然要上班工作，有什么人生乐趣呢？要改善情况而又不影响工作，你得小心行事。先将工作量和程序分析一下，是否有些任务可以交由临时员工来做，这是唯一减轻你的担子的办法。先向有关介绍所查询适合的人选、酬劳，然后预备一份计划书，去找上司。不要提及工作量过大，或你已完全失去私人生活这两点，而是向他解释，多添一个临时员工，有助于任务的进行，对公司绝对有好处。其次是开始减少假日的工时。如果上司问及，只告诉他你有重要家庭聚会好了，如果他表示不满，告诉他你会在平日超时工作补救。每个刚加入某公司工作的人，大都不介意超时工作，乐于承担更多的任务。可是，渐渐发现工作竟是没完没了的，超时工作不是解决的方法，最可怕的是，你的上司是个理想主义者，工作就是他的生命，所以，为他效力，没法有闲下来的时刻，亦不会受到欣赏。唯一或会令情况有改变的做法是，再教育上司，让他明白，不断埋头工作，花掉公私时间，并不是聪明的和应该的做法。例如，某项任务，他要求你按他的指示去做，并给你整天的时间，而你经过分析，采用了你个人的另一套方式去处理，且在不超时工作之下，在限期之前完成了任务。一次如此，两次如此，你就等于是在向他示威，告诉他你有更精明的做法。如果他够谦虚、爱才，大概会接受这一套的。相反，主观顽固的他，可能有极端反感的表现，看来，你还是趁早以另谋高就为上策了。

时不时地给上司"戴高帽"

人性最大的弱点就是经不住赞美的话语，领导亦不例外。如果我们能很好地掌握说赞美话的艺术，就能够更好地加深同领导的关系。会说话同办事是相辅相成的。话说得好听，说得到位，领导便易于接受我们所提出的条件和要求，否则即便是一件简单的事情，也会容易办砸。所以，必须

学会说赞美话。

乾隆有个大臣叫刘墉，身居中堂之位，以才思敏捷、能言善辩出名。一天，乾隆去承德避暑山庄，刘墉陪同前往。乾隆同刘墉外出散步时，信步走进大佛寺，乾隆见那大肚子的弥勒佛冲他笑，便信口问道："刘爱卿，弥勒佛为何冲朕笑？"

刘墉答道："启禀皇上，皇上您乃文殊菩萨转世，当今的活佛，今天来此，故佛见佛笑！"

送顶高帽给乾隆，乾隆果然十分高兴。当刘墉走到弥勒佛面前时，乾隆突然转身问道："那佛见卿也笑，这却是为何？"刘墉不料乾隆有此一问，愣了一会儿，但旋即有了巧妙的回答："佛见臣笑，乃是因为笑臣成不了佛。"

对乾隆的第一个问题，刘墉说是佛见了佛笑，对乾隆的后一个问题如果也照此回答，就体现不出乾隆至尊无上的皇家风范，势必要惹得乾隆不高兴甚至发怒。因此，刘墉只能贬低自己，抬高乾隆，使乾隆充分感受到他至尊无上优越性的快乐。一句"笑臣成不了佛"使乾隆又多了一顶高帽，当然这是相对于刘墉而言的。乾隆爷听了自然是乐开了怀，刘墉也从容摆脱了困境。

即使做臣子的不想贬低自己，但也要抬举皇帝，满足皇帝的虚荣心。否则便会吃大亏。

大凡人都有喜欢被人恭维的心理。在不利的形势下，不妨多说几句恭维话，给他戴顶"高帽子"。记住，没有人不喜欢被恭维，即使那些平常说讨厌被人恭维的人，其实内心也挺喜欢被人恭维。只不过，你的恭维话要说得妙，说得恰到好处，不显山露水，不留丝毫痕迹，这样，他就会怡然自得，自然会对你格外喜欢。

美国著名的柯达公司的创始人伊斯曼，捐赠巨款在罗彻斯特建造一座音乐堂、一座纪念馆和一座戏院。为了承接这批建筑物内的座椅，许多制造商展开了激烈的竞争，但是，找伊斯曼谈的商人们无不乘兴而归，败兴而去，一无所获。

正是在这样的情况下，"优美座位公司"的经理亚当森前去会见伊斯曼，希望能够得到这笔价值9万美元的生意。

亚当森被引进伊斯曼的办公室后，看见伊斯曼正埋头于桌子上的一堆文件，于是静静地站在那里仔细地打量起这间办公室来。

过了一会儿，伊斯曼抬起头来，发现了亚当森，便问道："先生有何见教？"

这时，亚当森没有谈生意，而是说："伊斯曼先生，在我等您的时候，我仔细地观察了您的这间办公室。我本人长期从事室内的木工装修，但从来没见过装修得这么精致的办公室。"

伊斯曼回答说："哎呀！您提醒了我差不多忘记了的事情。这间办公室是我亲自设计的，当初刚建好的时候，我喜欢极了，但是后来一忙，一连几个星期都没有机会仔细欣赏一下这个办公室。"

亚当森走到墙边，用手在木板上一擦，说："我想这是英国橡木，是不是？意大利橡木的质地不是这样的。"

"是的。"伊斯曼高兴得站起身来回答说，"那是从英国进口的橡木，是我的一位专门研究室内装饰的朋友专程去英国为我订的货。"

伊斯曼心情极好，便带着亚当森仔细地参观起办公室来了，把办公室的所有的装饰一件一件地向亚当森作介绍，从木质谈到比例，又从比例谈到颜色，从手艺谈到价格，然后又详细介绍了他的设计经过。这个时候，亚当森微笑着聆听，饶有兴趣。

直到亚当森告别的时候，两人都未谈及生意。你想，这笔生意落到谁的手里了，是亚当森还是他的竞争者？

亚当森不但得到了大批的订单，而且和伊斯曼结下了终生的友谊。为什么伊斯曼把这笔大生意给了亚当森？这与亚当森的口才十分有关。如果他一进办公室就谈生意，十有八九会被赶出来的。

亚当森成功的诀窍是什么？说来很简单，就是他了解谈话的对象。他从伊斯曼的经历入手，赞扬他取得的成就，使伊斯曼的自尊心得到极大的满足，把他视为知己，这笔生意当然非亚当森莫属了。

在人类的天性中，有一点是共同的，那就是希望得到别人的喜欢，希望能在别人的赞扬声中感受到自我价值的实现。而在人类身上，值得赞扬的地方也的确很多。且不说优秀的、杰出的人物身上有许多闪光的东西，即使是普通人身上，也有许多优秀品质值得我们去赞美。因此，在日常交往中，善于发现别人身上的优点，恰到好处地赞扬别人，不仅能起到鼓舞他人的作用，而且也能密切人与人之间的关系。

讨好老板要得当

厚黑处世一定要讲灵活运用"厚"与"黑"，用一些小技巧既讨好了上司，给上司留下好的印象，又不会失去同事的支持。

刚毕业的小陈和另外七八个年轻人一同被一家正向集团化迈进、急需大批新生骨干力量的公司聘用。为了表示对这批"新鲜血液"的厚望和鼓励，老板决定单独宴请他们。酒店离公司不远，新人们三三两两结伴而行，唯独将老板抛在了一边。小陈看在眼里，不禁替老板觉得尴尬。进入酒店落座之前，小陈借故先去了趟洗手间。回来一看，果然不出她所料，同事们或正襟危坐、谨口慎言，或低头相互私语窃笑，不仅没人上前跟老板搭话，更将其左右两边的座位空了出来。看见老板强挤出笑容的样子，小陈赶紧说："我建议咱们都往一起凑凑吧！"说完，便很自然地坐在了老板左边的座位上，并对老板投来的赞许目光报以会心一笑。怎么样，小陈的做法聪明吧！我相信，就连再尖酸的人也没道理指责她是在"拍马屁"了。本来这次老板就是想和新员工亲近一下，说不定还想借此发掘人才呢！可多数腼腆木讷的年轻人却辜负了老板的美意，把他晾在一边，他能高兴吗？其实，其余的人肯定也想在老板面前好好表现，但就是碍于脸面，怕别人说是"马屁精"才退缩的。一个不能主动为自己争取机会的人，如果被提升，将来管理公司、面对客户或为公司争取利益的谈判时，怎么能有魄力和手段呢？如果换成你是老板，你会提拔这样的人吗？

那次晚宴，小陈给老板留下了非常好的印象，但毕竟只是一次饭局，何况小陈初进公司，还只是个小白领，她实在没有更多的机会接触老板。俗话说：做事不看东，累死也无功。要是没有老板的赞赏和支持，就算拼死拼活地干，要想超越上面层层"屏障"，也实在是太难太慢了。小陈是个肯干也会干的人，她知道只有自己制造机会才能接近老板。经过努力，小陈不止一次在电梯里与老板"不期而遇"。有备而来的小陈没有像其他人一样硬着头皮和老板没话找话，而是笑吟吟地和老板打着招呼。要是老板问她最近工作如何，她自然是有条不紊、对答如流，但大多时候老板都会和她聊一些轻松休闲的话题，小陈总是表现得很健谈，而且还了解了好多老板的个人爱好，更以此加深了老板对她的印象。其实，聪明的老板是愿意给员工留下一个和蔼可亲的印象的，他也希望员工对他亲近追捧。可因为自卑心和恐惧心在作祟，许多人见到老板都避之唯恐不及，何况是在几尺见方的电梯里呢？殊不知老板面对一个个拘谨无措、憋得脸红脖子粗的人，也会觉得尴尬呀！所以，你根本不用害怕没话说，因为一般在这种场合下，老板为了打消你的顾虑是会主动和你闲话家常的，你只把这当做是一次亲近老板的机会，别战战兢兢的就行了。

公司里人多嘴杂，上面又有层层领导，怎样才能让老板看到自己的才能和干劲呢？把自己的工作报告直接呈给老板也太明显了，越级汇报容易让老板觉得你太张扬、太性急了，要是让自己的主管领导知道，就更是吃不了兜着走。思来想去，小陈写了一份对公司发展前景的意见报告书给部门经理，经理看后说"很好"，只是有很多建议的实施自己没那么大权力做主。小陈借机说："其实我们每个人都有一些建议，不如把老板请来和咱们部门座谈一下，这样不是显得咱们部门的人都有为公司着想、愿与公司共同发展的愿望和决心吗？"经理一听，有道理，当即邀请老板，老板自然欣然前来。开会时，出于对小陈建议的肯定，部门经理安排小陈和自己分别坐在老板的左右。在会上，小陈又大大地表现了一番，当然是在发言上的慷慨陈词了。会后，同事们为能有这样一次与老板畅谈自己想法的机会感到兴奋，部门经理更是得到了老板的赞扬。其他部门也争相效仿，谁也没有歪曲小陈是在抢风头、拍马屁。要想亲近老板，让他赞赏你，又要上下不露痕迹实在是挺难的，稍微做得过火点儿就容易被冠上"繁荣马屁文化"的"美名"。要是那样，就算老板提拔了你，其他人的风言风语和口水也会淹没了你。但小陈呢，她可是把"苦干加巧干"贯彻并实施得很到位。难怪老板喜欢她，群众拥护她呢！谁想挑理也挑不出了。

由于小陈的出色表现，公司提前结束了她的试用期。成为正式员工的小陈大受鼓舞，她知道这是公司对她的肯定，更是老板对她的肯定。她想把自己的喜悦传达给老板，以证明自己是个知道感恩的人。经过细心观察，小陈找到了可以单独接触老板的机会。每天中午，公司里所有人都要去食堂吃午饭，老板总是去得很晚，也许是事情多脱不开，也许是不愿意和员工挤在一起"抢饭"，每次老板到食堂时已经没什么人了。那天中午小陈借故晚去了食堂，"正好"碰见老板："董事长，没想到您也在食堂吃饭啊！"小陈自然达成了心愿，单独和老板有说有笑聊了一个中午。原来老板也是个挺随和、爱聊天的人。从那以后，小陈每隔一段时间就会"不经意"地和老板一起吃午饭。为了避免同事说闲话，她有时借口工作没做完，有时出去办事晚回来一点，错过吃饭的高峰期。

也许你会觉得小陈太有心计了，我们却觉得她颇有智慧，对自己的职业发展当然有好处。老板也是人，也需要在业余时间轻松一下，那些见到老板就像老鼠见到猫、总想绕道走的人只会与机会擦肩而过。何况，小陈也并没有只想着"巴结"老板而放弃对本职工作的钻研，更没有踩着别人往上爬。在职场上，像小陈这样采取"利己不损人"的正当手段为自己争取机会，实属明智之举。

厚黑职场第二招：厚结人缘　左右逢源

厚黑职场之道主张灵活地处理职场关系，一定要做到八面玲珑，左右逢源。既不要轻易招惹是非，也不要随便搬弄是非。要将自己放在一个可退可进平衡中立的位置上。

职场犹如没有硝烟的战场，如果你不懂一点保护自己的手段，如何在职场江湖中立足呢？很多满腹才华的人，正是因为不会为人处世，所以才处处碰壁遭受冷遇——上司不器重，下属不配合，同事看热闹。这样的职场生涯，有谁能承受得起呢？

灵活处理各种职场关系

厚黑学认为，职场里的关系复杂，一定要谨慎对待，慎重处理。正所谓，麻雀虽小，五脏俱全。如何在办公室里巧妙地处理好各种关系，是每个职场人士必须具备的能力。其中，尤其是男女异性关系，对之要慎之又慎。

第一，男同事要巧妙应对公司里的女同胞。做任何工作都不应将性别摆在第一位，工作做得好坏才是真正有价值的。与其强调区分性别，不如强调她学会和提高某项专门技艺，这更有助于赢得尊敬。不准她撒娇。"因为我是女性"这样的撒娇意识，最好不要带到工作的地方，尤其是一

些私事，如"把东西给我拿来"、"送我回家"等。公司的男性毕竟是同事，都存在工作分工的问题，因此不要过分依赖。与其说"这个我不会"、"你帮我做一下"之类的话，不如增强她的责任心，提高她独立工作能力，同事才会更加尊重她、重视她。"女性迟早要结婚生孩子，在办公室里就凑合干吧。"这样看问题是不对的。然而许多人都持有这种看法。对于女职员来说，她会非常厌恶这种观点，所以你要学会尊重女性。爱发牢骚就给她戴高帽。一些女性职员常不客气地说"讨厌加班"、"这样的工作干不了"，并对自己的言行不负责任。对于她们的这些做法，不妨给她们戴戴高帽。"不，要是你，肯定能干好"、"请你一定要帮这个忙"。听到这样的奉承，看看她想不想干？训斥她要注意方式。稍加责备，就撅起嘴来生气了，并认真地开始反攻。男人最棘手的事情，也许就是女人这种歇斯底里的反攻。本来女性就比男性容易认真，又好感情用事，责备她们时应注意以下几点：不在他人面前责备；不把她们与其他人比较，最好在其他人不在场的地方，冷静地告诉她，"希望你注意这一点"。对她们要一视同仁。对刚刚参加工作、职位低下的年轻女子施以同情，或者看到漂亮的女人时不知不觉地庇护起来，往往是一些男子自然而然做出的事。但是其他女性对这种事情非常敏感："××先生，喜欢那个女孩子，偏爱她。"如果不想给造谣者机会，就应对全体女性一视同仁、平等对待，如果确有喜欢的女性，最好到外面去约会。对待年长的女同事要礼貌。年轻的男性职员如何与年长的女性职员相处，可能是一件头痛的事。如果男性在工作上先作出了成绩，要注意态度朴实、真诚，不能像骄傲的孔雀一样。如此，对方就会对你产生好感。与她们打交道，要避开有关年龄、婚姻以及个人私事的话题，这是对她们的礼貌。

　　第二，女同事与男同事怎样相处？白领女性和男同事共事时，要仔细聆听他们的谈话，以便从中获取有价值的情报，得到有益的启发。白领女性也可以主动约男同事或主管外出喝茶，交换意见，但要言之有物，避免闲谈，这样可达到互相沟通感情的目的。拥有助人为乐的精神。下班时间到了，不要急着说再见、回家，设法帮助还在忙于工作的同事。这样可以在工作中建立情谊，改善人际关系。不要惹他人生气。人一忙就会闹情绪，变得事事不耐烦。因此，白领女性务必要注意，即使工作再忙，也要注意说话的态度，不要让同事们产生敌意，或误认为"女人爱闹别扭"。降低说笑音调。许多男同事对女性说笑时的尖锐和娇滴滴的声音，多有反感。因此，白领女性应时常对照自己是否有这样的不足，努力做到"有则改之，无则加勉"。展现女性魅力。白领女性除了应让男同事和主管看见你理性、坚强的一面外，也要适时地展现出温柔的一面，如带鲜花到办公室，插在人们容易看见的地方，可给人留下美好印象。

第三，不要与异性同事过于亲密。异性同事之间，本来就隔着性别的差别，再加上办公室里流言飞语很多，因此更应注意彼此之间的恰当距离。对异性采取大方、不轻浮的态度，是同异性同事交往中一个很重要的原则。其中包括行为和言语两方面。以尊重对方是异性工作伙伴的态度来处理办公室中的一些事务，将会使某些复杂的事务变得简单一些。千万勿将办公室的异性关系处理成类似"恋爱关系"所期望的那种结果，也不要与某个异性发展成比其他异性更为亲密的关系。下班以后做朋友是另外一回事，但在办公室内千万要区分"轻重缓急"的关系。

俗话说，物以类聚，人以群分。大家都是同事、朋友，就是有共同语言、互有好感的人，如果你没有意思将这种关系发展为恋情，就应当将感情投入限制在友谊的范围内，即使很有好感，也不应表露出来。如果对方射来丘比特之箭，也应明智地将其化解，千万不要给对方以默许和鼓励。男同事有男同事的苦恼，女同事有女同事的苦恼，他们可能会因为工作头绪繁多而忙得焦头烂额，可能会因为事业发展阻力太大、停滞不前而愁绪满怀，可能会为家庭纠纷而沮丧不已。大多数同事遇到这种情况会表现出逃避的姿态，其实，只要你说出一句"我来帮帮你"的话语，同事就可能感激不已。当同事有困难时，或者大家都不敢接近时，如果你能不计利害地去帮助对方，对方心中的感激是可想而知的。

第四，友谊最重要。42岁的已婚作家、业余演员乔伊·蒂平就是一个榜样。她和伯特长达20年的友谊不仅没有对各自的家庭带来任何不好的影

响，甚至在最近几年他们还开始了家庭聚会。正如乔伊所说："认识伯特时，我才20岁，那时我正在达拉斯一家业余剧院演出。我一直住在达拉斯直至4年前离开，他则在15年前就离开达拉斯去了纽约，并在那里遇到了他现在的妻子。后来他们搬到了新奥尔良，我有幸到那里参加了他们的婚礼。"每逢圣诞节或新年，伯特都会回到达拉斯，并和乔伊共进早餐，这几乎都成了习惯。后来乔伊离开达拉斯去了新墨西哥，他们一度疏于联络。不过，去年12月，他们带着各自的家人在新奥尔良重逢，并度过了愉快的一周。乔伊和伯特再次重温了共进早餐的感觉，不过，几天以后他们再次分别回到各自的城市。他们清楚，他们已经在各自的生命中建立了新的习惯，那就是和自己的爱人共进早餐。

第五，办公室恋情要谨慎对待。不会有哪一家公司专门制定了有关爱情的法则，那么我们不妨来探讨一下如何面对同事变成恋人的心计。如果你和你的工作伙伴确实两情相悦，而你的公司又容许这种情况发生，那么无论从爱情还是事业的角度，这都是一件好事。可另一方面，一旦处理不好这种关系，就会产生感情上的麻烦，甚至引发法律纠纷。有时爱情已经结束，两人却不得不继续共事，这是最让人头疼的事。工作环境会因此蒙上一层尴尬的气氛，不仅当事人感到不自在，其他同事的情绪也会受到影响。当爱情不可避免的时候，讲究恰当的心计，规范双方的行为有助于降低潜在危险发生的几率。曾经有一位31岁的男士和27岁的女同事保持了长达7年的"友谊"，事实上他们在开始共事的第一年里就确立了关系。而现在男方有了正式的女友，他的女同事则拒绝再和他做朋友，甚至威胁说要彻底搅乱他的生活，并以不惜被解雇为代价。这位男士不愿离开公司，因为他不愿放弃手中持有的该公司的股票，而他的女友则整天心烦意乱，因为男友从不敢带她出席公司的社交活动。

当自己拿不准情况的时候，就老老实实按照公司制定的相关规则行事，不妨参考一下员工手册，总之是越谨慎越好。如果身为老板的你想和员工约会，那么你将不得不首先考虑你作为管理者的地位。某心理学家爱上了给他打工的一位社工，他把这个想法告诉了他的上司。随即这位社工被分派到了另一个相关的岗位，不再受心理学家的管理。一年以后，他们结婚了，双方的事业都没有受到影响。留心别让爱情影响了你的工作效率。不要有明显的示爱举动，比如接吻、牵手、互相凝视，即便在通往办公楼的路上或是在电梯里也应避免这样的情况发生。在公司的餐厅里，不要和对方同吃一个盘子里的菜。彼此之间不要使用诸如"亲爱的"、"甜心"、"蜜糖"、"心肝"之类的爱称，最好也不要使用昵称，特别是当你的公司规定员工间必须使用正式称呼时。

如果你的心上人是你的老板或雇员，应该尽力避免偏袒的嫌疑。应该学会未雨绸缪，一旦爱情冷却且不能再和昔日恋人共事，你要能够全身而退。如果身为老板的你爱上了员工，不妨咨询一下你的律师，草拟一份"爱情协议"。

有时候，恋爱的一方或双方会主动提出换个环境，尽管看上去他们和其他同事、老板或下属之间仍然保持着很好的关系。迈克和布伦达从工作伙伴变成情侣，而后又结为夫妻，一切看似十分顺利。可迈克在和妻子共事了五年之后提出，他不愿再和妻子在同一家公司上班了。"我是一名推销员。"他解释道，"每当我来到办公室扔给布伦达一堆文员干的活，我就感到不舒服。我想自己完成自己的工作。如果我发现有人和她争吵，我就恨不得替她杀了他。我总是站在她这一边。我外向、精力充沛，而布伦达正好相反。"对办公室恋情处理不当而导致的恶果还包括：当你工作的环境中充斥着关于你和你的异性同事的流言飞语时，整个工作团队的凝聚力将受到影响；还有，如果老板和员工发生了恋情，别的员工可能会指责老板给自己的心上人开后门。

要尊重你的主管

在一般的情形下，职业生活的成功，可以决定你社交生活的成功。自从你离开了学校，你的大部分的生命都在职业生活中度过，如何和同事们

相处，实在是一个应该长期注意，也应该长期重视的问题。

公司与家庭、学校是不同的，有很多刚就业的职场人士往往会觉得奇怪，办公室内的同事为什么努力地工作呢？有的人为了工作争辩得面红耳赤，有的则鼓起勇气在表达自己的意见，有时候主管还会当众骂部下。这些公司里的情况，对过去在家庭、学校过惯懒散生活的人来说，就会感到办公室内的人际关系的确不太好处理。

公司与家庭、学校有不同之处，因它是一个为达成目的而组织的团体，所以，有时候为了使工作进行顺利起见，不得不坦率地说出来，也不能以个人的喜怒而行事。而且办公室内的人，也并不是每一个人都很能合得来，这里更不是好朋友的俱乐部，因此，人际关系的建立，都是以希望能达成公司的目标，完成任务为依据。如果你能想到这一点，就可以了解到办公室内的人际关系了。如果你发现办公室内的气氛不协调，也会认为自己的人际关系做得非常不好，事实上，这种看法是非常肤浅的。办公室是一个进行工作的场所，因此，这里的一切人际关系，都应以工作为中心。

有许多人与主管合不来，其实就算你真的和主管合不来，在公司里也不可以直接地说出来。因为不论你怎么与主管脾气不相投，但他毕竟是你的主管，没有他是不行的，公司不会因职员的情绪好恶而把主管换掉。凡是人都有这样的毛病，当他喜爱对方时，即使是缺点，也会看成长处；同样地，当他讨厌对方时，连过去从来未注意的缺点，都会更注意，于是也就越来越讨厌对方了。所以和主管合不来时，大多数都是这些原因造成的，在这种情形下，每天过着非常不愉快的生活，实在是很可悲的。同时，由于个人认为无法与主管合得来的心理作祟，遇到工作不顺手时，这情况就会越来越坏。为了避免造成这种结果，你必须使自己认为很喜欢对方，过去对主管也没有成见。如果能在心中存在这种观念，再去观察对方的话，将会发现对方有许多优点是过去未注意到的；于是你会慢慢地喜欢主管，对工作也能用心去做了。

主管也是人，绝不可能是十全十美的，如果不先去喜欢对方的话，对

方当然也不会喜欢你的。王小姐曾被主管很严格地训斥过，当时她极力忍耐，等到一离开公司，眼泪就像断线的珍珠纷纷落下来。王小姐有过很多次的经验。这种情况，很多职员总会以为"为什么主管会这么讨厌我呢？"或"主管为何这么恨我呢？"事实上，主管并非是因为讨厌才骂你的，而是因为他对职员的期望殷切，且为使他的工作能力有进步才骂人的。如果真以为主管严格的训斥就是讨厌你，那就大错特错了。事情是很明显的，有些主管认为毫无希望的职员，他根本不起用他，所以做起事来也不会责备他。假如能认为被主管骂就是自己工作能干的证据的话，即使是珠泪暗弹，又有何妨呢？

有时主管会请女职员们吃饭，有些女职员便会推说："我的肚子还不饿！"或"今晚有约会！"纵然是没有约会，她之所以会如此拒绝地说，以为轻易地答应主管的邀请，会被看轻自己的人格，但是如果多心，反而对对方是一种不敬。一般说来，主管请女职员们吃饭大都是有目的的，但不是为了诱惑她。或许，的确会有这种卑鄙的人存在，但通常都是因为主管看在大家拼命加班的份儿上，用来慰劳大家或是有话不便在办公室内说，或是为了沟通意见，或为搞好办公室内的人际关系才请女职员们吃饭的。换句话说，主管和部属一起吃饭是为了谈话方便，广义地说，这应该也算是工作之一。

谨慎对待元老级人物

一般的公司都以金字塔型的组织形态，来表明上下的职责和分配工作的范围。但是在国内的企业内有一点比较特别，就是年纪的大小之分；不论其职务是什么，年纪较轻的人一定要尊敬年纪较大的人。对于公司里的元老级同事，职场人士要谨慎对待，因为老虎的屁股摸不得，如果你得罪了这些人，引来他们的报复，后果是不堪设想的。

尤其在历史较久的公司，往往有元老级同事。元老的资格是不容易得到的，既须服务的年限长，又须所当的职务高，更须实际年纪比一般同事

大。服务年限不长，职务不高，年纪虽大，也算不得元老；服务年限虽长，而职务不高，虽年逾七八旬，仍算不得元老。在历史较久的公司中，老年人也多，服务久的也多，而堪称为元老的却寥寥可数。元老担当重任的虽有但不多，然而元老虽不担当重任，而他的主张却为领导所重视，也是常有的事。即使不为领导所重视，然而大部分的人心也都倾向于他，这是必然的。遇到紧要的关头，元老出来说几句话，对于公司的前途往往影响很大。不论他在社会上声望如何，地位如何，他在这个公司当中始终是重心，就算你的社会声望如何好，或者在社会上的地位如何高，在这个公司中无论如何总是比不上他们的威信。元老自有其优越的基础，这一点你必须认识清楚。

　　元老的经验比他人丰富，在这个公司中，他便是一部活的历史，一切过程，他们最清楚，往事历历，他们可如数家珍：某事如何成，某事如何败，此中曲折无不明白，而一种事业的演变，及如何演变成功以至有现在的局面，自有一连串的因果关系，以后的形势如此，不难于演变中得其梗概。元老不但是一部活的历史，而且是今后工作的指南针。有时你想到某种地方，可以对某种事有所改进，谁知你所提出方法，从前曾经施行过了。至于行不通的理由何在，也只有元老能够根据经验，做条分缕析的解说了。虽然因为他的事太多，可能主张比较和缓，但这不是他怕事，而是他稳健，真正的老成持重，唯有元老才能当之无愧。基于以上种种的特点，你对于元老的指示，要表示诚敬地接受，使元老对你产生好印象，然后你才可以从他那里获得很多的宝贵经验，这些经验绝不是书本上所能读到的，如果要亲自去摸索，也须花上几十个寒暑的光阴。虽然他不会对你有过系统的讲述，但以一个问题为例，他却能说得头头是道。你在社会上所遇到的各个问题，他的经验，就是解决一个个问题的钥匙。有的元老，长于处世；有的元老，长于对人，而你的对事对人，都有师承，再加以自己的研究与体验，处世自然就能十分顺利。他的思想也许会老，会落伍，但他的经验绝不会老，也绝不会落伍，当然因为时势迁移，有一部分经验已失效用，但是你能够利用他失效的经验，知道演变的过程，也不难找出你应遵循的途径，这一部分失效的经验，对你还是有用处的。

元老在这个公司里是一言九鼎，他如果能信任你，肯说句好话，对你是有莫大的帮助的。同事器重你，老板也器重你了，只要你真有才能，有真实的成绩拿出来，机会一到，自能一跃而起，扶摇直上。但是有一点，必须注意，元老的为人，在公司中因为地位不同，或者不免有倚老之处，年轻人往往不敢与他亲近。其实并不一定有意倚老，而是年纪关系，年纪老，心理也老，表现于言语行动，遂无一不老。你要明白元老之所以称元老，他的心一定公正，他对公司也一定爱护，提携后进不是为他个人，而是为了这家公司，仅此一点，他的道德已高出普通人许多了。此外，一般人还有个普通的现象，一入社会做事，便与书本断绝关系，不肯再阅读新书，因此他们的智能无法随时代潮流而有进步。时代越跑越前而他学识没有更新，于是到了中年以上，就往往成为旧式人物。当然也有一面做事，一面读书，终生学习而不知老之将至的人。

老派人物，在社会上的每个角落里，都占着重要的地位。本来这个社会就好像一艘大船，在船上做事的，必须经过若干年的实际训练，尝过很多的惊涛骇浪，等火气平定了，态度镇定了，办事老练了，见多识广了，才可以居掌舵的要位。世界各行各业的领袖，哪个不是逾半百的老年人，他们对于50岁左右的人，还认为年富力强呢！所以一般的事业界实际上也应该让中年以上的人担当重任，只可惜他们大部分的人已经头脑陈旧，成为老派人物了。

老派的人物，学识思想距离现时代太远，你要叫他们追上时代，是绝不可能的。同时，他们的头脑已失去了吸收新智能的作用，新知识与他们是格格不入的。所以在他们面前第一点最忌高谈新学识，把外国的学说，外国的办法，一股脑儿地向他们宣传；第二点最忌以新人物自居，对现实表示一百个不满意，虽然现在是科学方法的时代，然而他们的头脑，根本是不科学的，如何容得了科学方法，你如果提出科学方法的金字招牌，一定把他们吓退。不如就科学方法中，挑最浅易、最合适的几个方法，撕去舶来品的包装，用渐进的步骤，逐一试办。等收到了相当的效果，取得了老派的信用后，再从一点一滴的改变，画成相当的平面。将整个革新计划，藏在你的胸中，而所提供于老派人物面前的，只是些很平凡的片段，如能获得他们的同情，大家愿意共同合作，向着你的方向走，那么一切不必要的挫折自然就减少了。

对于老派人物，你应该使之与你合作，不应该与之分家，不应该逼老派人物成为你的阻力。你若想采取手段，也不是毫无条件的。第一要先取得大权，然后才可以支配一切；第二要先准备好充分的干部，才足以应付一切。只要缺了其中一样，便不配谈运用革命性手段。而且老派人物未尝不可利用，何必另起炉灶？对于稍有不满的事，动辄主张用革命性的手段，这是年轻人不能通达处世的方法，不熟悉人情的缘故！

同事之间亲疏得当

与同事相处，太远了当然不好，人家会认为你不合群、孤僻、不易交往。太近了也不好，容易让别人说闲话，而且也容易令上司误解，认定你是在搞小圈子。所以说，不即不离、不远不近的同事关系，才是最难得的和最理想的。

一天，公司来了一位新同事，他不是别人，正是你的好友，而且，他将会成为你的搭档。上司将他交托于你，你首先要做的是向他介绍公司的架构、分工和其他制度。放轻松一点，就当他是普通的同事吧，这时候，你要跟他拍肩膀，以免惹来闲言闲语。总之，大前提是公私分明，记着，在公司里，他是你的搭档，你俩必须忠诚合作，才可以制造良好的工作效果。由于他是新人，许多地方是需要你的提示的，这方面你就得扮演老师的角色，当然切记不能颐指气使，更不应倚老卖老引他人反感。私底下，你俩十分了解对方，也很关心对方，但这些表现最好在下班后再表达吧。跟往常一样，你俩可以一起去逛街、闲谈、买东西、打球，完全没有分别。只是，奉劝你一句，闲暇时，以少提公事为妙，难道你一天工作八小时还不够吗？

当一位旧同事吃回头草，重返公司工作，你有必要注意自己的态度。因为旧人对你和公司都有一定的了解，即使说他并不需要时间去适应，而你也没有时间去备战，就要立刻见招拆招。首先，你得清楚，这位仁兄以前的职级如何？与你的关系怎样？他的作风属哪种类型？如今重返旧巢，他的地位会改变吗？如果此人以前只是一个小角色，如今飞上枝头变凤凰的话，请小心其作风与手段。因为肯吃回头草，多数是受钱吸引，其职级亦高升，难免有点飘飘然，那还好一点，你大可以投其所好，讲些动听的话，但切莫"拍马"拍得出格，那只会叫他瞧不起你。

这个人如果以前与你共过事，请不要在人前人后或他面前主动再提以往的事，就当是新同事新合作吧，避免大家尴尬。要是他过去与你不相干，如今却成了搭档，不妨向对他有些了解的同事查问一下他以往的历史，但要装作轻描淡写，不留痕迹。好搭档另谋高就，公私两方面都要你重新面对。姑且勿论新搭档是新同事，还是由别的部门调来，你俩都需要一段时间去习惯、协调。如果他是新同事，你首先要做的，是向他介绍一下公司的办事作风，各种小节的规矩，你部门的工作程序，和你俩的工作范围、合作情形等，让他"热身"，那么他才能快点投入工作，分担你的压力。

每个人都有自己的一套做事方法，你向他介绍旧搭档的工作方法时，请客观一点，概括而谈就可以，除非对方追问，否则，他可能误会你要他依循旧法行事，间接窒碍了他自己的能力。新人做事不妨有新作风，让他多提意见，或许会有新的发现，同时也表现出你的民主和客观，避免了或大或小的误会和芥蒂。切忌将旧搭档的名字挂在口边，仿佛他令你难以忘怀，间接给新搭档造成压力，"以前我们不是这样做的"，"他肯定不会如此处理同样事情"等类似的话，必须抛到九霄云外，你俩才能合作愉快。

你渴望另谋高就，却为一件事而困扰！你得到某公司有份适合自己的专业的消息，如果成功，对你将是一个突破；可是，你的好友若晓得这消息，也必然有兴趣申请。一方面若不告诉你的好友，你会有负疚感，但另一方面又不想与好友竞争，不知如何是好。请先作个决定：你的事业重要还是无所不谈的友谊更重要？要永远你施舍、维护的好友，是你所需要的，还是个包袱而已？看来两者是不能混为一谈的。

或者，我们可以客观些来看看。你是唯一知道征聘消息的人吗？你知道，肯定还有100人或1000人晓得这个消息。即是说你必须和一大群人竞争，那么，多加一个好友来竞争，又有何分别？何况，就是你不讲给好友听，他或许早已申请该职了。你得知道，你的机会不会因自以为限制了申请者而提高，因为雇主永远不愁没有申请者，他们的目的是要找合适的人选，而非先到先得。其实，你的担忧只是自信心不足的表现，记着，竞争者永远是平等的。

你的搭档与你合作多年，一直相处融洽。一旦搭档另谋高就，应该如何面对？好的一方面是，你将有更好的机会，那就是老板可能委任你独当一面，即使另聘新人，以你的年资和经验，还是有利无弊的。所以要好好把握，说不定这个黄金机会正是你攀上成功的阶梯。坏的一面可能影响很大。搭档离职的原因是什么？对公司不满？与你合作有问题？还是纯粹为钱而转换环境？要是对公司不满，请留意他的行动。不是叫你做间谍，向公司报告什么，而是为了你自己未来的工作。细心地观察他，若遇上他故意扰乱文件和工作程序，请一一收拾，但要保持缄默。一则无谓伤感情，二则公司亦未必多谢你。若对你不满，对方的不理不睬，或故意懒散，你也只得默默忍受，记着，反正他快要消失，就耐着性子吧。

某位同事生性暴躁，常因小事"唠叨"不已，虽则事后他并不把事情放在心上，但事前的粗声粗气或过激反应，却叫你闷闷不乐。暗自纳闷，只会害苦了自己，何不想个改善之法呢？须知道，同事相见的时间往往比家人还多，经常如骨鲠在喉，太难挨了吧，恐怕间接还会影响工作情绪。对付这些脾气刚烈之人，最佳办法是以静制动，然而，不要误会，并非是采取凡事"忍耐"的策略，相反，却是积极和主动。

举个例子，某计划出现了问题，同事心急如焚，大声大气地数指此事应怎样怎样，谁人又该如何如何……总之意见多多却极欠建设性，只予人烦不胜烦之感。细想一下，有同感的肯定不止你一个人，所以不妨就由对方猛烈诉说下去，你却处之泰然，保持缄默，即使有其他同事表示不平，你也请坚守原则。直至事情明朗化，对方的态度平和下来，你再摆出明白事理的态度来，细心将事情分析，如此，你必能打败对方于无形。

有位同事生日，于是有人提议给他庆祝一番，如果你乐意加入庆祝行列，便替别人高兴高兴，而后却又觉得有点酸溜溜的，你想想：为什么同事们从未为你庆祝生日呢？他们真偏心吗！其实，他们并非偏心，而是无心。但是无心也必有因，那就是说你在他们心目中没有占上地位，人际关系欠佳所致。要扭转这种情况，奉劝一向文静的你要积极一点了。先踏出你的第一步吧！而这一步不妨多找借口，才不致太突兀。

努力不懈忠于工作的你，在短短的几年间，步步高升，可说是一帆风顺。有几位跟你一同起步的同事，限于能力和机遇，至今仍保持多年前的原状。在大家相处之时，你总感觉不太自然，甚至有战战兢兢之感。其实，这完全是心理作祟，你是怕自己的表现过于高傲，惹来"一朝得志"的批评，但过于随和，又怕有"不够成熟"之嫌。只要把这包袱抛掉，一切就容易应付了。

工作上，如果他们是你的直辖下属，谨记"大公无私"的原则就是了，对他们采取一贯的态度，奖罚分明，切莫有"算了吧，大家共事这么多年"的想法。只要态度诚恳，不必怕对方会错意的。私底下，保持你们固有的关系吧，合拍的就当做朋友一般看待，不合拍的，不必刻意去改善。要是他们并不属于你的部门，情况就好办得多，公事上没有，平常见了面，大可"友善"一番，不必故意去装一副模样的。

只有和同事们保持合适距离，才能成为一个真正受欢迎的人。你应当学会体谅别人。不论职位高低，每个人都有自己的工作范围和责任，所以在权力上，切莫喧宾夺主。不过记着永不说"这不是我分内事"这类的话，过于泾渭分明，只会搞坏同事间的关系。在筹备一个任务前，谦虚地问上司："我们希望得到些什么？""要任务顺利完成，我们应该在固有条件下做些什么？"也永不道人长短。比较小气和好奇心重的人，聚在一起就难免说东家长西家短。成熟的你切忌加入他们的一伙，偶尔批评或调笑

一些公司以外的人如艺人等，倒是无伤大雅，但对同事的弱点或私事，保持缄默才是聪明的做法。记着，搞小圈子，有害无益。公私分明亦是重要的一点。同事众多，总有一两个跟你特别投机，私底下成了好朋友也说不定。但无论你职位比他高或低，都不能因为要好这一原因，而做出偏袒或恃势。一个公私不分的人，是做不了大事的，更何况，老板们对这类人最讨厌，认为不能信赖，所以你应该懂得如何摆正自己的位置。

做好和事老

办公室里的是是非非几乎每天都在发生着。你可能是个很有正义感的人，忍不住要挺身而出"匡扶正义"；也可能你是个外向型的人，眼里看不过的事嘴上就要说出来；也可能你是个……但不管你是什么样的人，职场厚黑学奉劝大家，不要轻易惹是非。

甲乙两位平日颇为要好的同事，最近竟然分别在你跟前数落对方的不是，然而两人表面上依然友好。所以，你生怕两面皆讲好话会被认为是两头蛇。其实，除了这点，你更该小心，因为另一个可能性是，两人是否在对你试探点什么。

先讲前一种可能。有些人心胸狭窄，十分小气，又好嫉妒，所以因为某些问题，令两人发生心病，是不足为奇的，但表面上又不愿意翻脸，故向较亲近者倾诉心中情绪，是再自然不过之事。你这个中间人并不难做，同样冷淡对待两人，对方发现没有人同情，心里不是滋味儿，定会另找他人，那么，你就会得以解脱。你如果发现两人是别有用心，旨在试探你对他俩的喜恶程度，你就该步步为营了。既然对方的动机不良，你也不必过分慈悲，不妨还以颜色，分别跟他们说："对不起，我的看法对你们并不重要呀！"使出这一招，他们必然无功而返。

有人请你做公事上的"和事老"，你应该谨言慎行。同事之间，有太多的微妙关系存在，大部分是亦敌亦友的，无论私交如何要好，在老板面前，既然是在竞争之下，他们也是有数不完的斗争。今天，某甲跟某乙像

最佳拍档，在办公室成了"铁哥们"，但很有可能几天后，两人却反目变成仇人了。所以，某些人可能为了某些目标，希望化干戈为玉帛，以方便日后做事，但亲自出面又太唐突，于是便找来"和事老"。本来使人家化敌为友，是一件好事。但做好事之余，请做些保护自己的工作，也要给自己的行动定一个界限。

例如有人请你做"和事老"，你不妨只做约饭的陪客，或作为某些聚会的发起人，但不宜将责任全往自己身上揽，反客为主。你最好是对双方的对与错均不予置评，更不宜为某人去做解释，告诉他俩"解铃还需系铃人"，你的义务到此为止。对上司不满、对公司不满的永远大有人在，遇上有同事来诉苦，大指某人有意刁难他，或公司某方面对他不公平，你应该做到既关心同事的利益，又置身事外。

例如，同事与某人有隙，指出对方凡事针对他，甚至误导他。你或许会很有耐性地听他倒苦水，听他细说端详，但奉劝你只听，不问。尤其是切莫查问事件的前因后果，因为你一旦成了知情者，就被认定是当然的"判官"了，这就大为不妙。你只需平心静气开导他："我看某人的心地不差，凡事往好处想，做起事来你会更开心的。"

要是对公司不满，你的立场就必较复杂，站在公司立场是你应该的，但站到同事那边，又有害无益。可是，人家来找你，保持缄默实在不礼貌。不妨这样告诉他："公司的制度不断改进，这次你觉得不公平，或许是新政策的过渡期，你不妨跟上司开门见山地谈一下，但犯不着坚持己见。"轻轻带过才是上策。

一位向来很忠心，已在公司服务多年的员工，突然告辞，惹得众说纷纭，不少同事还千方百计去细问当事人，发誓要找出真相。其实，知道了真相，对你有好处吗？肯定没有，坏处倒有一大堆。例如，你会无端卷入人事旋涡，晓得行政层的秘密对你的工作态度多少有些影响。还有，你更有可能被列为"某类分子"。所以，过去的即将过去，不必去追究了，除非这位员工向来与你有默契，自动向你诉衷情，但你也只应该做个聆听者，万万不要做"播音筒"。你应该做的是送上诚意的祝福，赠对方一件纪念品，当作纪念你俩的情谊吧！又或者，请对方吃一顿饭，当做饯别。至于其他同事的行动，大可不必理会，也不必加以批评，这叫做独善其身。

你本来就非好管闲事之辈，却偏偏遇上一个爱诉苦的同事，肯定会让你感到烦不胜烦。遇上这种"烦人"，既妨碍工作，又没有好处。所以，你必须想办法拒绝他。第一，你可以借口较忙。遇上对方单独邀约午饭、下午茶等，一概以"忙得不能抽身"为理由推托。凡想诉苦之人，情绪冲动，你一拖再拖，他肯定没有耐性再等下去，这样，你不是可以避之大吉了吗？第二，是"装傻"。一个善解人意的人，永远会是一个好听众。但是如果你凡事听不明白，频频反问对方，又没有好主意，对方等于对牛弹琴，你以为他有什么感受呢？又或者你显得心不在焉，漠不关心，驴唇不对马嘴，对方也一定会无趣而退，另寻可分担苦恼的人，于是，你无疑就脱离苦海了。

在工作酬酢繁忙的职场中，许多尴尬情况是不可避免的。例如在一些商务午餐或晚宴上，许多时候就有以下情况发生：甲与乙有心病，见了面互不理睬，但两人与你皆有一定的交情，必然会上前跟你交谈，互道近况的。在同一时间，两人分别朝你走过来，怎样好呢？比较理想的做法是，装作看不到两人，低下头去拿杯饮品，或整理衣衫，看谁先走到面前，就跟谁说"你好"。既然两人不和，乙若见到甲正跟你招呼，自然会却步不前，那就能够避免两人与你一起的情形出现了。好了，当与甲寒暄完毕，说过"拜拜"之后，请尽快主动找乙，忘记刚才跟甲有关的一切，只与乙尽情闲聊。

更糟的情况是，你发现给你安排的座位，刚好是夹在甲与乙中间。遇到这种情形，你怎样做？你最好先发制人，去找主办者，随便说一个理由，请他替你调一个座位。总之，两方面俱不得罪，或者置身事外为妙。最近，你发现自己处于十分尴尬的局面：两个同事因私事交恶，互不理睬。而你就成了"两边人"，成为两人争着拉拢的对象。

你本来深明公私分明之理，问题却是两位同事弄得混淆不清，令你有点不知如何是好。中庸之法是，让一切保持常态，就当做什么事没有发生过吧。更清楚一点来说，执行任务时，心里切莫有"这两人不会合拍，由我去做吧"的想法，硬要自己做些不在行的事，会事倍而功半。事情本来应由谁去负责，就让谁去执行吧，以免费力不讨好，甚至白白惹祸上身。

厚黑职场第三招：谨言慎行　防范小人

> 厚黑学的功用，好比机械运转所需要的润滑油。可以使机器运转得更加顺畅。至于什么场合应该用什么厚黑之术，就像戏台上唱什么角色该穿什么戏服一样，绝不是一成不变的。

沉默就是力量

如果你在办公室遭到别人的攻击，你该怎么办？厚黑学提示你，用沉默把对方的气势顶回去！在职场中与人相处，由于利害冲突，难免发生摩擦。当有人骂你，最好的应对方法不是回骂，而是沉默以对。

在某公司的一次会议上，同事甲和同事乙有过节。当同事甲发言时，他竟不讲重点，反而当着二三十位同事的面，把同事乙痛骂了一顿，扯了很多过去的账，而且用词尖刻；其他同事都很担心场面会失控，但被骂的同事乙却一点表情也没有，一句话都不回。结果同事甲慢慢地骂不下去了，匆匆收拾桌上的文件走了。姑且不论他们两人之间的是非恩怨，倒是同事乙的定力让人佩服，换成别人，早就拍桌挥拳了也说不定。或许，这就是对付指责谩骂的最好方法。为什么说这是最好的方法？主要有以下几个理由。

第一，你如果不还口，对方气势会越来越弱，此时会出现几个状况，

首先是草草收场；其次是不下了台，脸红脖子粗地硬撑场面，然后气急败坏地鸣金收兵；最后是为了维持气势，不是不持续"骂"下去，但因为你不还口，对方缺乏你言语上的刺激，他必须不断搜寻骂你的理由和字眼，有时甚至会前后矛盾，自露马脚，无法自圆其说，结果把自己弄得窘迫不堪。

第二，不管你有理或无理，骂不还口，可"塑造"你的"弱者"姿态，引发旁人的同情；当然，相对的，也会引发旁人对骂者的不以为然。而你的"风度"，相信也会获得别人的认同。

因此，骂不还口，可使自己处于绝对的上风。不过这相当不容易做到，因为一被骂，自卫的本能立刻升起，但如果你口才不佳却硬要回骂，有理也变无理，不过如果你自恃口才好，唇枪舌剑一来一往，你也不一定占得了便宜，骂赢了对方，对方若心怀鬼胎，这对你也不是好事。不妨沉默以对，让对方无功而退，因为他已经骂过了你，你又没还口，如此他怀恨的可能性便会降低。

有个政治人物据说常使用这个方法——当有人骂他时，他先是沉默，而对方骂完时，他则笑着说："对不起，你刚刚说的我没听清楚，是不是请你再说一遍？"对方会不会再骂他一遍？看来是不可能，因为他骂完，气势已经下降，不可能在刹那间重新处于既高且壮的状态，而且人家不吭声地让你骂，自己已处于不利的立场，再被这么一说，哪里还有脸再骂人一次？

谨慎行事　加强防范

在职场与同事相处，要小心谨慎，有时还要使用一些必要的厚黑之道来对付别人的伤害，来保护自己。厚黑学的功用，好比机械运转所需要的润滑油，可以使机器运转得更加顺畅。至于什么场合应该用什么厚黑之术，就像戏台上唱什么角色该穿什么戏服一样，绝不是一成不变的。具体到职场，以下三条金科玉律，相信会帮你在职场中很好地保护自己。

一、在办公室不可随便与人交心

在现实中，任何一个公司都不是真空般一尘不染，正人君子有之，奸佞小人亦有之；既有坦途，也有暗礁。在复杂的环境下，你如果不注意说话的内容、分寸、方式和对象，往往容易招惹是非，授人以柄。

厚黑学认为，人性是自私的。换句话说，人只有先求安身立命，适应环境，然后才能设法改造环境，顺利地走上成功之路。因此，说话小心些，为人谨慎些，对避开职场的是非旋涡，使自己置身于进可攻、退可守的有利位置，牢牢地把握职场的主动权，无疑是有益的。

况且，一个毫无城府、喋喋不休的人，会显得浅薄俗气、缺乏涵养而不受欢迎。西方有句谚语说得好："上帝之所以给人一张嘴巴、两只耳朵，就是要人多听少说。"

下班之后，与同事一起喝杯酒，聊聊天，不但有助于日常工作，还可能得到与公司有关的消息。因此，公司举办的各种聚会，你自然要积极参加，就是与同事及上司打上一两场"社交麻将"也很有必要，但有一点要时刻切记：你不可随便与任何人交心。

同事之间，只有在大家都放弃了相互竞争，或明知竞争也无用的情况下，才会有友谊的存在。有利益上的竞争与冲突，同事之间就不可能有真正的友谊。如果轻易地交出真心，甚至动了真感情，只会自寻烦恼。

比如说，陈阳与刘军是同年毕业并且同时进单位工作的，而且两人是好朋友，可现在只有一个升职的机会，如果陈阳升了职，刘军没有升，刘军会怎样想呢？刘军如果继续与陈阳交好，免不了会被人认为趋炎附势。而成为朋友上司的陈阳，即使想主动对刘军交好，也不可能像往日那样自然。

二、随时注意保护自己

蓝领与白领不同的地方之一，是蓝领向上流动性不大，升迁的机会不多。因此，蓝领工人打的是常规战术，集体讨价还价，争取共同的利益。而白领阶层则大多有个别拼搏的机会，获得升迁是单打独斗的结果，甚至是踩着别人的肩膀往上爬的结果。因此白领之间不但没有蓝领的那种同志

感情，往往还互相猜疑，尔虞我诈。这种生存竞争环境，犹如深入敌后、孤军作战的游击队。是游击队，就得打游击战！游击战的最高原则是"保存自己，消灭敌人"。许多力争上游的白领，很注意将对手打倒，却往往不善于保护自己，这是不足取的。厚黑学认为：一方面要友好竞争，另一方面更要在众人的竞争中保存自己，在势单力孤的情况下，就要夹紧尾巴，千万不要露出自己的野心，以免成为众人的靶子。俗语说，"不招人忌是庸才"，但在一个小圈子里，招人忌者是蠢材。精通于同事相处厚黑之道者，往往在积极争取往上前进的同时，还能很自然地摆出一副"只问耕耘，不问收获"的超然态度。

三、别替人背黑锅

在任何一个单位里，做事好坏对错，很多时候是由上司主观决定的。如果上司意志力强，下属多少都要努力工作；上司若自以为是，下属便会唯唯诺诺。但有一些上司只是向他的上司交功课而已，工作敷衍了事，得过且过。在这样的环境之下，最重要的事情就是不要出事，一切如常，就不会引起上司的雷霆之怒。但如果出现差错，上司为了向他的上司交代，就会抓住一个人做替罪羊。这种情况，俗话叫做"背黑锅"。虽然说有的时候替上司背黑锅，能够换来更大的回报，但大多数情况下，替别人背黑锅是非常划不来的蠢事。不背黑锅的方法其实很简单。最简单易行的就是不冒险，不马虎，事事有根据，白纸黑字，即使错了也有充分的理由解释。另一方面，一件事的对错，错的大小，应否追究，以及应该如何处罚，往往都是上司决定。大事化小或小题大做，都在主管上司的一念之间。因此，在这种情况下，人缘好，特别是与上司的关系不错，就会较少获罪。

以黑治黑　以牙还牙

在职场中，什么人最可怕，那就是所谓的"小人"。的确，小人最难缠。职场厚黑学提示你，一般小事，能躲就躲，能忍则忍。如果触及了做

人的原则，不必顾忌太多，该出手时就出手，而且越"凶"越好，使小人不得翻身作乱。

公司里的"小人"难对付，凡是职场中人都非常清楚这一点，也有不少人吃过"小人"的苦头。小人喜欢背后搞鬼，表面上与你一团和气，但在背地里却用卑鄙手段为自己谋利。如果你遇到了职场"小人"，一定要倍加谨慎。如果是不触及原则的小事也就算了。如果是涉及你切身利益或者大是大非的问题，那你也就不要一味地忍让了，不然他们会变本加厉。这时你应用点"凶"的功夫，以毒攻毒。

职场上的原则性问题主要有两种，一是尊严，二是应得的利益。尊严是精神上的原则性问题，一个人格健全的正常人是不能允许别人轻易冒犯自己的尊严的，尊严受到损害有时比物质利益的损失更让人难以忍受。一个人的素养越高越看重自己的尊严，所谓"士可杀不可辱"正是这个意思。在尊严问题上，职场人士必须寸步不让！但在很多情况下，会发生这样的事情，但你不知道如何申辩，结果你只能白白地受气。其实，别人侮辱你，并不就意味着他们的人格有多高尚，所以你没有必要对职场"小人"手下留情。

对付小人最有效地方法就是以黑制黑。一定要想方设法将他的把柄拿在自己的手上，在需要的时候随时进行敲打，让他老老实实，不敢再欺负你。例如，你发现该他的徇私舞弊行为，并且掌握了确切的证据，不要公开揭发，而是采取含糊的语气，用他能够听懂的言辞当众指出。旁人可能不知道你在说什么，可对方是一清二楚，这样既能起到敲山震虎的效果，又不致将矛盾公开化。毕竟是做贼心虚，一般人都肯定会被吓住的，不但不敢再排挤打击你，而且也会大大收敛他的不轨行为。世上谁人无把柄，你掌握了对方的把柄，又巧妙地点了出来，对他的震动自然不用多说，很可能其他人也有同样的把柄，还以为你说的是自己。这样，也许不只一个人由于担心自己的把柄被公开而不敢欺负你。

"世界上的事，怕就怕认真两字"，兔子逼急了也会咬人，大多数人是明白这个道理的。平时沉默寡言的人一旦发起怒来更令人胆寒，考虑到这

一点，即便是本来想欺负你的"小人"此时恐怕也要收敛几分了。因为任何人都有不愿让人知道的隐秘，任何人都怕自己的隐秘暴露在光天化日之下，特别是不怎么光彩的事，更是害怕他人知道。因此，制服"小人"的最好方法，莫过于揪住对手的把柄，让他的黑心不敢使。

不过，你在应用这一"凶"招时，还要特别注意保密。具体来说，就是对把柄一定要做好保密工作，而且最好仅限于你一人知道。千万不能在众人面前公开，因为把柄之所以能为你所用，就在一个"隐"字上，一旦公开了，由"隐"变成了"公开"，它也就失去了利用的价值。或者你掌握的秘密被公开以后，对方很可能会破罐子破摔，反而毫无顾忌地对你进行报复，那反而弄巧成拙了。所以，你只能以能够使对方明白的方式来警告对方。

小李在一家家政公司工作，她被公司派到一位女商人家中做保姆。由于小李为人忠厚，手脚麻利，女主人对她的初步印象很好。但是，生性狐疑的女主人还是担心小李"手脚不干净"，于是在试用期的最后几天想出个办法来试一试小李。

一天早晨，小李起床要去做饭，在房门口捡到一元钱，她想肯定是女主人掉下的，就随手放在了客厅的茶几上。谁知第二天早晨，小李又在房门口捡到了一张五元的钞票，这让她感到很奇怪。"莫非是在试探我吗？"小李产生了这样的疑问，但她又很快打消了这个念头，因为女主人是一位见过大世面的人，怎么会做出小气的事情呢？这样一想，小李就把钱放进了茶几底下，但小李已经对女主人开始防备了。到了晚上，小李假装睡下，从卧室的窗户窥看客厅中的动静。正当她困意袭来，准备放弃这一念头时，女主人竟真的悄悄到茶几前取钱来了。小李彻底惊呆了，怒火冲上了她的心头："怎么可以这样小看人！"于是，小李想给女主人一点颜色看看。

第二天早上，小李又在房门口发现了一张钞票，这次是 10 元钱。她笑了笑，把钱装进了自己的口袋。到了傍晚，小李在女主人下楼去练气功之前，把这 10 元钱悄悄地放在了楼梯上，准备也测试女主人一番。果不出小

李所料，女主人之所以怀疑别人手脚不干净，正是因为她自己是一个自私而贪心的人，她在下楼时看见了那10元钱，当时就眼睛一亮，然后趁着左右没人把钱塞在了口袋里。这一幕，全都被暗中偷窥的小李看到了。

当晚，女主人就兴师问罪，找小李谈话，严肃而又婉转地批评小李为人还不够诚实，如果能痛改前非，还是可以留用的。小李故作懵懂地问："你是不是说我捡了10元钱？"女主人说："是呀！难道你不觉得自己有错吗？"小李摇了摇头："不，我不认为我做错了什么，因为我已经将那10元钱还给您了。"女主人一脸诧异："咦，你啥时啥地还我钱了？"小李大声回答："今天傍晚，楼梯上……"女主人一听到"楼梯"两个字，登时像触了电一样浑身一颤，狼狈得一句话也说不出来了。聪明的小李来了个"以毒攻毒"的方法，既为自己保留了尊严和面子，也揭穿了女主人虚伪的外表和"小人"的本性，可谓是"一石双鸟"、"一举两得"。我们可以试想如果小李正面反击，不讲策略，那到头来会是一个什么结局呢？小李心慈手不软，略施小计，就避开了女主人为她挖好的陷阱，真是应验了那句"害人之心不可有，防人之心不可无"的古训。

在职场中，竞争总是难免的，如果对方采用正大光明的方式，你可以泰然处之，如果对方采用卑鄙无耻的小人伎俩，那么你就要给他点颜色看看了。

流言飞语不必听

男女关系是爱搬弄是非者最喜欢传播的小道消息之一。当然了，散布流言不仅仅是这一方面，他们散布的话题非常广泛，比如，你工作有了一些成绩、家庭出现一些问题甚至多接几个电话都会有流言产生。流言飞语是软刀子杀人，使人陷入深深的痛苦之中而不能自拔。

在我们的朋友当中有这样一些人：他们到处散布别人的流言飞语，搬弄是非。这类人也许只是没事练练舌头，或者增加一点儿饭后的谈资，但他们的言辞却对别人产生了很大的影响。

灵活善变 厚黑学

郑小姐为人善良，又十分要强。高考落榜后，她进了一家工厂。一进厂，厂里就组织她们一同进厂的40个女同事进行培训。4个月以后，只有郑小姐一人分到科室工作，其他人全分到了车间。郑小姐很高兴，在科室工作许多事要从头学起，她虚心向老同志请教，勤奋学习，细心观察别人对问题的处理方法。郑小姐这个人不笨，脑子也比较灵活，办事也有一定的能力。就在工作取得一定成绩的时候，她听到别人的议论，说她是靠不正当手段进科室的，说她与上司的关系不一般等闲话。郑小姐的上司有能力，但名声的确不好，而且粗鲁，经常开过头的玩笑。郑小姐对他也很看不惯，但毕竟是上司，又能怎么样？所以郑小姐对他敬而远之。可是有些同事总是背后议论她的品行，他们这些无中生有的议论，使郑小姐心理压力很大，她没有使用任何手段使自己分到科室工作，她自认为是凭自己的本事得到这一份工作的。可是人言可畏！自从听到传言之后，郑小姐处处小心，感到孤独、烦恼，工作积极性不高，精力很难集中起来。

郑小姐就是一位典型的被流言所伤的受害者。那么，应该怎样对待这些流言呢？要提高认识，人与人之间产生一些误会，有一些流言是不奇怪的。特别是有些人，为了自己的利益，总想制造一些流言来骚扰别人。如果你由此十分生气，甚至痛不欲生，那大可不必如此。如果在事情发生以前，你有了充分的认识，那么在受到不公正待遇时就不会影响你的情绪和生活，同时也说明你是一个意志十分坚强、头脑十分清楚的人。要提高对流言飞语的认识，与那些喜欢搬弄是非的人坦然相处。

事实上，有时候有些流言不容我们坦然处之，那些搬弄是非者散布某些流言不是因为闲着无聊，而是有一定目的的。也正因为如此，我们对搬弄是非者应当区别对待，那就是要根据流言的性质和产生的影响程度，选择恰当的方法。

在职场中，你该如何防范那些搬弄是非的人伤害自己呢？以下几点可以帮助你避免受到伤害。

一、给予拒绝

与不同类型的人交往要有不同的表现形式。与比自己强的人交往，需

212

要诚恳、虚心；与不如自己的人交往，需要谦和、平等。而和那些搬弄是非的人交往，则需要正直、坦荡。拒绝答应对朋友或同事间的闲言碎语或是流言飞语保密，有问题就摆在桌面上，以便大家共同解决。认识事物要有正确的方法，要有一定的是非标准。一句话，就是看问题要全面，要有自己的见解，要不偏不倚，不能偏听偏信。背后议论别人是一种不道德的行为，帮助别人改正这种习惯也是应该的。帮助搬弄是非者改变这种恶习行之有效的方法是：尊重对方，以朋友式的姿态善意地规劝对方，要向他表示你的诚意和立场，适当的时候还要与他合作。再就是，想法巧妙地引导对方获得正确的认识人的方法。

二、置之不理

有些人搬弄是非的恶习已成为其性格特点，那么你就干脆不理睬他。不要认为那些把是非告诉你的人是信任你的表现，他们很可能是希望从中得到更多的谈话材料，从你的反应中再编造故事。所以，聪明的人不会与这种人推心置腹。而令他远离你的办法，是对任何有关传闻反应冷淡、置之不理，不作回答。

三、不宜过多交往

有时候，尽管你听到关于自己的是非后感到愤慨，表面上你必须努力控制自己的情绪，保持头脑冷静、清醒。你可以这样回答："啊，是吗？人家有表示不满、发表意见的权利嘛。"或者说："谢谢你告诉我这个消息，请放心，我不会在意的。"如此，对方会感到无空子可钻，他也不会再来纠缠不休了。如对方总是不厌其烦地把不利于你的是非辗转相告，以致对你的情绪造成莫大的负面影响，你应拒绝和他见面或不接他来的电话，此类人不宜过多交往。

厚黑职场第四招：谦虚温和　低调行事

> 立足职场一定要收敛锋芒，低调做人。首先你要接受他人的个性、脾气和做事风格。懂得"处下"的哲学，让自己处于一个相对下风的地位。其次，与同事保持一定的职场距离。这不仅有益于你参与工作竞争，也有益于你进行自我心理调节。

装聋作哑　全身以退

在古代，伴君如伴虎，也有不少大臣采取"装聋作哑"的策略，来保护自己。比如，宋朝的杨信就是一例。

宋太祖赵匡胤杯酒释兵权，解除了几个大臣的兵权，送给他们钱财和粮食，让他们回家养老。但是，兵马还得有人带，于是赵匡胤提拔了一批原来的中下层军官。其中，最重要的岗位是殿前都虞侯一职，先由张琼顶替。张琼救过赵匡胤的命，这个人不识字，但为人正直。不过，两年之后张琼被赵匡胤赐死，由杨信代替这个职位。杨信上任不久，忽然染上怪病，发音功能遭到破坏。宋太祖看到其他部分正常，于是保留了其原职。第二年，又进一步授给他节度使一职。蒙受如此恩典，口不能言的杨信更加谨事朝廷。据说，杨信有个家童具有体察主人动向的能力，每每入朝上奏，或在军中传令，只消杨信比划几下，该人就能准确地表达出主人的话语，所以不仅不影响对太祖表忠心，而且能够自如地掌控军队。

杨信这一哑就是11年，虽然从他的履历上看不到任何值得一提的战功，但他最终成了武将军中军衔最高的人物。令人不可思议的是，就在临死前一天，杨信多年的失音顽疾突然消失，就像当初患病一样迅速。此时，赵匡胤的弟弟已经登基坐殿，是为宋太宗。太宗皇帝闻讯十分惊诧，马上来其家探视。杨信对宋太宗表达了自己感念两朝的知遇之恩，说到感慨处不禁泪流满面。时隔几年，翻看杨信的资料，越看越让人生疑，如果他真是哑巴的话，何以在死前突然又能说话？这就难免不使人猜测：素来谨慎的杨信看到前任的悲惨结局，便以装哑来保护自己；而宋太祖在杨信变"哑"之后，也确实更加信任他，不仅赐以重金，而且将殿前司最高职位也交给他。他也因此得到了善终，这在赵匡胤时代是很难做到的。

同样，在职场上，你也需要采用低调做人的策略。

小刘是一家广告公司的设计员，平日只是默默工作，并不多说话，和人聊天的时候总是面带微笑。后来，这家公司里来了一个姓王的女职员，这个小王很有心机，喜欢在公司里表现自己，一不高兴就攻击同事，弄得同事们都很反感。很多同事在她的攻击之下，不是辞职就是请调。最后，小王的矛头终于指向了小刘。有一天，小王抓到了小刘的把柄，立刻点燃火药，噼里啪啦一阵猛轰。谁知，小刘只是默默笑着，一句话也没说，只偶尔问一句"啊？"最后，好斗的小王主动鸣金收兵，但也气得满脸通红，哑口无言。沉默的力量是何其地大，面对沉默，所有的语言力量都消失了！职场中你要有面对不怀善意的攻击的心理准备，你可以不去攻击对方，但保护自己的防护网一定要有。职场厚黑学给你的建议是：不如装聋作哑！

在一家企业任职的市场部经理，一次酒会正酣之时，集团的副总裁神秘兮兮地问他："如果我在工作中犯了很大的错误，你怎么办？"市场部经理当时不知怎么回答，因为他从来没有想过这个问题，无论怎么回答似乎都不完美，都难以立足，这个问题也困惑了他多年。如果你陷入这个困惑的问题的话，你只能考虑以下几个方案：一、报告老板。后果很可能是你的上司比你更重要，老板在上司的狡辩之下只好解聘你以安慰受到伤害的他。二、和上司同流合污。可是你忘了，这只是你的一相情愿，你的上司为了安全起见，会把所有的不轨行为全栽到你的头上。以上是很多职场极有可能出现问题的一种假设，看起来像是危言耸听，其实细细分析起来还是有道理的。其实有些事情永远都是仁者见仁、智者见智的，可能永远没有准确的答案。在这里，职场厚黑学建议你，如果是无伤大雅的问题，可以糊涂过去，老板、上司包括你都会心知肚明，应该继续努力工作。

不要让"志气"阻碍了前程

"好马不吃回头草！"这句话不知使职场人士丧失了多少机遇。绝大多数职场人士在面临该不该回头时，往往意气用事，忍不得闲言碎语，抛不开面子，明知"回头草"又鲜又嫩，却怎么也不肯回头去吃，以为这样才是有"志气"。其实，在面临回不回头的关卡时，你要考虑的不是面子而是把握机会。身处职场，机会是最为重要的。

A君因故被炒鱿鱼，一个星期后，老板要他回去，他愤然拒绝："好马不吃回头草！"吃不吃回头草，关键是你现在有没有"草"可吃？如果有，这些"草"能不能吃饱？如果不能吃饱，或目前无"草"可吃，那么未来会不会有"草"可吃？还有，这"回头草"本身的"草色"如何？值不值得去吃？当然，吃"回头草"时，你还会碰到周围人对你的议论，让你"消化不良"！但只要你自己愿意去吃，养肥自己就可以了！何况时间一久，别人也会忘记你是一匹吃回头草的马，当你回头草吃得有成就时，别人还会佩服你：果然是一匹"好马"！

在某公司做人力资源的胡冲，当初离开公司最主要的原因是和经理的一次冲突，然后便怒冲冲地辞了职。事后胡冲回忆说："后来我发觉自己当时太冲动了，而经理也意识到他在某些方面做得比较过分，伤害了我的自尊。几封邮件后，我们冰释前嫌。"尽管另觅高就，但胡冲和公司还保持着联系，"反而更像朋友。"辗转换了几份工作，胡冲却始终找不到当初公司的感觉，毕竟，那是个工作氛围相当好的地方。而那家公司的经理，在招了几个人后也找不到他这么有默契感的助理。于是，在胡冲离开原公司三年后，适逢公司有大扩展，经理正式请胡冲回公司。胡冲很高兴接受了公司的邀请。

216

很多时候，原公司会主动向离职员工张开热情接纳的臂膀，给较高的职位或丰厚的薪水。此时，你应该理智地权衡一下，如果公司还能给你提供继续发展的空间，你吃一次回头草也未尝不可。

李红由于家庭的原因从原公司辞职后换了几份工作，虽然都是做会计，但分别做过商业会计、工业会计以及一些管理工作。后来，在一次应酬场合又碰到原单位的老总，老总听说了她离职后的经历后对她说："真诚地希望你回来，在我们财务部任总监。"李红考虑了几天答应了。李红说："我以前在公司只是财务人员，现在回去就提升为财务总监了。有些人可能觉得意外，但我自己反而坦然。因为老板给你多大的职位是要看你有多重的分量、多大的能耐。所以，我认为，离职对员工来说也是一个到其他公司或者行业学习的机会，人无论何时都不应该放弃对自己的严格要求。"重新合作让李红感受最深的是，在原有的合作基础上，她和老板之间更多了一份对彼此的理解和尊重。

当你离开公司经历、心态都发生变化时，其实公司也在变化。如果你自己没有一点让公司看来可喜的进步，那么公司可能就不会为你提供一份丰美的"回头草"了。因此，准备回头时也应该尝试与旧同事沟通，了解在你离职后公司发生的变化。

警惕功高震主

树大招风，在大功重赏面前，或身居高位之后，人更要善于"低头"，切莫妄自尊大，以免功高震主，引火烧身。

一个人拥有高智商、能力强，固然是件好事，可以说，这是上天赐予的良好天赋。有了它，便可以在社会竞争中如鱼得水，游刃有余。然而，由于事物的复杂多样，环境的不断变化，在某些时候，利与弊会不知不觉地转换。这样，就要求我们必须随时以清醒的头脑注意了解自己，掌握对方和周围环境，掂量你的利和弊，而不是一味地以一般的经验办事。

《阴符经》说："性有巧拙，可以伏藏。"它告诉我们，善于伏藏是制胜的关键。一个不懂得伏藏的人，即使能力再强、智商再高也难以战胜对

手，甚至还会招来杀身之祸。而伏藏又可分为两层：一是藏拙，这是一般意义上的伏藏，也是最常用的。藏住自己的弱点，不给对方可乘之机。而另一种，也是更高明的——"藏巧"。下面这两个故事就是自己背上"黑锅"以"藏巧"的范例。

战国末期，秦国老将王翦率领六十万秦军讨伐楚国，秦始皇亲自到灞上为王翦大军送行，王翦向秦始皇提出了一个要求，请求秦始皇赏赐给他大量土地宅院和园林。秦始皇很不明白王翦的意思，不以为然地说："老将军只管领兵打仗吧，哪里用得着为贫穷担忧呢？"

王翦回答说："当国王的大将，往往立下了赫赫战功，却得不到封侯。因此，趁着大王还宠信我的时候，请示大王赏给我良田美宅，好作为我的子孙的家产。"秦始皇听后觉得这点要求微不足道，便一笑了之。

王翦带领军队先进函谷关，心里还惦记着地产的事，接连几次派人向秦始皇提出赏赐地产的要求。王翦手下的将领们见他率兵打仗还恋恋不忘田宅，觉得不可思议，便问他说："将军如此三番五次地恳请田宅，不是做得太过分了吗？"王翦答道："不过分，秦王这个人生性好猜疑，不信任人，现在他把秦国的军队全部让我统领，我不借此机会多要求些田宅，以示忠心，难道还要眼看他身居朝廷而怀疑我有二心吗？"

第二年，王翦率领的军队攻下了楚国，俘获了楚王。秦始皇十分高兴，满足了王翦的请求，赏给他不少良田美宅、园林湖池，将他封为武成侯。

汉高祖时，吕后采用萧何之计，谋杀了韩信。高祖正带兵征剿叛军，闻讯后派使者还朝，封萧何为相国，加赐五千户，再令五百士卒、一名都卫做相国的护卫。百官都向萧何祝贺，只有陈平表示担心，暗地里对萧何说："大祸由现在开始了。皇上在外作战，您掌管朝政。您没有冒着箭雨滚石的危险，皇上却增加您的俸禄和护卫，这并非表示宠信。如今淮阴侯（韩信）谋反被诛，皇上心有余悸，他也有怀疑您的心理。我劝您辞掉封赏，拿出所有家产去辅助作战，这才能打消皇上的疑虑。"一语惊醒梦中人。萧何依计而行，变卖家产犒赏军队，刘邦果然高兴，疑虑顿减。这年秋天，黥布谋反，高祖御驾亲征，此间派遣使者数次打听萧何的情况。回

报说："正如上次那样，相国正鼓励百姓拿出家产辅助军队征战呢。"

这时有个门客对萧何说："您不久就会被灭族了！您身居高位，功劳第一，便不可再得到皇上的恩宠。可是自您进入关中，一直得到百姓拥护，如今已有十多年了，皇上数次派人问及您的原因，是害怕您受到关中百姓的拥戴。现在您何不多买田地，少抚恤百姓，来自损名声呢？皇上必定会因此而心安的。"萧何认为有理，又依此计行事。

高祖得胜回朝，有百姓拦路控诉相国。高祖不但没有生气，反而高兴异常，也没对萧何进行任何处分。

学会装糊涂

《厚黑学》提醒你：当志得意满时，且不可趾高气扬，目空一切，不可一世，这样你不被别人当靶子打才怪！无论你有怎样出众的才智，都一定要谨记：不要把自己看得太了不起，不要把自己看得太重要，不要把自己看成是救国济民的圣人君子似的，还是收敛起你的锋芒，夹起你的尾巴，掩饰起你的才华吧。然而，不是人人都可以傻得恰到好处，如果没有掌握得恰到好处，反而会弄巧成拙。

一次，小夏前往拜访某公司的总经理，在交谈了一会儿之后，这位总经理再三地提到 IC。IC 一般指的是集成电路，然而这家公司和 IC 并没有任何关联。原来这位总经理说的是"提升公司的形象"，也就是"CI"，而非"IC"。然而，小李并没有告诉对方。到后来，这位总经理也发现自己说错了，然后涨红了脸难为情地看着小李。他心想："这家伙明知道我说错了却不告诉我，分明是在取笑我。"其实，小李完全是因为汲取了"好的听众比好的发言者更重要"的处世箴言，因此才故意装傻，谁知反而弄巧成拙。如果装傻装错了反而引起对方的误会，真是太糟糕了。

在职场中，像这样的例子很多，如何才能够应付得恰到好处呢？具体来说，不妨把握以下几点：

一、睁只眼闭只眼

"为尊者讳"，这是职场的一条规矩。一个人，无论他原来的出身多么

低贱，有过多么不光彩的经历，一旦当上了领导，爬上了高位，他身上便罩上了灵光，变得神圣起来。往昔那种种见不得人的一切，要么一笔勾销，永不许再提；要么重新改造，重新解释，赋予新的含义。因而，在待人处世中，要谨慎处理与上司的关系，最要紧的一点就是千万不要伤害上司的尊严，同时注意替上司保守秘密。这就需要睁只眼闭只眼，对于上司不愿意让人知道的事，看见了也假装没看见，知道也要装作不知道。

一次偶然的机会，你发现了一个秘密：某女同事有婚外情。对此，你只需装聋作哑，三缄其口。或者，你本来约了朋友在某餐厅吃晚餐，当你踏入餐厅，正好碰到这位女同事与情人幽会，你可扮作一派镇静，先环视一下四周，如果你的朋友未到，事情就好办得多，就当做找不到人，赶紧离开那里，在门外等你的朋友。即使朋友已坐在餐桌前，你也可走上前，当做有急事找他，与他一起离开那地方，再作详细解释。第二天返回办公室，对于昨天的"偶遇"一定要当做若无其事，只管埋头做事。假如有人私谈有关她的事情，你还是绝口不提为妙。有时候知道的事情太多并不是件好事，尤其是上司的隐私千万不能透露出去，否则就要大祸临头了。如果能够及时替上司掩饰其"痛处"或"缺处"，则有可能被对方引为知己，收到意想不到的回报。

二、明知故犯，歪解词意

几年前，中央电视一台曾播出一个特别节目——首届外国人汉语知识大决赛。有位美国朋友在按规定用汉语讲一件含有汉语知识的完整事件时，这样说："有一天，我去拜访一位中国朋友，他留我吃饭。我说，做饭很麻烦。他说，又不是请客，做顿便饭，不麻烦。我说，那你就做顿小便饭吃，不要做大便饭了，大便饭也够麻烦的。"听完他的叙述，台下的观众笑得前仰后合，直不起腰来。表面看来，这位美国朋友不懂得"便饭"这个名词按汉语构词习惯不能和形容词"小"与"大"搭配的道理。其实，这位朋友并非真的不懂，他只是明知故犯，有意违反汉语的构词习惯，曲解词意，制造歧义，违反逻辑事理，制造笑料罢了。有个相声叫《歪批三国》，其中有这么一段：甲问乙："刘备卖过草鞋，张飞卖过肉，你知道赵云卖过什么？"乙说："不知道。"甲说："你没听过《天水关》里

姜维在校场上唱的那两句吗？'这一般五虎将俱都丧了，只剩下赵子龙他老迈年高。'这赵云不是卖年糕的吗？"听众听到这里，无不捧腹大笑。把"老迈年高"理解为"卖年糕"，相声的作者利用谐音制造歧义，造成了笑料，取得了幽默生动的效果。

三、荒诞之中明事理

有时面对一个错误的推理或结论，从正面反驳可能无济于事，这时不妨用另外一个类似的，并且明显是错误的推理，来达到批驳的目的，效果反倒更好。这种错误的推理具有很强的荒诞性，含不尽之意于言外，会使人在含笑中明确是非，从而达到幽默的真正目的。推理越具有荒诞性，说出的话就越具有幽默感。宋高宗时，有一次宫廷厨师煮的馄饨没有熟，皇帝发怒了，把那个厨师拉出去下了大狱。没过多久，在一次演员演节目时，两个演员扮作读书人的模样，互相询问对方的生日时辰。一个说"甲子生"，另一个说"丙子生"。这时又有一个演员马上来到皇帝面前控告说："这两个人都应该下大狱。"皇帝觉得蹊跷，问是什么原因。这个演员说："甲子、丙子都是生的，不是与那个馄饨没煮熟的人同罪吗？"皇帝一听大笑起来，知道了他的用意，就赦免了那个厨师。演员借皇帝"馄饨生就下大狱"这个前提，演绎出一个错误的结论：是"生"就该下大狱，甲子生、丙子生也该下大狱。

上述几例，可谓装傻装得恰到好处，你在职场中为人处世的时候不妨用作参考。

管住自己的嘴

职场厚黑学提示你，在职场中，讲秘密会使你陷入不利的境地，听秘密会使你引火上身。许多人正是因为分享了别人的秘密而惹来麻烦。秘密听不得，更讲不得。在职场江湖中，你要懂得说话的技巧，比如有以下三种话即便"悄悄地"也不能说：

一、捕风捉影的话不要说

捉贼要赃，拿奸要双，这就要求我们说话办事要有真凭实据。如果我

们向对方说的悄悄话，如风如影，纯属无稽之谈，那是很危险的，尤其是对一个人的隐私更是不可在私下信口开河，胡编乱造。如果你说，某男同事与女同事在公司的某个秘密地点拥抱亲吻，这样的职场桃色事件大多数人都感兴趣，一旦事情传出去，当事人可能伺机报复你，甚至当面计较和对抗，要你说出个所以然来，你怎么应对呢？这样做无疑是惹火烧身。

二、违纪泄密的话不要说

每一个公司都有秘密，职场人士只能守口如瓶，不可泄露。有的人轻薄，无纪律性，就私下把机密"悄悄"说出去了，弄得一传十，十传百，家喻户晓，有些心术不正的人如获至宝，拿去作为谋利的敲门砖，给公司造成严重损失。即使诸如涉及人事变动的内部新闻，你也不要去向有关的人说悄悄话，万一中途有变，你如何去安抚别人呢？如果为此而闹出了矛盾谁负责呢？

三、披露悄悄话的话也不要说

有些同事很怪，情投意合时无话不说，无情不表；一旦关系疏淡，稍有怠慢，便反目成仇，无情无义，甚至添油加醋，不惜借此陷害，从而达到他不可告人的目的。殊不知，这些抖出悄悄话的人，也要吃亏的。我们知道，悄悄话大多是在两人之间传播，试问，你一个人能够证明我有此一说吗？甚至对方出于愤怒会狠狠还击，跟编小说一样编出你的悄悄话，以十倍于你的兵力将你置于有口难辩的境地。结果如何呢？你本是讨好卖乖，求名逐利，或发泄私愤，算计别人，不巧却被悄悄话所害。所以，假使你听了悄悄话，也没有必要往外抖，任何人在这个世上都有一片自由的天地，还是讲究信义，以善良为本，何必让人反咬一口呢？

最后应该特别强调的是，讲秘密会陷你于不利，而听秘密同样也不安全。许多人因为分享了别人的秘密而不得善终。许多人打碎镜子，是因为镜子让他们看到了自己的丑陋。他们不能忍受那些见过他们丑相的人。假如你知道了别人不光彩的底细，别人看你的目光绝不会友善，尤其是有权有势的人，会找机会打击你。听秘密也会落人把柄，尤其注意不要与比你强大的人分享秘密。

第 五 篇
DiWuPian

厚黑学与管人技巧

  厚黑学是没有任何不变的管理方法可学的。领导管人的手段只有软的或硬的都不妥，最高明的则是软中有硬，硬中有软。管人技巧的高低，其实就是他们运用权力、能力的高下。领导并不意味着什么都得管，应该大权独揽，小权分散，做到权限与权能相适应，权力与责任密切结合。什么都干的领导，是什么都干不好的。对于大事，领导要抓准抓好，一抓到底。一般说来，大事只占百分之二十，处理好这一部分大事，管人就会事半功倍了。

厚黑管人第一招：刚柔相济

> 厚黑学是以人性特点为基础的，同样管理也要从人性出发，领导者只有做到知人知面又知心，才能对症下药，管人管到管心。管人要攻心为上，说的也是这个道理。
>
> 厚黑管人，需要领导者不仅要有良好的心理素质，还要有灵活善变的手腕。管理者要刚柔相济，软硬兼施，能厚能黑，能软能硬，恩威并重。如果一个领导者一味地严厉，未免显得冷酷无情，难得人心。如果一个领导者一味地随和，未免显得过于软弱，难成大事！

管人要分别对待

俗话说，千人千面，领导身边的下属众多，每一个下属都有自己的特点。对于不同特点的人要用不同的管人方法才行，只有能做到对症下药，才能药到病除。如果领导者掌握了对不同类型人的管理方法，就能轻松自如地管理团队。一些领导者抱怨自己手下难管的人太多，其实，不是人难管，而是这些领导者没有掌握最佳的管人之道。天下只有笨领导，而没有难管的人。

第一，怎样对付爱嚼舌头的人。

有不少下属喜欢在背后说别人的坏话、挑拨离间。领导者和这样的人

相处，的确很难，但工作中这类人又客观存在着，领导者管理这些人必须掌握一定的技巧才行。

首先，领导者要"自重"和"互重"。"自重"，在与不同类型人的交往中有不同的表现形式：与比自己强的人交往，需要诚恳、虚心；与不如自己的人交往，需要谦和、平等；和那些搬弄是非的人交往，则需要正直、坦荡，换句话说，就是对闲言碎语不听、不信、不传。看问题要全面，要有自己的见解。除了"自重"外，"互重"也是很重要的。背后议论别人是一种不道德的行为，帮助别人改正这种习惯是应该的。帮助他人改变这种恶习行之有效的方法是：尊重对方，以朋友式的态度善意地规劝对方；想法巧妙地引导对方获得正确的认识人的方法，比如，当对方谈论他人时，可以先顺着对方的话，谈谈这个人确实存在的缺点，然后再谈谈他的长处，从而形成正确的结论。

其次，领导者可以进行冷处理。不要以为把是非告诉你的人便是你的朋友，他们很可能希望从中得到更多的谈话材料，从你的反应中再编造故事。所以，聪明的领导者不会与这种人推心置腹。令他远离你的办法，是对任何有关你的传闻反应冷淡无须作答。

再次，领导者要保持冷静。尽管你听到关于自己的是非后感到愤慨，你还须努力控制自己的情绪，保持头脑冷静。你可以这样回答："啊，是吗？让他们去说好了。"或者说："谢谢你告诉我这个消息，请放心，我不会与他们一般见识的。"如此，对方会感到无空子可钻，他也不会再来纠缠不休了。

第二，怎样对付目空一切的人。

在一些公司里，有的下属仗着自己有才能，就目空一切，恃才傲物。谁都看不起，包括自己的领导。但他又有一手好技术或绝活，公司离不开他，因此，领导者掌握这种下属的个性并学会与之和谐相处是非常有必要的。大凡恃才傲物的人都有如下的特性：

首先，把自己看得很了不起，别人都不如己，有一种舍我其谁的感觉。说话一点也不谦逊，甚至常常语中带刺，做事也我行我素，对别人的建议不屑一顾，自信心特别强，甚至于可以说是自负。

其次，恃才狂傲者大多自命不凡，好高骛远，眼高手低，即使自己做不来的事，也不愿看到交给别人去做。

再次，恃才狂傲者往往性格怪怪的，喜欢自我欣赏，听不进也不愿听别人的意见，不大和别人交往，凡事都认为自己对，对别人持怀疑态度。

因此，与这种下属相处，领导者掌握了他们的心理后，就要有的放矢，采取有效的方法进行管理。

领导者要用其所长，切忌压制打击或排挤。恃才狂傲之人，大都有一技之长，否则，就没人买他的账了。因此，领导者在看到他不好的一面时，一定要有耐心地与他相处，要视其所长而给以任用，而绝不能因一时看不惯，就采取压制的办法，把他搁在一边不予以重用。这样，只会让其产生一种越压越不服气的逆反心理，在需要用他的时候，他就可能故意拆你的台。

要有意用短，善于挫其傲气妄念。狂傲之人虽然在某些方面某个领域内才能出众，但他仍有他的不足和缺陷。因此，领导者也可利用这点来让他自己看到自己的不足，以自我反省，减低自己的傲气。譬如，领导安排一两件做起来比较吃力、估计完不成的工作让他做，并在事先故意鼓励他：好好做就行，失败也没关系的。如果他在限定的时间内做不出，领导仍然安慰他，那么，他就一定会意识到自己先前的狂妄是错误的，并会从此改正。狂妄之人，一般对自己说过的话不负责，信口开河，说自己样样都能，其实他能干的也只有一两个方面。领导不妨抓住他吹嘘的话，说这件事情全公司人都做不来，只有他行。而领导给他的恰恰是他陌生或做不好的事情。他遭到失败是在情理中的，失败之后，同事肯定会嘲讽他，令他难堪。这时领导要安慰他，不要让他察觉领导是故意让他出丑，这样他就会服帖，虽然不可能彻底改掉狂傲的脾气，但领导以后使用起这种人来就顺手得多。

要敢承担责任，以大度容他。恃才狂傲的人由于总认为自己了不起，因此，做什么事都显得漫不经心，以表现出自己是多么有水平，随便就可以把一件工作做好。所以，常常会因这种思想而把交给他的事情办坏。这时候，作为领导者切不可落井下石，一推了之；相反，要勇敢地站出来替他承担责任，帮他分析错误的原因。这样，他日后在领导面前就不会傲慢无礼了，他会用他的才能来帮助你工作。

第三，怎样对付见风转舵的人。

见风转舵的人善于察言观色，脸皮很厚，把自己作为商品，谋求在"人才市场"上讨个好价钱。这种人即使在工作上也好讨价还价，往往对目前雇用他们的公司也施加压力，以使该公司的领导给他们以晋升或增加工资的机会。或者他们在工作上不安分，但却热衷于往领导那儿跑，为的是和领导套近乎，不是凭工作成绩得到领导的重用和提拔，是想通过和领导拉私人关系而得到好处。见风转舵的人一般嘴甜心细、脸皮厚，他即使做错了事，也往往会把责任转嫁和推卸到其他人身上去，而一旦有了功劳，他又会极力地吹嘘自己的贡献和成绩，生怕领导不知道。还有，领导在场和不在场，他们表现就完全不一样，领导在的时候，他肯定是最勤劳的一个，连脸上的汗水他也不会去擦，就是想给领导一个好印象；领导一旦离开，他保准就待在一旁休息了。

领导者光凭自己的眼睛是很难发现的，因为这些人很会伪装自己，只有多听取其他下属的反映，才能揭开这种人的真实面目。对于这种人，千万不要重用。他如果在哪个单位任职，哪个单位就会被他搞得乱糟糟的。因此，领导者一旦发现你下属的某一位是一个投机取巧之人，你要毫不客气地把他清除出去。

第四，怎样管理女下属。

对于女性下属，在工作过程中，领导者不要显示过多的热情。在任何时间，都要正常地工作，你不要跟她们谈公事以外的事情。避免跟女下属谈私事，让她跟随你的作风，在她面前批评公司以外她不认识的人。有些女性职员有很优厚的潜质，其敏感的触觉，可以发现一些别人忽略的小节。她们用心工作，对环境的要求颇高，而且容易产生排斥新人的行为。这种过分关注小处的作风，可能忽略了重要环节，未能从大局着想。

面对这类女下属，领导者应正视她们的优点，同时也要引导她们处理一些大问题。她们在开始时，会有逃避处理较复杂事项的心理，你不让她们故意逃避，反而要她们多想、多做，久而久之，即能训练下属在处理工作时巨细无遗，效率更渐提高。

女性职员喜欢电话聊天，特别是私人电话，对工作造成的影响不单只是效率方面，无论是什么原因，经常用电话来聊天均不宜姑息处之。对于经常使用电话聊天的下属，可做出以下的应付方法：给她较多的工作量，并限时完成；暗示公司不欣赏经常电话聊天的下属；关切地询问她是否有难题，并劝她赶快解决，以免影响情绪。

成功的领导者必须树立"人尽其才"的观念，可以从以下几个方面人手，对女性下属加以正确的管理。

促使她们自觉成为职业女性。这是管理女性下属最根本的一点，如果忽略了这一点，就很难成功地加以管理。一般而言，女性下属较重视感情、重视人际关系，遇事没有主见，害怕承担责任。这些性格上的特点常常阻碍了她们发挥自己的工作能力，与职业女性的要求相差太远。如何才能使她们自觉成为职业女性呢？最有效的方法是使她们明白劳动的意义、工作的意义，给她们指出明确的奋斗目标和具体要求。

不姑息迁就女职员的借口。领导者在分配较困难的工作给女下属时，她们为了逃避责任，往往会来上一句："我们女人无法做。"假使对她们一味宽容迁就下去，她们永远都不会改变态度。在这种情况下，领导者应当严格要求、加强思想工作，不能任这种不良态度得以放纵。当然，不姑息迁就也不是说对女下属要狠，关键是要谆谆教导，使她们认识到她们工作是不允许受个人感情左右的。女人天性愿意接受好的意见，一旦认识到你的良苦用心，必然会欣然同意。

不偏袒女下属。领导者管理女下属，要特别注意公平对待，不能偏袒某一两个。女性感情比较细腻，发现受不公平对待就易产生不满情绪。而且领导者如果过多地袒护自己喜欢的女下属，也有损自己的形象，招致周围同事的批评，这也是不足取的。

培养进取心。女下属易安于现状，不思进取，因而领导者要注意加以适度的引导。最行之有效的方法是给她们有责任的工作，促使她们在工作中树立起职业意识和事业心，从而改变这种不良倾向。但也不能给她们加上沉重的压力，令她们无法承受，而应在刚开始给予责任较轻的工作，以后再慢慢地酌情加重。

第五，怎样对付满腹牢骚的人。

通常情况下，领导者要限制下属不发牢骚是不现实的。作为领导，若听到下属发牢骚，首先要问一问自己，他们为什么会发牢骚？如果是因为他有能力和才干却受排挤或岗位不适当，则要给予他更合理的职务，以发挥其才能，平息他的牢骚。有些下属整天抱怨工资太低、领导看不起他，别人升迁了为什么自己就没有，而对于自己的本职工作又不能完成得很好。对于这样的下属，领导者可大声地训诫他："你什么时候把自己的本职工作做好了再来找我。"或者，还可以采用一种更巧妙的方式。去另找一个有水平办事能力并且任劳任怨的人，然后把同样的任务分别交给这个人和那个发牢骚者去做。完成之后，再把他们的结果放到一起，让大家来比较孰好孰坏，也就让那个抱怨者心中清楚：别人升迁是因为别人的能力比自己强的缘故，而不是靠什么私人关系。

第六，怎样对付争强好胜的人。

在公司中，不乏争强好胜与自命不凡的人。这种人狂妄自大，自我炫耀，自我表现的欲望非常强烈，总是力求证明自己比别人强，比别人正确。当遇到竞争对手时，总是想方设法地排斥人，不择手段地打击人，力求在各方面占上风。对这种人，人们虽然在内心深处瞧不起他，但是为了顾全大局，为了不伤和气，往往迁就于他。"让"是一条途径，"争"也不失为另一种必要的方式。殊不知，有些争胜逞强的人并不能理解别人的谦让，还以为真是自己了不起，由此变本加厉，更瞧不起别人，不尊重别人。

对这样的人，领导者不能一味地迁就，有必要在适当的时候，以适当的方式打击一下他的傲气，使他知道天外有天，山外有山。领导者还应该

看到，争胜逞强的人当中，有性格使然者，也有社会经验不够不谙世故者，后者常常是年轻人。对于他们，更多的应该是正面引导和点拨，开拓其眼界，增长其见识。这类人一旦成熟，一旦对工作有了初步认识，便会改变过去那种争胜逞强的态度。总之，迁就只适合那些比较有理智的人，对于不明智的人，领导者不妨晓以厉害，挫其傲气。

第七，怎样对付自私自利的人。

在办公室内，其实有不少斤斤计较的人存在，这些人在没有利益冲突时，很难发觉其自私的一面，一旦涉及个人利益问题时，便会原形毕露。其实，只要平日我们多加留意，也不难发觉那些人的自私心理。例如：

他会以各种堂皇的理由，推掉不属于自己的工作责任，如："自己的能力处理不来"、"自己手上的工作已经很繁重"、"本来自己做也不妨，但宁愿把机会留给别人增加工作经验"等。

眼见别人犯错，他只会在旁偷笑，绝不会提醒别人，更不会鼎力相助。一旦有人向你嘲笑某人犯了错误，也不提醒时，你便要小心这个人。在饭后结账时，总爱和别人斤斤计较，或喜爱拿着单据逐项核对，这样的人，不要期望他会在你有困难时帮助你。其实只要我们认清身旁的人，哪些是自私自利的人，自私的程度如何，便不容易受伤。

领导者对待斤斤计较、自私自利的人，要注意以下几点。

满足正当要求。与这样的下属相处，对他们的合理要求应给予满足，使他认识到你绝不为难他，应该办的事情都会给他办。

拒绝不合理要求。对于他的不合理要求，在委婉地摆出不能答应的原因之后，巧妙地劝阻他不要得陇望蜀。

办事公平。如果下级中有这样的人，当你制订利益分配计划时，要充分发挥同事的监督作用，将计划公布于众，使大家感到是在公平之中进行利益分配，这样便可避免他与你纠缠。

第八，怎样对付攻击型的人。

作为领导的你有时会碰到这样一种人，他们总是喜欢不遗余力地攻击指责别人，或散布流言飞语，或造谣中伤，或出言不逊地辱骂，等等。在

这种情况下，要不要针锋相对地予以回击呢？

对此，在考虑和选择自己的行为方式时，应该注意以下几个问题。

首先应弄明白你所遇到的是不是真正攻击。下面几种情况很容易被误认为是攻击：第一，由于对某种事物持不同的看法，对方提出了比较强硬的质疑或反对意见。此时，如果你能够给予必要的解释和说明，矛盾很可能会很好地解决。第二，由于自己对某事处理不当，对方在利益受损的情况下表示不满，提出抗议。如果的确是自己处理不当，或虽并非失误，但确有不完善之处，而对方又言之有理。那么，尽管对方在态度和方式上有出格的地方也不能看成是攻击。第三，由于某种误解，致使他人发脾气，或出言不逊。在这种情况下，只要耐心地、心平气和地把问题澄清，事情自然也会过去。如果领导忽视了判别与区分真假攻击的不同，往往就会铸成大错。

即便你完全能够确定他人在对你进行恶意攻击，也不必统统地给予回击。在与下属的交往中，对付恶意攻击最好的方式莫过于不理睬他。如果你不理睬他，他仍不放松，那也不必对着干。因为这样恰恰让对方"正中下怀"。你对着干，他不仅喜欢奉陪，还颇会拖延时间，非把你拖垮不可。在这种时候，你应果断地甩袖而去。领导者与富于攻击性的人打交道，不管他是否怀有敌意，头一条是要敢于面对他的进攻。此外，还应注意以下要点。

1. 给对方一点儿时间，让对方把火发出来。

2. 对方说到一定程度时，打断对方的话，随便用哪种方式都行，不必客气。

3. 如果可能，设法让其坐下来，使他不那么好斗。

4. 以明确的语言阐述自己的看法。

5. 避免与对方抬杠或贬低对方。

6. 如果需要并且可能，休息一下再和他私下解决问题。

7. 在强硬后作一点友好的表示。

第九，怎样驯服"烈马"。

作为领导者，你所指挥的是一个团体，在这个团体中有各种性格的人，其中就有性情暴烈之人。性情暴烈的人，他并非因为你有过失才发火，有时为一句话，为一件芝麻大小的事，他也会大发其火，暴跳如雷，你很难对他讲道理。那么对这种人，作为领导者不妨摆出高姿态，不与之争长短论曲直，退避三舍，让他一个人在那里去发火去暴跳，没有了对手，他自然会偃旗息鼓，这样"整"他几次，就会挫其锐气，将其降服，归为己用。"江山易改，禀性难移"。对于性情暴烈的人，我们很难改变他们的性格，但作为领导者，又不得不与他们打交道，那么，最好的方法就是对这号人退避三舍。

纪律严明　树立威信

几乎每个公司都有一些不遵守纪律、我行我素的职员。这些职员的表现如果不及时予以制止，单位极易陷入无序状态。在这种情况下，主管可以采用"杀鸡儆猴"的方法，重点批评、惩治个别典型，以警告其他下属，使他们遵纪守法，服从指挥。

在管人的过程中，领导不妨运用"杀鸡儆猴"的策略，来树立领导者威严，增强对下属的控制力。但是，领导者运用此策略也应该注意以下几条原则。

一、枪打出头鸟

如果说办公室里已经暴露出了无序的苗头，领导者就该注意观察，逮住第一个以身试法者，并从速、从严予以处置。这样做有两个好处：第一，第一位只有一个人，容易处置；第二，第一位胆量大，影响坏，若不及时处理，便会有效仿者紧随其后。处理第一位能够起到"杀鸡儆猴"的作用。

二、惩处情节严重者

如果同时碰到好几位违纪违规者。应当缩小打击面，重点惩处情节严

重、性质恶劣、影响最坏者。其他的给予适当的批评教育就行。如果不加选择，一律照打，第一，由于打击面过宽，达不到"警"的目的；第二，会影响工作；第三，树敌太多，影响你的威信。只有有选择地重点打击，才能切实收到效果。

三、惩处要使对方心服口服

既然是惩罚，肯定都是无情的。作为主管，在使用这一手段时，也要考虑到对方的情绪。应当注意：第一，惩处方式不能过于偏激，要留有余地，能被对方接受；第二，惩处要有理有据，根据纪律规定、制度来执行，使被惩处者心服口服，无话可说。

四、打一巴掌给一个甜枣

"杀鸡儆猴"只是管理上的一种手段，但不是唯一的手段，它不是以打击报复为目的的。所以，运用"杀鸡儆猴"的策略，还要注意软硬兼施。这样，能使被惩处者在被"杀"的同时，又感受到了一些关爱。对领导者而言，铁腕政策得到了实施，又笼络了人心，还树立起了一个可畏、可敬的领导者的形象。

五、惩处资深人员或中层干部

如果能够抓住一个资深人员或肩负重任的中层干部进行惩处，效果会更好，更能对普通职员起到警告作用。有实绩的人或部门主管都被惩处、指责，其他职员能不感到紧张而加倍努力工作吗？

六、大义灭亲——惩处与你关系密切的人

国外曾经有这么一个公司，公司的老总平易近人、和蔼可亲，与下属们亲密无间，时常在一起打牌、下棋、游山玩水。久而久之，下属便把老总当做朋友一样看待了。平日上班迟到、早退现象频繁，更有甚者竟然连续几周不来上班，老总交给的任务要么马马虎虎完成，要么干脆拖个十天半月地再去干。半年下来，公司的勤奋已荡然无存，营业额和利润直线下滑，使得这位老总很是担忧，怎么办呢？老总思前想后，在某一天的公司大会上，宣布曾经与他十分亲密的一位好友因纪律散漫、业绩拙劣而被辞掉。这一招儿果然十分管用，公司员工看到此景，都纷纷重新勤奋起来，而且为产品广开销路更是不断创新，妙招儿频出，一切又朝着好的方向发展开去。

另外，领导者在运用"杀鸡儆猴"这一管人策略时候，一定要注意不能用得太多、太频繁，否则，会引起下属们对领导的不满，从而影响领导者的形象。

有效地利用并处理内部纷争

厚黑学认为，公司的内部竞争是必然的，因为只有存在竞争，员工才会萌发危机感，才会萌发进取意识，才会把压力变为动力，才会保持毫不松懈的斗志。但是，在员工之间往往存在一种"纷争"，领导者不能对其一棒子打死，要看到"纷争"对管理有利的一面，妥善处理公司内部"纷争"，巧妙地利用"纷争"进行管理。

巧妙地利用"纷争"竞争是促进进步的原动力。有限度地鼓励纷争，领导者不一定要作出非常明白的表示，以暗示或默认的态度，让纷争的双方获得鼓励。不过这种获得上级鼓励的纷争，如果双方不知自制的话，后果也是相当严重的。鼓励纷争，应用于双方都有争胜的"野心"，欲求工作上的表现或建议。如果有"私心"介入的话，你应立即出面澄清、调和，阻止纷争的扩大。否则，将会产生不利的影响。

利用"纷争"悄无声息地考察下属。领导者常常需要物色一位接班人，这位接班人无疑要在自己得力的下属中选择。下属的考核，平常当然是以能力、绩效、品德等项目来评定。当下属之间发生纷争时，也可当做考核的机会。此时你可由双方所争论的问题、立场、见解或动机，去了解他们的修养、气度、眼光、忠诚等。据此作为你物色接班人的参考。但有时纷争一开始就被认为是一场无意义或不会有结果的争执，为避免双方将事态扩大，领导应立刻出面阻止或表明态度。出面阻止或表明态度很可能造成双方或一方的不满，所以你要立刻私下加以安抚，免得任何一方认为他已失宠或失去信任，造成对你的怀疑或猜忌，使你失去一位得力的助手。除非纷争的双方都是有修养、识大体的君子，否则，圆满和谐的结局很不容易达成。因为纷争大多起因于名利的追逐，彼此的动机与目的大抵如出一辙，心照不宣。目前虽因领导者出面调和，双方暂时偃旗息鼓，可是，裂痕与尴尬却一时难以消除，难免日后双方又为一些"陈芝麻、烂谷子"的旧账再起纷争。

尽量不要轻易介入。双方的纷争，有时很可能出于本位主义的作祟，以致攻击对方所属的部门或所掌的职权，尽力维护自身的立场。本位主义的产生，一方面固然是人的本能，另一方面也可能是由于沟通不够。如果可能的话，将双方对调职务，也许纷争的情形即可消解。不过，这也要看工作的性质及双方的特长而定，不可盲目调整，以致局面愈搞愈糟。下属之间有纷争，领导切忌在不明情况时就偏袒某一方。除非你已准备失去另一方的忠诚，否则，最好不要介入。这样，你才能处于客观，处以公正，使企业不因纷争而受到损害。

听取多方面的说法。古语说，偏信则暗，兼听则明。领导者只有同时听到两种不同意见，才能在分析比较的基础上避免片面性，得出正确的结论。员工有不同意见，领导者可以让他们通过争论，各抒己见，可以找出其中的缺点与瑕疵，加以弥补，可以肯定优势，加以发扬。需要注意的是，领导者要引导好内部的竞争，如果造成尔虞我诈、钩心斗角的内部自相残杀，那就得不偿失了。当下属之间出现矛盾时，处理这种矛盾，是凸显领导管理水平的。处理得好，化干戈为玉帛，共同进步；处理不当，矛盾终会导致"白热化"。到此程度，领导也就很棘手。所以，纷争的处理要巧妙。

冷淡地平息纷争。当两名下属出现摩擦，你首先要保持镇静，不要因此风风火火，甚至火冒三丈，这样你的情绪对矛盾双方无异于火上浇油。你不妨也来个冷处理，不紧不慢之中，会给人以此事不在话下之感，人们会更相信你能公正处理。假如你自己先"一跳三尺"，处理起来会显然不太合适，效果也不好。当双方因公事而发生"龃龉"时，"官司"打到你的眼前，这时你不能同时向两人问话，因为此时双方矛盾正处于顶峰。此时问话，双方定会在你跟前又大吵一顿，让你也卷入这场"战争"，双方可能由于谁最先说一句话而争论不休。到底是先有鸡后有蛋，还是先有蛋后有鸡，此时是争论不出个一二三的。这种细节问题，也委实难以证明谁是谁非。不妨倒上两杯茶，请他们坐下喝完茶让他们先回去，然后分别约见。单独约见时，请他们平心静气地把事情的始末讲述一遍，此时你最好不要插话，更不能妄加批评，要着重在淡化事情上下工夫。事情往往是"公说公有理，婆说婆有理"，两人所讲的当然会有出入，且都有道理，你在一些细节问题上也不必去证明谁说的对。但是非还是要由你断定的。当你心中有数了，此时尽管黑白已明，也不要公开说谁是谁非，以免进一步影响双方的感情和形象。假如你公开站在甲方这边，显然甲方觉得有了支持而气焰大涨，而乙方则会觉得你偏袒甲方。你不妨这么说："事情我已经清楚了，双方完全没有必要吵得这么凶，事情过去了就不要再提了。关键是你们要从大局出发，以后不计前嫌，精诚合作。"相信经过几天的冷静，双方都有所收敛。你这么一说，双方有了台阶下，互相认个错，也就一了百了了。

采取模棱两可的态度。如果你的公司是新旧合并的，而你作为新公司的领导，切记不要有嫡系观念。即使你不如此，也很容易出现新旧两派之争。这种矛盾较之两个人之间的矛盾，影响更大，危害也更大。因为双方势力都很强，都有自己的固定成员，双方容易形成对峙状态，使公司利益受损。作为领导的你处在这种关系中要善于迎合双方心理，做到不维护任何一方，更不能有嫡系观念。要在公司成立的第一天就讲明："现在我们是一家人，愿双方通力合作，为新公司的发展作贡献。"要时刻注意加强他们的公司意识，作为新公司的一个成员，而不是先前公司的职员。如果双方出现了矛盾，则定要圆满解决。可分别向两方了解情况，采取"非官方"的态度，跟双方"谈心"，此时决不能像处理两个人的矛盾那样过于正式。交谈中旁敲侧击地了解双方的矛盾所在，要善于听别人发牢骚，找出双方争议的关键所在，然后再进一步实行改善行动。不妨把过失揽到自己身上："这些问题都怪我事先没考虑清楚，以致造成今天的局面，今后一定注意。另外希望双方破除'门户之见'，以后互相体谅，为公司大业共同献计献策。"

这样说一些无关大局的话，把错揽在自己身上，双方也就没有什么怨言了，此乃模糊处理。

处理过程要尽量回避重点。不过有时公平的确很难做到，有人说世间没有绝对公平，说来也对，人们不可能不受主观的影响。当你实在不能端平，或不可能端平时，我们不妨退一步，也许"退一步海阔天空"。法律上有一种制度叫做"回避"，指执法人员由于某种原因不便参与该案的审判时，主动或经人申请退出这种案件的审理、调查工作。我们不妨借用一下，实在不行了，就回避。回避不意味着退缩，它本身就是一种公平。从某种意义上说，你回避了更能显示你的公平。谁是谁非，你不去过问，而由别人处理。这并不是要领导者们学会推卸责任，而是对一些不可解决的问题进行处理的一种不得已之计。如果你的一位非常得力的下属与你有近亲关系的下属发生争执，你不妨把这件事交给副手去处理，自己不要去过问。这样做对公私双方都不无裨益，对公，有利于保护你的得力手下，对单位当然有好处，同时也树立了自己的威信，从而赢得了下属的信任；于私则有利于你们的微妙关系。此可谓一石二鸟，何乐而不为呢？

要懂得赞美下属

职场厚黑学指出，领导不仅要懂得如何批评下属，更要懂得如何赞美下属。赞美比批评更重要。俗话说，哄死人不偿命。精明的领导者会主动赞美下属，以此来激发下属的工作热情。这是管理者必备的管理手段。

美国年利润过亿美元的玫琳·凯化妆品公司经理玫琳·凯说："有两件东西比金钱和性更为人们所需要——认可和赞美。"金钱可能是调动员工积极性的有力工具，但赞美可能更有力。因为它唤起了员工的荣誉感、责任感、自尊心，他的价值得到了认可和重视，会产生"士为知己者死"式的神圣感情，他们会更加努力地工作。然而它的"成本"十分"低廉"，所以说赞美不但是一种最好的，而且是花费最少、收益最大的管理技巧。

知道了赞美的巨大力量，你就不必吝惜赞美，不妨自然大方地赞美下属。只要发现工作突出，立刻不失时机地给予赞美，不见得非是惊天动地的大事。如秘书小姐起草的报告、文件书写得非常潇洒漂亮，你可以赞美她的心灵手巧；看见车工师傅磨的车刀非常锋利，你可以赞美他的技巧超群；看见锅炉工拾煤渣，你可以赞美他的勤俭作风；对提批评意见的员工，即使提的不正确，你也可以赞美他对公司的责任感。领导者一旦留心，就会发现员工的优点，这些优点都值得赞美。

但是赞美需要技巧，并不是苍白无力的夸奖和表扬。领导者赞美时要注意，要以非常公开的方式对单独的一个人进行表扬。一位外国企业家说："如果我看到一位员工努力地工作，我会很兴奋。我会冲进大厅，让所有其他员工都看这个人的表现，并且告诉他们这位员工的杰出之处，这样也可以当做是教育机会。"他的用意不只是告诉大家如何把工作做好，同时也想说明要想获得赞美，只有把工作做好，给大家一个好的导向。

很多企业专门开表彰会，也是起导向作用，号召全体员工向他们学习。同时，对单独的人进行赞美，意义才会更大，尽管成就可能是集体努力的成果，但赞美必须是个别的，这样才能最大地发挥赞美的作用。

另外，赞美要注意真诚和客观。要发自内心地赞美，语言、表情是很严肃认真的，不能给人以造作之感。也不能漫不经心，一边看报、喝茶，一边说几句赞美的话，那样恐怕员工以为是讽刺他或敷衍他。久而久之，当你诚心诚意地赞美他时，反而得不到预期的效果。赞美本身虽是好意，但不着边际、不痛不痒地赞美不会产生积极的效果。只有员工应该得到赞美的时候才赞美，员工心中才会感到无限的喜悦。你不要以为员工没有表现好，你只要赞美他们，他们就会信以为真，努力工作，其实这跟看守羊群的孩子喊"狼来了"一样，员工很快会不理睬你的话。当事人认为自己不值得赞美而被赞美时，不会产生激励作用的。有些主管以为赞美员工会使他们自我陶醉，变得懒惰、不求上进，这是多余的担心，还是大胆赞美吧！

善用权力　公私分明

管理厚黑学指出，一个强权的领导，他必须肯定自己对于权力的热爱，他热爱权力，并善于使用权力，所以他才能够获得成功。他们深信自己的见解，不容易被别人左右。

厚黑枭雄曹操是以硬手段来打江山、以软手段来治江山的。曹操走上仕途不久，就显出了他的凌厉威势。他不仅敢于背叛他的家族，而且他秉公执法，敢于向强权挑战，体现了曹操那种敢作敢为、我行我素的霸王本性。曹操的经历告诉我们：喜欢权力，又不怕犯错误，才能像所有伟人那样敢作敢为。在一般情况下，诡计多端、爱慕虚荣和装聋作哑是令人讨厌的习性。然而对曹操来说，却可能是至关紧要的。联合阵线常常是由对立的利益集团组成而又变换不定的，为了维持这种联合阵线，曹操就得诡计多端，这正是施政的需要。为了给公众一个恰当的印象，需要有一定的虚荣感。有时还不得不装聋作哑，为的是在某些关键问题上能占上风，这也是曹操权力诡计的重要依据。

灵帝熹平三年，20岁的曹操被地方推举为孝廉。在西汉武帝之后，有了孝廉的资格，就可以做官了。开始时曹操被任命为郎，接着由京兆尹司马防推荐，出任洛阳北部尉，正式踏上了仕途的第一站。洛阳是东汉的首都，负责查禁盗贼维持治安的尉不止一人，分部管理。洛阳北部尉负责洛阳北部地区的治安工作，可以说是京城北区的警备队长。由于洛阳是在皇帝脚下，权贵又多，管好治安是件重要工作，当然也是很不容易做好的工作。曹操上任后，为了把治安工作搞好，忠于职守，将自己管辖的四道城门修缮完好，并制作了若干五色大棒，挂在城门的两边，然后申明禁令，凡是违反治安条例的，不管是平民百姓还是豪绅权贵，一律用五色棒打死。这样一来还真的起作用了，在一段时间内治安情况良好，无人敢于违犯。过了几个月之后，一件棘手的事情发生了。宦官蹇硕的叔父，仗着他侄儿的权势，根本没把曹操放在眼里。

239

灵活善变 厚黑学

一天蹇硕的叔父违禁夜行，曹操手下的人把他拿住。曹操喝问说："你是何人？为什么违犯禁令夜间出行？"回答说："我姓蹇，宫中的蹇硕是我的侄子。"曹操听后，气得火冒三丈，又喝道："夜间出行，违犯禁令，当受重罚，你知道不？"回答说："我有急事才出来。禁令是为了防止变乱，像我这样的人，哪能有作乱之理？你不应当处罚我。"曹操说："我不管是什么人，只要违犯了禁令就要制裁，徇私枉法的事我是不能干的。"接着便把他押到城门处，当着众百姓的面，宣布罪行。然后毫不留情地用五色棒把他活活打死。这件事轰动了洛阳城的大街小巷，老百姓都称赞曹操不畏权势、坚决执法的行动。当然也触动了汉灵帝身边那些被宠信的宦官，蹇硕对曹操就恨之入骨。蹇硕欲加害曹操可又抓不着把柄，只好怂恿有关部门把曹操升为顿丘县令，使其离开京城。

曹操善于使用权力，为了保证这一点，他甚至待子女也不徇私情，这在曹丕当太子时的一些事情中可以看得出来。曹丕当太子时，也想多搞点"外快"私用，但慑于曹操的严法，在宫中还不敢胡来，于是就想出一个向家叔曹洪借贷的主意。曹洪不肯给曹丕面子，曹丕便恨上了他。曹洪常在曹操左右，又为曹操管理家务，深知曹操是严格约束子女的，怕随便借给太子东西，曹操知道了不依，所以不给曹丕面子。当然，待部下、子女不徇私情，也有立场发生动摇的时候。但可贵的是曹操能马上意识到自己的错误，对严格执法、不徇私情的属下予以赞扬。

黄海电子元件厂的老板戴文海便是有名的"黑脸包公"。面对厂里工人上班吸烟、打牌等严重的纪律松弛现象，戴文海决定整顿纪律，严格管理，很快一个"十不准"的制度出台了：一、不准吸烟；二、不准赌博；三、不准酒后上班；四、不准擅自离开工作岗位……谁知制度刚宣布，第二天，戴老板的侄子戴晓明就在办公室里吸烟，还说叔叔不会处理他。消息传到戴文海那儿，他大发雷霆，决定按制度扣除戴晓明一个月的工资和奖金，并要他在职工会上作检讨，还警告他若再犯第二次，就请另谋高就。此事一公布，全厂职工对戴厂长肃然起敬，在工作上也认真多了，个个遵守厂规厂纪，不敢懈怠。以前，戴厂长总认为自家人比外人可信，把权交给他们放心。于是抱着强烈的家族观念，在比较重要的岗位上安排了自己的妹妹、大姨子和小舅子，可戴厂长很快就发现自己大错特错了，家族化管理的弊端日渐暴露出来。妹妹不精业务，到处颐指气使，弄得职工无所适从；大姨子分管生产，但软弱缺乏魄力，不善大胆开拓；小舅子负责保卫，但时常擅离职守。这使戴厂长不得不重新考虑，他决定进行人事改革。妹妹和小舅子下到车间劳动，拿计件工资；任命赵力为生产科长，大姨子当副手。果然，这些举措一改厂子原有的状况，提高了生产效率。戴文海用法规来处理自己与亲戚间的关系，以法治代替情感，公正无私，这不仅使企业的管理产生了飞跃，而且这种领导方式也产生了极大的影响力和带动作用，促进了发展。

厚黑管人第二招：察人识人

> 厚黑学认为，一个领导者要想成就一番大事业，最应该具备的本事就是察人识人，知人善用。让别人心甘情愿为自己效力，为自己赚钱。正所谓识人在先，用人在后，具有一双识人的慧眼对于团队的组建是至关重要的。

识人不易

厚黑祖师李宗吾认为，如果不了解一个人就不能用好一个人。这句话对任何一个领导而言，都是真理！人才犹如冰山，浮于水面者仅30％，沉于水底者达70％。怎样才能识人？其先决条件在于领导能公正无私，一视同仁。领导者必须具备如此胸襟，方能发掘真正的人才。

归纳知人之难原因，首先是客观障碍：第一，知人知面难知心。所谓"知人知面不知心"，外有所感于物虽同，内有所触于心则异；人之表里未必如一，因人心不同，各如其面；有存诸内者，未必形诸外，愿形乎外者，未必存乎内。所以孔子曾说："以貌取人，失之子羽；以言取人，失之宰予。"第二，人总在变化。人之学行，因时而易；互有长短，隐显不一；其变化因时因地而各有不同，甚至同一人在同一日情绪亦有变异，起伏难测，捉摸不定。

其次是主观障碍：第一，好恶爱憎，囿于个人心理偏见与成见，此即心理学上之"晕轮效应"，评价者对被评价者一两种品质具有良好印象时，对所有品质都评价高，反之亦然。因此，憎者唯见其恶，爱者唯见其善。孟子说："人莫知其子之恶，人莫知其苗之硕。"司马光也讲："心苟倾焉，则物以其类应之，故喜则不见其所可怒，怒则不见其所可喜；爱则不见其所可恶，恶则不见其所可爱。"故爱憎之间，所宜详慎。若爱而知其恶，憎而知其善，人可去邪勿疑，任贤勿贰。有时领导者本身缺乏鉴评他人之能力，或师心自用，忌真才、喜奴才，以求巩固其既得权益，亦因而埋没人才。第二，受资历、资望、资格、现实问题等因素的限制，人才易被埋没。我们若一旦误奸为忠，误恶为善，误愚为智，则必误人误己，败事有余。反之亦两失其平。故欲求知人善任，必先祛除上述障蔽，方能奏其功效。

个性各异，每个下属的个性都有差异，这是因为所处的环境、不同的经历、所具的学识等方面的影响形成的。具体来讲，决定个人之因素甚多，包括出身、背景、环境、习惯、交友、阶层、职业、生理、动机、愿望等。故身为企业领导，要知道下属的个性，必须客观了解对方体形、容貌、身世、品德、性格、修养、智能等情况，而加以深切体察，设身处地地了解对方本质及其环境，作合乎情理的评价，万不可先入为主，臆断为事。

要成为一个有远见的领导人，必须懂得人是有个性、有特征的，只有了解人的个性特点，才能够真正做到管理好企业。古人指出：用骏马去捕老鼠，不如用猫；饿汉得到宝玉，还不如得到一碗粥。用物、用人，在于得当；使用不当，埋没了宝物、人才，还收不到应有的效果。所以，在管理中应根据人的不同情况而采取不同的办法使用。以下几点小特征可以迅速识人。

杂乱者容易把事情弄得乱七八糟，不可从事井然有序和长效性的工作。

愚拙者容易被欺骗，不可从事谈判、判断工作。

贪图钱财者容易被引诱，不可让其管理钱财。

有德者不看重金钱，物质利益难以引诱他，就可以让他管理财政。

睿智者通达礼数，明于事理，弄虚作假者难以欺骗他，可以让他负责要事。

重情者容易变换观念，不可让其做决策者。

不忠者容易动摇，不可让其知道商机。

勇敢者蔑视困难，艰难险阻吓不倒他，就可以让他处理紧急事务。

练就慧眼 一眼识人

厚黑商人胡雪岩曾说："遭人嫉妒的多是能干之人。"此话的确别有一番道理，由此也可以体现出这位深谙厚黑学的商人对察人、识人的重视程度。

观察一个人的平常表现，就可以明白其品质的复杂情况；观察一个人感触外界变化的反应，就可以确定其平常情况的态度；观察一个人的突出素质，就可以知道其确切的声誉；观察一个人所作所为的动机，就可以分辨出其亲近与相似的类别；观察一个人对爱和敬的坚守程度，就可以了解其上下左右的人际关系；观察一个人的情感变化机能，就可以分辨出胸怀的宽窄；观察一个人的缺点，就可以知道他的优点；观察一个人的聪明程度，就可以了解他将成为何等人才。

领导要了解一个人才，一要面对面地交谈，可以获得丰富的感性认识；二要灵活、主动地掌握谈话议题，以便及时、深入地了解情况；三要有问有答，可以迅速交换意见和看法，及时沟通感情和认识；四要可长可短，达到目的为止，容易操作。

古人有一套识人的方法，包括派他到远处去任职，以观察其忠诚；让他在身边任职，以观察其谨慎；派他做繁杂之事，以观察其能力；突然问他问题，以观察其机智；仓促约定会见的时间，以观察其信用；托付他大笔财富，以观察他是否为仁人君子；告诉他情况危急，以观察他的节操；

故意灌醉他，以观察其本性；与众人杂处中，观察其为人处世的态度。

凡是谋大事、创大业的人，大都很注意发掘和使用人才，如秦始皇之用李斯，刘邦之用萧何，刘备之用诸葛亮等。用人的方法是：必须发掘对方的优点，容忍他的缺点，使人有被重视的感觉。以这种方法接近对方，逐渐喜欢他，然后活用他的长处。

宋朝时，大帅宗泽曾对初出茅庐的岳飞说："你的英勇与智谋，武艺与才气，就是古代的良将也不能超过你，但是只擅长野战，还不是万全之计。"宗泽非常喜爱岳飞的才华，因此，有意对其栽培，使其了解、精通更多的作战方法，给岳飞一张作战的阵图。岳飞接过阵图仔细看了以后，便对宗泽说："古今时代不同，平地和山险不同，怎么能用一定的阵图用兵？"宗泽反问道："像你这样讲，阵法岂不是没有作用了？"岳飞回答说："列阵而后战，乃兵家的常规，但其运用之妙，却存乎于心。"宗泽听了岳飞的议论，心中十分佩服，认为岳飞是一个很了不起的人才。世上真正有才能的人，常常隐蔽得很深而不容易显现出来，不遇到一定的事件和机会，有的人往往一辈子都被发现不了。琢玉的匠人最担忧的是像玉一样的石头；相剑的人最担忧的是有劣剑。忠奸相混、贤愚相杂，不易识别，所以"大奸若忠"。

玉和石的样子相像，只有技艺精良的人才能识别出来。松树未成材长高时，有谁知道它有傲霜雪的品格。虽然得到天下的人，以了解人为最困难，以亲近贤才为最急迫的事，但由于潜伏着的感情和隐藏着奸诈，是很难从一个人的外貌了解到的。

在管理中，做一个有才能的人并不太难，发现有才能的人才真正困难。有人感叹贤才与非贤才之间，似是而非难以分辨。识才不易，而能识别人才的人必是有见识的人。

现今的人们都没有识别凌云木的慧眼，直到它高耸入云的时候才称说其高。如果不是刘备三顾茅庐，谁能认识隐居茅庐的"卧龙"诸葛亮呢？所以，世俗人常说，画老虎，画皮毛容易，画出内部骨骼就困难了。认识人的外貌容易，认识人的内心就困难了。不了解人就不能很好地使用人，没有很好地使用人就是因为没有了解人。从这个角度来说，天下不是没有人才，而是因为识别人才的人太少了。

识人要善于倾听

常言道，言为心声，了解人才的直接方法就是和他交谈。平时，领导要多接触人才，与他们多交谈，有意识地询问他们一些你关心和正在思考的问题，进而从他们的谈吐中初步判断对方是良才还是庸才。

一、目光远大的人可以共谋大事

在询问对方"公司应该向何处发展？""你有什么打算？"等问题时，领导如果发现对方不满足于现状，有远大理想，有不同寻常的发展眼光，且想法也不空泛，那么，这是一个值得重用的人，可以提拔重用，成为共谋大事的搭档。

二、善于倾听的人能担大任

善于倾听别人的谈话，能够抓住对方本意，领会其要旨，回答言简意赅的人能担当大任。因为他们善解人意。善听是一种修养，它只有经过长期的锻炼才能形成；同时，这些人想必是有谦逊的品德，有随和的个性，具有领导和管理的天赋。一般来说，三言两语就能切中问题要害的人，往往是思维缜密、周详而又迅速果断的人。他们对事物体察入微，而且客观全面，作出的决定也实际可靠，他们是能担当重任之人。此所谓"真人不露相，露相非真人"。启用他们，公司业务扩展获得的成果定会是实实在在的。

三、"胆小"心细的人比轻易许诺的人更可靠

在布置任务时，有的人常说"我担心……"，"万一……"之类的话。乍看起来，这种人给人一种胆小怕事的印象。其实不然，因为他们往往思维比较严密，能够居安思危，经常考虑到可能发生的各种情况和结果，同时也善于自我反省，明白自己的所作所为及其可能的结果，很有责任感。由于他们对工作中所遇到的困难和出现的问题有足够的重视，做起工作

来，就会有条不紊，越做越好。领导应当给他们加压，委以重任。一个常轻松地说"肯定是……"、"就这么回事"、"一定成"、"没问题"等如此之类的话的人，往往给领导一个爽快能干的印象。事实上，这种轻下断言、轻易许诺的人是靠不住的。轻易断定没有任何困难，这至少表明他工作草率、不具备发现问题的能力。轻易许诺是缺乏承诺的诚意与能力的一种表现。

四、好夸耀的人不能重用

这些人争强好胜，喜欢在别人面前夸耀自己，有点儿小功劳就沾沾自喜，不时地向领导表功。这种喜欢居功自傲的人常常是功不抵过。有人通过学各门各类的知识，泛泛而谈，也还有些道理，似乎是博学多才的人。但是，如果是博而不精、博杂不纯，未免有欺人耳目之嫌。领导者对于凭着某种证书应聘者，应该考察是通学还是博学多才的人。通学者，善于吸收别人的精华，自己没有什么独到见解和思想，对于知识的掌握还局限在理解阶段。博学多才的人，博学精通，见多识广，但往往不露声色，甘于在平淡中显神奇；虽然聪明绝顶、博学多才，却不过于炫耀自己。更善于把握来自对方的信息，思考目前的各种情况，立即领会对方的意图；眼光犀利，善于洞察先机，迅速把握有利时机，随机应变；用词准确，词能达意，沟通能力良好，善于搞好各种人际关系，思维灵活，不拘泥于一格，善于创造新的事物，构思新的框架。一言以蔽之，真正的博学多才的人，并不想急于表现自己，而是洞察对方、相机行事的人。

与人交谈时，有人常把"我"字放在前面，不顾对方的心情与感受，大谈自己的看法，炫耀自己的学识，显示自己的才干，常发出怀才不遇之感慨。对这种自命不凡的人，尽管他有些特长，但也不能放心大胆地使用。这种人自以为是，自以为什么都懂，恰恰反映出他们是彻底的无知。有了这种夸夸其谈的心态，他们做起事情来会经常不顾领导的意图，偏偏要按照自己的意思去做，以为这才是个人价值的体现。如果公司领导被他的夸夸其谈所蒙蔽而重用了他，就会误了公司的事，成为公司发展的阻碍。

五、华而不实的人不能使用

说话模棱两可，公式化地一问一答，善于应酬而胸中无策的人不可重用。华而不实者，口齿伶俐，能说会道，口若悬河，滔滔不绝，乍一接触，很容易给人留下良好印象，并当做一个知识丰富、表达力强、善交往、能拓展业务的人才看待。但是，领导者不要被其外表所迷惑，还要分辨他是不是华而不实的人。华而不实的人，善于言谈，谈古论今头头是道，而且能将许多时髦理论挂在嘴上，迷惑许多辨别力差、知识贫乏的人。考察这种人，谈话要多一些具体的问题，给予具体的任务，让他找出对策，去办具体的业务，如果此人谈话、做事避实就虚，圆滑应对，说明此人是华而不实者。用这种人当副手尚可，绝不能独当一面。

六、不承认他人长处的人不可信

在向某一下属了解另一下属的情况时，或者当着某一下属的面表扬另一不在场的下属时，如果这位下属不承认他人长处，拐弯抹角地揭别人的短处，对领导表扬别人心里不服气，那么，此人是不可信的。这种情况表明，不是他看不到他人的长处，就是妒忌心很强，担心别人在某些方面超过自己。无论是哪种原因，此人都是不可信的。

选拔人才要注重心态

厚黑学认为，选拔人才一定要从根本着手，要以人才的心态为最主要考察目标。因为只有在不仅知人知面而且知心的情况下，才能决定是否起用或重用其人。归结古今中外识人的经验和教训，好的人才应该具备以下几点。

第一，一定要有积极的心理状态。人有一个积极的心理状态，遇到同事进步，会觉得自己又多了一个学习的榜样；遇到同事失误，会产生同情、自责和帮助的心理；面对平凡的工作，也能产生极大的乐趣，觉得天地广阔，大有作为，如此等等。这种人脚下的路往往是宽敞的，办事的成功率是很高的，同时，这种人的人缘关系也是很好的，同其上司也最能保

持一致。

第二，全力以赴地投入到工作中。领导者工作上的高效率，是以部属工作上的尽心尽力为基础的，离开了这个基础，任何天才都不可能成功。当然，看其部属是否尽心尽力也是有尺度的。经验证明：凡为尽心尽力的部属，工作上首先都会有一个切实可行的计划和实施计划的具体方案；知道应该让上司在什么时候、在什么问题上出面支持自己，而不是事无巨细地陷上司于事务圈子；提交到上司面前的困难，不仅进行了中肯的分析，而且还有克服困难的可供选择的实施方案；敢于在上司即将出现失误的时候，据理力争，做事有股不达目的誓不罢休的狠劲儿；从不随大流，更不做那些花里胡哨的表面文章；当个人利益和集体利益发生冲突的时候，会无条件地去服从集体的利益……这种人是螺丝钉，拧在哪里就会在哪里发挥作用；是老黄牛，只知奉献，不讲索取；是大海岸边的岩石，能经受住巨浪的袭击；是高山岩石之松，能够经得起风寒；这种人是成就事业必需的重要人才。

第三，自尊心不要过强或不足。自尊心人皆有之，但在不同的个人身上所表现出来的"度"则各不相同。过弱则表现为自卑，老是觉得不如别人，这也办不到，那也不可能，消极悲观，事无所成。过强则表现为高傲，总觉得高人一等，缺乏自知之明。这种人的虚荣心，权力欲望极强，固执己见、争强好胜是其重要特点。实际上，他们是大事办不来，小事不愿做，人际关系也不能得到很好的处理，到一处乱一处，是不受欢迎的人。自尊心过弱但里边内含着谦虚，只是谦虚过了头，达到了自卑。同样，过强的自尊心也内含着自信，只是自信过了头，达到了高傲。适度的自尊心，表现出了谦虚和自信的有机结合，是对上述二者的抛弃。有才的部属，加上有个适度的自尊心，他们干起事来必定是左右逢源，如虎添翼，成功是把握之中的事。

第四，不会在背地里玩心计。一般来说，玩心计的人对自己所要表现出来的行为都是考虑再三的，并且是经过伪装的。尽管玩心计的人狡猾，但也不是不能将其识别的。就因为他们有几个"不一"，况且他们的活动

还是在一定的人群中进行的，这就给人们提供了识别他们的条件。搞阴谋的人之所以要去搞阴谋，是因为他们对他们个人或小团体利益有着较强的追求欲望。可以说，自由主义、个人主义的发展与膨胀是阴谋活动的根源。搞自由主义、个人主义，一旦目的达不到，就有可能产生搞阴谋的动机。开始可能是搞些小阴谋，偶尔搞阴谋，继而是大阴谋、经常搞阴谋。阴谋败露，就可能会跳将出来，搞公开对抗。所以，他们是埋在团体中或领导者身边的定时炸弹，一旦发作，就要造成很大的危害。身处领导岗位的人，对此应保持高度的警惕才是，绝不能重用那些搞阴谋活动的人。

第五，一定要大度。一般来说，凡心胸宽广的人，与家人相处，则家人和睦，老少欢乐；与同事相处，则能将心比心，友好如兄弟；与下属相处，则爱人之心厚之，上下一致；与上司相处，则善于理解上司苦衷，能够忍辱负重。一句话，人际关系可以保持最佳状态。这种人不会被"好话"所迷，也不会被"坏话"所怒，能够保持一个清醒的头脑。这种人自身新陈代谢的节拍能与大自然的运行规律相吻合，很少会被疾病所困扰，可以保持一个健康的体魄。可以这样说，宽广的胸怀是万福之源。辨别一个人的胸怀是否宽广，内容也很广泛，主要是看他们是否具有嫉妒心，是否斤斤计较个人得失，是否经常地误会别人。一个人如果和别人相处时，很能理解别人，常能为别人着想，也能抱吃亏态度，那就可断定这个人的胸怀是宽广的。否则，是狭隘的。

厚黑管人第三招：不拘一格用人才

　　尺有所短，寸有所长，在用人方面就应如厚黑商人胡雪岩说的那样："用人之长，容人之短，不求完人，但求能人。"厚黑用人具体而言就是领导者要具备宽厚的胸怀，能容人之短，不计前嫌，不拘一格地任用有才之人，即使是鸡鸣狗盗之辈，亦有所用之处。

人尽其才　各取所长

　　衡量一个领导者是否高明，不仅要看他揽集了多少人才，更要看他如何用人。聚才是为了用才，用好了人才反过来能更好地聚才。人才再多而不善用，不是造成怨声载道，就是反使内耗丛生。这样，人才越多，反作用越大，不仅不能成事，反而会坏大事。善于理财的人储藏珍宝，善于成大事的人储藏人才。理财高手对于自己的财产了如指掌，资本有几许，收成有几许，何处用多少，怎样攒得更多，无不烂熟于心；而那些成就大事的领导对于自己的人才班底同样有着全面而细致的了解，手下有什么能人，每人能做何等大事，怎样使用能够调动积极性，人才之间怎样配合，这些都要心中有数。所以，形象一点说：富豪开的是金银铺，领导开的是人才铺。

　　厚黑枭雄曹操用才或放手用之，或钳制用之，或用之独当一面，或数

人组为一群，就像医生用药一样，主药与辅药无一不配备精当，使之天衣无缝。诸葛亮虽然也有此等才能，无奈刘备手下人才奇缺，后来甚至出现"蜀中无大将，廖化做先锋"这样尴尬的场面，所以，在用人方面难以胜过曹操，而曹操用人又兼得阴阳双妙，所以确实高出诸葛亮一等。

曹操的用人策略是，仁者用其仁，智者采其智，武将任其勇，文职尽其能，择人任事，最大限度地用人之长。曹操对合肥会战人事的安排，说明他确实是一位知人善任的军事统帅。建安二十年（公元215年），魏、吴两军在合肥进行了一场激战，曹操在西征张鲁之前，写好了一封密信交给了合肥护军薛悌，在信封上特别注明：等吴兵来攻时再拆开看。等到曹操远去了，孙权果然率大兵来攻。危急中大家拆开密信，只见信上寥寥数语："若孙权至者，张、李将军出战；乐将军守护军，勿得与战。"诸将皆疑。第一个明白了曹操意图的是张辽，他说：曹公的意思是说，他远征在外，如等他来救，敌人早已把我们打败。我们只有在敌人站稳脚跟之前，有守城的，有进攻的，打敌人个措手不及，才能以攻为守。是胜是败，在此一战，大家还怀疑什么！听张辽慷慨一谈，李典也有了同感，结果那一战杀得江南人人恐惧，闻张辽大名，小儿也不敢夜啼。曹操对这次战役的人事安排充分体现了他知人善任的能力。这次战役曹操安排的三个主将张辽、乐进、李典，三人都是曹操手下的大将，都立有赫赫战功。论资历和能力，三人相差无几；论地位和职务，三人也不相上下，这大概是"进、典、辽皆素不睦"的主要原因。安排这样三人守城，确有很大的危险性。曹操这样一封密信，为三人的团结对敌设了一个"双重保险"，无论出现哪种情况，都能做到万无一失。果如曹操所料，张辽见信，率先表态，慷慨激昂地表示决一死战，紧接着附和的便是李典。《三国志·李典传》这样写下李典附和支持张辽的文字："辽恐其不从，典慨然曰：'此国家大事，顾君计何如耳，吾何以私憾而忘公义乎！'乃率众与辽破走权。"曹操在远征张鲁前，对合肥一战有如此的安排，确实体现出了他对手下将领的能力、长处、缺点等特性的了如指掌，也体现出了他知人善用的用人谋略。这件事也充分体现了曹操"仁者用其仁，智者采其智"的用人之所长。

曹营内战将云集，有的性如烈火，视死如归（如典韦、庞德等），每有大战恶斗，曹操总是派他们披坚执锐，冲锋陷阵；有的智勇双全，文武兼备（如曹仁、张郃等），曹操平时把他们放在重要岗位，遇有战事，放手让他们统率诸军，独当一面；有的胆识不足，优柔寡断，曹操就因人制宜，将他们搭配在合适的主帅营中，当好配角。细分析，这正是曹操用人上的超常表现。三驾马车，绝无战斗力可言，如把互不和睦的三人拧在一起，必先有两人携手。由此可见，领导只有用人要不拘一格才能够保证其事业的顺利发展。

鸡鸣狗盗　皆有所用

　　战国时齐国的孟尝君田文虽以善于养士著称，但他最初也并非来者不拒，对不太喜欢的士人，他也常逐之。后来，经过鲁仲连的劝说，他才真正懂得了用人要不拘一格的道理。

　　一次，孟尝君要驱逐一位不喜欢的食客，正巧遇到好友鲁仲连，鲁仲连对他讲了一番十分耐人寻味的话，使他改变了主意。鲁仲连说："猿猕猴错木据水，则不若鱼鳖；历险乘危，则骐骥不如狐狸。曹沫之奋三尺之剑，一军不能当；使曹沫释三尺之剑，而操铫镰与农夫居垄亩之中，则不若农夫。故物舍其所长，取其所短，尧亦有所不及矣。今使人而不能，则谓之不肖；教人而不能，则谓之拙，拙则罢之，不肖则弃之，使人有弃逐，不相与处，而来害相报者，岂非世之立教首也哉！"他这段话的大意是，人都是各有所长，亦有所短，若弃长取短，人人都成了愚人；若用其所短，就更为不智。鲁仲连的一番话，说得孟尝君茅塞顿开，不再驱逐那位食客。从此，更加广泛地延揽士人，不拘一格，来者不拒，各种人才都奔走于他的门下，为他所用。

　　孟尝君应秦昭王之邀入秦，秦昭王准备任命他为相国。有人劝秦昭王说："孟尝君贤，而又齐族也，今相秦，必先齐而后秦，秦其危矣。"秦昭王因此没有任命，并且把孟尝君囚禁起来，企图将他杀死。孟尝君知道后，派人请求秦昭王的宠姬帮助，这个宠姬说："妾愿得君狐白裘。"孟尝君曾有一件狐白裘，价值千金，天下无双，但刚到秦国时，他便献给了秦昭王，再也没有了。在这个关键时刻，他的食客起了作用。孟尝君忧心忡忡，问食客怎么办，大家都无言以对，唯有一个在下座、能做狗盗的人说："臣能得狐白裘。"于是，他在半夜中学狗叫入秦宫，盗取了孟尝君所献的狐白裘，转手献给了秦王宠姬。孟尝君因而被秦昭王释放，他当即便打点行装，改变姓名逃奔齐国，半夜时分到达函谷关。秦昭王放走孟尝君后，又有些后悔，派人骑快马传令各关口，勿放孟尝君出关。秦国有一条法令，到鸡鸣时才能开关放人过境，孟尝君唯恐追兵赶上，急于出关，问食客有何办法，有一食客当即回答说，他能学鸡鸣，愿效力。此人一鸣，众鸡齐鸣，守关者一听鸡鸣，立即开关放人，孟尝君一行人得以出关。走了没有一顿饭的工夫，秦使者来到关前，听说孟尝君已出，只好回去复命。孟尝君得以返回齐国。

这就是"鸡鸣狗盗，各有所用"的故事，它说明，用人要不拘一格，凡有一技之长者，都可以在一定的时间发挥自己的特长。鸡鸣狗盗虽为世人所鄙，但在关键时刻，却也起到了其他人无法起到的作用。若能懂得其中的道理，便不会有无人可用的感叹。

用人最忌按文凭、经验等框框、杠杠取才，有的人学历很高，由于不知变通，办事能力却很低；有的人经历很丰富，由于悟性太差，始终没有长进。重用这种人，就可能误事。成功企业家用人的时候他们看重的是能力，很少抱有世俗的偏见，所以他们手下总是人才济济。

用人除了要看实际才干外，还要看兴趣和潜质。一个人在某一行有天赋，如果他同时又有兴趣的话，稍加培养即能成为优秀的人才。

索尼公司创始人之一盛田昭夫，用人从不讲资历，只要是个人才，进来第一天就敢重用；他也不讲文凭，甚至写了一本《让文凭见鬼去吧》的书，表明自己对文凭的看法。户泽毕业于名古屋大学，是盛田昭夫的远房亲戚。有一次，盛田与他谈起了开发录音机磁带的计划。当时户泽还不知道磁带录音机为何物。当他从盛田带来的录音机里听见自己的声

音时，感到非常吃惊，并产生浓厚兴趣。盛田知道户泽极有研究精神且好胜心很强，就邀请他参与开发录音机磁带的项目。户泽正在犹豫，盛田故意激他说："资料什么的一概没有。"户泽一听这句话，顿时来了精神，说："正因为没有资料，没有参考书，我这个门外汉才要算上一个。"就这样，户泽进入公司，为研制录音磁带的项目立下大功，日后还在公司获得领导地位。

有些人确有大才，也有明显的品格缺陷，这种人用好了是个宝，要有王者气象和超强统御力的商人，才能用得好这种人。

特朗普出生于豪富之家，他的志向是创下一份比父亲更大的事业。在沃顿金融学院读书时，他在某地发现了一个公寓村，共有800套住房闲置。他建议父亲将这个公寓村全部买下来，交给他经营。经过一番修缮整顿，公寓的面貌焕然一新。一年后，他就将这里的800套房子全部租出去了。特朗普还要读书，他就聘请一个名叫欧文的人当经理，代他管理物业。欧文颇有治事之能，很快使公寓村的各项工作走上正轨，几乎不用特朗普操心。但是，欧文有一个令人讨厌的毛病——偷窃。看见漂亮的、值钱的东西，他就忍不住想搬到自己家里去。仅一年时间，他偷窃的公物高达5万多美元。特朗普发现欧文这种毛病后，从心情上来说，他恨不得让这个家伙立即滚蛋。但是，从理智出发，他觉得还需要慎重。一方面，他一时找不到一个合适的人接替欧文的职位；另一方面，他认为公司不仅是一个赢利的地方，也是一个传播文化、培训人才的地方，对一个有毛病的人，不加教育就推出去，是不负责任的态度。最后，特朗普决定给欧文一个改过自新的机会。他将欧文找来，给他加了薪水，并指出他的毛病，建议他以后一定要检点自己的行为。欧文原以为此番职务不保，没想到特朗普对他如此大度，既羞愧又感激。自此，他改掉了恶习，兢兢业业工作，为特朗普创造了很大的利润。几年后，当特朗普卖掉这个公寓村时，总共赚了好几百万美元。后来，特朗普成为"纽约不动产大王"，被誉为"新兴的超级明星"。

用人的目的是为了做大事业，理当从需要出发，从观念上打破条条框

框的束缚。此外，领导还要根据自己的用人能力，寻找相配的人才。庙门太窄，容不下大佛；腕力太弱，缚不住真龙，用适宜的人才才能相得益彰。

永远不要对手下失去引导

厚黑学认为，领导者在授权的同时，必须进行有效的指导。领导者若管理的范围过大，触角伸得太远，这种管理就难以驾驭。

《韩非子》里有这样一个故事：鲁国有个人叫阳虎，他经常说："君主如果圣明，当臣子的就会尽心效忠，不敢有二心；君主若是昏庸，臣子就敷衍应酬，甚至心怀鬼胎，但表面上虚与委蛇，然而暗中欺君而谋私利。"阳虎这番话触怒了鲁王，阳虎因此被驱逐出境。他跑到齐国，齐王对他不感兴趣。他又投奔赵国，赵王十分赏识他的才能，拜他为相。近臣向赵王劝谏说："听说阳虎私心颇重，怎能用这种人料理朝政？"赵王答道："阳虎或许会寻机谋私，但我会小心监视，防止他这样做，只要我拥有不至于被臣子篡权的力量，他岂能得遂所愿？"赵王在一定程度上控制着阳虎，使他不敢有所逾越；阳虎则在相位上施展自己的抱负和才能，终使赵国威震四方，称霸于诸侯。

领导如何做到既授权又不失引导呢？下面几点颇为重要。

一、评价风险

每次授权前，领导者都应评价它的风险。如果可能产生的弊害大大超过可能带来的收益，那就不宜于授权。如果可能产生的问题是由于领导者本身原因所致，则应主动矫正自己的行为。当然领导者不应一味地追求平稳保险而像小脚女人那样走路，一般来说，任何一项授权的潜在收益都和潜在风险并存，且成正比例，风险越大，收益也越大。

二、授权而不干涉

授权时重点应放在要完成的工作内容上，无须告诉完成任务的方法或细节，这可由下级人员自己来发挥。

三、建立信任感

如果下属不愿接受授予的工作，很可能是对领导者的意图不信任。所以，领导者就要排除下属的疑虑和恐惧，适当表扬下属取得的成绩。另外，要着重强调：关心下属的成长是领导者的一项主要职责。

四、进行合理的检查

需要检查的程度决定于两方面：一方面是授权任务的复杂程度；另一方面是被授权下属的能力。领导者可以通过评价下属的成绩，要求下属写进度报告，在关键时刻同下属进行研究讨论等方式来进行控制。

美国一位著名的管理专家提出了10个问题，领导者可以定期用这些问题来审查和改进授权的技巧。

第一，你不在办公室时，办公室的工作是否混乱？

第二，你外出回来时，是否有本来应由部下做的工作等待你去处理？

第三，你能按规定的时间实现目标或完成任务，还是必须把工作带回家或在办公室里加班才能完成任务？

第四，你的工作是从容不迫、有节奏地进行，还是经常被那些需要征询你的意见或决定才能办事的人所打断？

第五，你的部下是否把"矛盾上交"，让你去作应该由他们自己去作的决定？

第六，你是否觉得自己的工作负担太重，而部下的工作又太轻？

第七，你是否认为没有时间培养部下？

第八，你是否真的认为公司的报酬制度，如工资、晋升提级制度等，能使部下承担较多的责任？

第九，在你领导的人当中，是否有人在你来之后辞去工作？

第十，你是否真的想把工作委托给别人去做，还是觉得自己最能胜任这项工作？或者扪心自问一下，是否害怕某个部下干得很出色，会"超过自己"而不愿意授权。

一些领导者因担心授权他人会危及他的职权，事无巨细都要自己揽起来，费力不讨好，影响工作效率。聪明的领导者都知道如何授权他人并仍

保持引导。在领导面临的所有工作中，除掉无关紧要的工作，剩下来的有两种：一种是你作为领导者所必须做的，另一种是你的下属应该做的。下一步就是把所有下属能做的工作恰到好处地委派给他们。这是唯一能使你避免在细节问题上耗费精力，而又在不影响最终效果的情况下减少工作时间的办法。在授权下属的同时，领导者还需要建立一种适当的引导手段，即发生差错时能立刻采取补救措施。这种手段包括：

第一，确信下属是训练有素的，称职的，能干好你安排给他的工作。

第二，不是一下子，而是一步步逐渐地给他责权。

第三，当他进行新的工作时，纠正他的错误，表扬他的成就。

第四，在关键的时候，你能马上插手，制止任何可能出现的严重错误。

要用辩证的眼光看待人才

在用人的问题上，许多领导者缺乏辩证的眼光：一是表现为对人才要求过严。不允许人才犯错误，一出现问题就全盘否定，把人才说得一无是处。二是对人才要求过松。一次次的失误，总以"交学费"、培养人才不容易为借口，而任其自行发展，不仅影响了人才本身的发展，也使组织内部不良风气盛行。三是许多企业领导者陷入一个误区。在员工出现错误的时候，不是做耐心细致的调查工作，而是简单地开除、"炒鱿鱼"，借以证明自己有权威、有铁腕。其结果不仅没有起到警示作用，相反却带来负面影响，使其他的人感到在这样的企业里工作，是没有安全感的，"卸磨杀驴"的悲剧迟早会在自己身上重演，因而也就留不住人才。

真正的用人之道是宽严相济，有张有弛。这方面，很多优秀的企业家都做得非常出色。

张思民，海王集团的少帅，他领导的集团，从1989年7月注册，短短几年时间就发展成为拥有多家分公司，资产逾数亿元的股份公司。海王员工平均不到30岁，大学以上学历的占90％，硕士、博士和高级职称者占

20％，在这个"跳槽"的时代，为什么会有这么多才子云集到张思民的手下给他"摇橹"？为什么有那么多人才能踏踏实实、心甘情愿地在这里效力？答案是：张思民对人才既严又宽的用人方法起到了重要的作用。

海王公司有位经理，在操作一个项目时，头脑一热拿了别人的回扣，数量相当可观。常言说：要想人不知，除非己莫为。世上没有不透风的墙，结果公司上上下下全都知道了，员工的情绪波动很大，产生了不小的影响。

这不能不说是一个棘手的问题。张思民对此气愤极了，在公司主管会议上狠狠地骂了这位经理一通："你是经理，怎么给手下员工做榜样！这不单单是拿回扣的问题，你这是拿着海王员工的血汗钱肥自己的腰包。你就拿得那么坦然？"

在批评的同时，张思民并不是就事论事，他回顾了海王艰苦的创业史，历数海王发展到今天的不易，还对比鲜明地赞扬了那些为海王发展默默奉献的人们。张思民讲得很激动，眼睛也湿润了，会场气氛非常紧张。大家心里都在想：这次少帅伤透心了，肯定要动真格儿了。那位犯了错误的经理也深刻地意识到自己犯了不可饶恕的错误，无地自容，始终低着头在想，"完蛋了，等候发落吧"。

像这样大数目的回扣，开除是小，甚至于送上法庭也不为过。骂终归是骂，批评终归是批评，气终归是气。张思民心里虽然很激动，但理智还是占了上风。培养一个经理需要花费多长时间、心血和金钱啊！就这样一下子把他毁掉吗？

张思民猛吸两口香烟，冷静下来，宣布："你去咱们的另外一个公司当经理吧。记住，同样的错误不要再犯。我相信你会吸取教训。"

犯错误的经理不敢相信自己的耳朵，本能地站起来，望着余怒未消的张思民，泪水控制不住地往外涌。

事过之后，有人说张思民"心太软"，缺乏大将风度。张思民解释得很巧妙："'人非圣贤，孰能无过'，只要能吸取教训，不再犯同样的错误就可以了。我张思民也不是十全十美的，在事业的发展过程中也犯过一些

错误，包括头脑发热、决策失误等，所以我不能不允许我手下人犯错误。"

人才生活在社会中，各种各样的思想和观念无时无刻不在渗透和影响他的行为，尤其是在市场经济的条件下，面对各种诱惑，产生意志动摇、出现偶然的失误也不足为奇。简单地驱逐、撵走也许有足够的理由，但张思民深知，这样做可能会毁掉这个经理的一生，将心比心，他选择了留住人才，但前提是这样的错误不可以犯第二次。在这里宽和严得到了最好的结合。宽，让其他人感到，领导不会抓住问题就一棍子打死；严，表明领导不会姑息迁就，给机会，但不会给第二次机会，从而让人才更加珍惜这一次机会，不再犯同样的错误。

"人非圣贤，孰能无过。"有了错误不可怕，关键是认识错误，改正错误。张思民的做法给我们的深刻启示是，他不仅仅给人才一次悔过的机会，更给本组织创造了一个宽松的企业文化氛围，让在这里工作的人们感到：这里人情味很浓。我们的领导者要深知，办企业就是办人，爱护人才，严格要求人才，是企业立于不败之地的重要原因。

厚黑管人第四招：赢得人心

厚黑学指出，自古以来都是得人心者得天下。赢得人心需要领导者的胸怀和名望，也需要一些厚黑手段。领导者要懂得"对人要厚、对事要黑"的道理。"对人要厚"，是指领导者要宽厚待人，诚信待人；"对事要黑"，是指领导者要善于使用谋略收买人心。

用人先要笼络人心

"士为知己者死"，这一用人原则在企业中也同样有效，用好专家型人才的最有效途径就是成为他们的知己，了解他们的内心要求，然后攻其心而用之。

初创时期的美国福克斯莫罗公司急需实现一项重要的技术改造。总裁福克斯为这项技术坐卧不安。一天深夜，一位工程师拿着一台能实现这项技术改造的原型机闯进了福克斯的办公室。这台原型机性能高超，使用方便，正是福克斯梦寐以求的东西。福克斯看后，高兴得手舞足蹈，不知怎样感谢这位工程师才好。他弯下腰来把办公室的抽屉翻了个遍，总算找到了一样东西，于是他躬下身真诚地对那位工程师说："这是给你的奖赏！"原来他给工程师的竟是一个香蕉。这是他当时能拿出来的唯一表示他的感激之情的东西。此后，一个香蕉演化成了一支小小的香蕉形的金别针，这成了该公司对科学技术成果的最高奖赏，而得到这种"香蕉"的人，也是最光荣的人。这个故事向我们揭示了这样的事实：对于人才来说，重要的并非是物质上的利益，而是爱惜和珍视。应该说，投一分尊重就会得到十分的回报。

美国的斯凯特朗电视公司总裁阿瑟·列维就是一位能体恤部下爱惜人才的领导者。为了研制闭路电视，列维录用了一位颇有才干的青年技师比尔。比尔一上任，就一头钻进实验室，整整干了一个星期。在工作最紧张的时候，比尔一连几天都不离开实验台。实验告一段落后，疲惫至极的比尔好像老了10来岁，他倒床就睡，过了一天一夜才醒过来。看到因休息不足而眼窝深陷、神情疲乏的比尔，列维深受感动。他拉着比尔的手，真诚地说："我希望你改变一下工作方式，否则，我决定停止闭路电视的研制工作。""为什么？"比尔一时没有反应过来。列维心疼地说："因为像你这样不分昼夜、不顾性命地工作，不等新产品问世，你就垮了。我宁愿不做这个生意，也不赔上你这条命。"比尔为列维对自己的关心感到激动和宽慰。他说："不会的，我已经习惯了，凡搞我们这种研究工作的人都这样，已经习惯了。"列维听了这话，眼泪都快流下来了。他有些伤感地说："是的。但我希望你能节制一点。虽然我们相处的时间不长，可我知道你已经竭尽全力了。对我来说，这就足够了，就算研究不成功，我也不会责怪你，你也用不着为此而自责。"比尔对此非常感动，萌发出一种愿为列维"赴汤蹈火"的豪情和勇气，这以后，他一如既往、夜以继日地工作。不到半年，闭路电视终于研制成功。这项新技术的问世，为斯凯特朗电视公司的进一步发展奠定了坚实的基础。

可见，领导者要赢得人才的心，不仅要关心他们的身体，关心他们的生活，更重要的是要做他们的知己。

美国的钢铁大王卡内基非常重视人才。美国南北战争时期，卡内基正处于自己事业的发展期。他发现在现代社会中，铁桥必将代替木桥。于是他想对此进行调查。他便找桥梁专家讨论，从而认识了一位叫比波的工程师，他是架桥工程首屈一指的天才。比波认为卡内基的用铁桥代替木桥的构想是非常好的。于是卡内基建议成立建设铁桥的公司，并对比波说："你加入这家公司，给你入股，行不行？"比波当然高兴。但实际上，因为

将来比波对这家公司的贡献主要是技术方面，所以比波的股份全由卡内基自己给出了。

比波是个非常喜欢马的人。卡内基知道这个信息后，便对比波说："比波先生，听说你非常喜欢马？""马？我喜欢马仅次于桥。"比波说。卡内基说："我的弟弟汤姆也喜欢马，从他家到公司，大约 16 公里路程，他每天早上都骑马上班，我送一匹纯种马给你吧！"这位天才工程师听到马，两只眼睛都亮了起来。他是典型的马迷。

为了能够拉住比波这位人才，卡内基是不惜送像纯种马这样的贵重礼物给比波的。有一次，由于各种原因铁桥公司已签订要承建的圣路易铁桥的资金总是不能到位，比波产生了返乡的念头。但卡内基还是用三匹英国的好马挽留住了比波，并设法解决了各种麻烦，使圣路易铁桥终于大功告成。正是在比波这样的天才人物的支持下，卡内基建立了自己最为坚实的基础——铁桥公司。正是从铁桥公司，卡内基走向了成为钢铁大王的道路。对于卡内基来说，只要是他想用的人才，他都能用一定的方法留住人、留其心，使其成为自己事业的支柱。他后来对待炼钢技术的天才人物霍利和琼斯也用了同样的方法。

领导用人，最忌讳的就是把人才只当做工具，当做一架机器，而不进行感情投资。其实，领导用人最有效的方式就是与人才建立合作的默契关系。

巧施手段　笼络人心

厚黑商人胡雪岩的成功，离不开他用金钱手段对权势人物的收买。但是作为一个成就商人，仅有这一切还是不够的。胡雪岩的成功，应有大半功劳归功于其拉拢人、用人的能力，只有拉拢住人心，才能很好地用人。胡雪岩的用人之道，对于今天的领导仍有一定的借鉴意义。以下是厚黑商人胡雪岩拉拢人心的几个重要厚黑手段。

取人之长，容人之短。胡雪岩身边的许多人，在别人眼中都是"败家子"，但他们在胡雪岩的手下一个个都是具有特殊作用的不可多得的人才。

这正是胡雪岩"取人之长，容人之短，不求完人，但求能人"用人观的最好的体现。陈世龙原是一个整天混迹于赌场的"混混"，胡雪岩却把他带在身边。胡雪岩看到了他的长处：一是这小伙子机智灵活，与人结交从不露怯，打得开场面；二是这小伙子不吃里扒外，不出卖朋友；三是这小伙子说话算数，说到做到。由于胡雪岩从这个人身上发现了这些优点，才将他调教成了为自己经商跑江湖的得力助手。

以诚相待，放手使用；放手使用，用而不疑，是胡雪岩用人的一个重要原则。除了那些关系生意前途的重大决策外，在一些具体的生意事务的动作上，胡雪岩总是让手下人放手去干，决不随意干预。有一年，胡庆余堂负责进货的助理到东北采购药材。他回来后，药号经理见人参质次价高，就埋怨他不会办事。助理以边境有战事之故据理力争，两人吵闹着找胡雪岩去评理。胡雪岩细察详情后，留他们吃饭，并特别向进货的助理敬酒，感谢他万里奔波，在困难时期采购到大量紧俏药品。饭后，胡雪岩吩咐药号经理："古人云，将在外，军令有所不受。商事如同战事，应当用人不疑。以后凡采购的价格、数量和质量，就由助理负责。"从此两位手下齐心协力把生意做得红红火火。

以利激人，重赏勇夫。胡雪岩也注意运用物质利益激发手下人的工作积极性，方式主要有两种：一是红利均沾，二是入股合伙。对于没有资本的伙计，采取年底分红的方式；对于有本钱者，采取入股合伙的方式。有个切药工业务功夫过硬，人称"石板刨"，但因脾气火暴而易得罪人。经人介绍，"石板刨"来到胡庆余堂。胡雪岩不但没因他有"牛脾气"而冷落他，反而按功定赏，给他高工资，还提拔他当了大料房的头儿。对有功劳者，胡雪岩特设"功劳股"，即从赢利中抽出一份特别红利，专门奖给对胡庆余堂有贡献的人。功劳股是永久性的，一直可以拿到本人去世。

以爱容人，饶人之过。有一次，胡庆余堂的一个采购人员不小心把豹骨误作虎骨买了进来，而且数量不少。进货负责人认为这个采购人员平日做事很牢靠，忙乱之中未加详查就把豹骨入库备用。有个新提拔的副档手得知此事，以为又是晋升的机会了，就直接找到胡雪岩打"小报告"。胡雪岩当即到药库查看了这批药材，命药工将豹骨全部销毁。眼看由于自己工作失误带来巨大的经济损失，进货人员羞愧地递了辞呈。不料，胡雪岩却好言相劝，说："忙中出错，在所难免，以后小心就行了。"但对那位自以为举报有功、等着奖赏的副档手，胡雪岩却发了一张辞退书。因为在胡雪岩看来，身为副档手发现伪药不及时向进货阿大汇报已是渎职，而背后打"小报告"更是心术不正，继续使用此类人定会造成上下隔阂。

正是因为善任厚待、宽严相济的用人方针，使胡雪岩拥有了一批尽心尽力的管理人才。

通过以上四个厚黑拢人的手段，胡雪岩才得以在商场和官场上畅行无阻，呼风唤雨。可见，如何拉拢人对每一个领导者是非常重要的，因为只有把人心留住了，人才会对自己忠贞不贰。

用"义"赢得人心

春秋战国时期，有一年闹了大饥荒，许多人都没有粮食吃而饿死了。这时候就有人布施一些粮食给流浪者吃，布施的人手里拿着粮食和饭菜对饥饿的人喊道："来吧，来吧，这里有给你的食物。"有的人耐不住饥饿就来了，也有的人却宁死而不去讨要布施的食物，因为他们认为，这种吆喝布施的方式太伤害他们的自尊心了。领导用人有时难免以利益相诱，但利益相诱却并不总是有效的，因为有的人才并不看重物质利益，而是看重用人者对自己的尊重。所以，必要的时候，领导者可以义动人，用"义"赢得人才的忠心。

历史上很多用人高手，许多时候不是以重金收买的，而是以道义感召的。从现代角度来讲，能否以道义感召志向高洁、才能出众的人为你做事，不仅是用人的谋略问题，还是用人者的品质素养问题。三国中，曹操以治理天下招揽人才，孙权以保卫家园团结人才，刘备以情义驱使人才。可见，其中曹操的用人境界是最高的。同时曹操还是一个善于以"义"来收买人心的高手。

最值得称道的还是曹操正确对待反对自己的人，善于将对自己不利的人变为对自己有利的力量。曹操起兵时，只有本家族的几个兄弟和侄子做骨干，七拼八凑，不足三千兵马。他想任用刘备未获成功，但在任用其他优秀人才上却收到了奇效，这样就使他在短短的几年内，造就了"谋士如云，战将如林"的庞大队伍。荀彧和郭嘉是三国时大名鼎鼎的智囊人物，都曾是袁绍的幕僚。荀彧率先弃袁投曹，曹操得荀彧的时候，高兴地称荀彧是"吾子房也"。郭嘉看透了袁绍的本性，也跑到曹操营垒，曹操喜而赞之："真吾主也。"官渡大战时，许攸、高览都是袁绍的谋士，后来都投靠了曹操。

除此之外，曹操在消灭吕布的战争结束后，还得到了许多有用之才。臧霸等人就是此时收降的。对这些人的任用方法与态度也在一定程度上体现着曹操是否具备王者之风。臧霸、孙观、吴敦、尹礼原为陶谦部将，陶谦死后他们成为泰山郡一带的地方割据势力，后归附吕布。吕布败亡后，臧霸逃往他处躲藏起来，曹操把他找到，给予款待，让他去招降吴敦、尹礼、孙观等人。然后，曹操将这些人全都任为郡守、国相，划出青州、徐州靠海的一些地方，委托他们管理从琅邪郡、东海郡和北海国中分出部分地方，设立了城阳郡、利城郡和昌虑郡，让臧霸做了琅邪相，吴敦做了利城太守，尹礼做了东海太守，孙观做了北海国相。此外，曹操还通过臧霸收降了徐翕和毛晖。徐翕、毛晖原为曹操部将，后来背叛曹操投奔了臧霸。曹操让刘备给臧霸传话，让他把这两个人的头颅割下送来。臧霸不同意，对刘备说："我之所以能够自立，就因为我不肯去做这一类不义的事情。我受曹公生全之恩，不敢违命，但建立王霸之业的人是可以义动之的，希望将军能够替我去说明一下。"刘备将臧霸的话转告了曹操，曹操大为感叹，立即召见臧霸，对他说："这是古人才能做到的事情，而您却做到了，这正是我所希望的啊！"于是不仅不再追究徐翕、毛晖的罪过，还任命他们为郡守，加以重用。显然，曹操在这时若执意命臧霸按照他的话去做，他在臧霸及时人眼中的形象或地位就会是另一番景象了。这就从某一点说明了曹操是一个可"以义动之"的建立霸业之人。

一个领导者要做到"以义动人"并非难事。道义自古以来就是做人的根本，也是任何事业必需的一项美德。道义主要侧重于正义和真理，选择了道义，就是站在了绝大多数人的一边。做到了这一点，成功就离你不远了。

"名不正，则言不顺。"许多战争说是正义与非正义之战，其实都是为名义而战，非名之战，得不到民心支持则失败，而顺民心之战则往往得道多助，所以正名之术十分重要。名义之战，乃利益之战的前奏。无论是在战争还是在商业环境中，以义动人、以情感人都是十分有效的手段。

以情动人　收买人心

管理厚黑学指出，领导者一定要在管理过程中对员工进行感情投资，因为这是一本万利的投资。女为悦己者容，士为知己者死，如果领导深得人心，那么他才拥有强大的号召力。古代哲学家韩非子曾经说过，赏罚只是管理的两个基本手段，如果管理中只有这些，显然是远远不够的。韩非子认为，有时领导者的一句动情的话语、几滴伤心的眼泪往往比高官厚禄更能打动人。在实际的管理中，有的领导即便是手下有成百上千的下属，但他能正确地说出某一个下属的名字。虽然这只是一个小小的细节，却让下属们受宠若惊。因为通过这个细节，下属们能够感觉到领导对自己的尊敬，而领导得到的却是忠诚和效益。富有人情味的领导必能获得下属的衷心拥戴。

吴起是战国时期著名的军事家，他在担任魏军统帅时，与士兵同甘共苦，深受士兵们的拥戴。有一次，一个士兵身上长了个脓疮，作为一军统帅的吴起，竟然亲自用嘴为士兵吸吮脓血，全军上下无不感动，而这个士兵的母亲得知这个消息时却哭了。有人奇怪地问道："你的儿子不过是小小的兵卒，将军亲自为他吸脓疮，你为什么倒哭呢？你儿子能得到将军的厚爱，这是你家的福分啊！"这位母亲哭着说："这哪里是爱我的儿子呀？分明是让我儿子为他卖命。想当初吴将军也曾为孩子的父亲吸脓血，结果打仗时，他父亲格外卖力，冲锋在前，终于战死沙场；现在他又这样对待我的儿子，看来这孩子也活不长了！"人非草木，孰能无情，有了这样"爱兵如子"的统帅，部下能不尽心竭力、效命疆场吗？

其实，吴起是很有用心的。他为了谋取功名，背井离乡，母亲死了，

他也不还乡安葬；他本来娶了齐国的女子为妻，为了能当上鲁国统帅，竟杀死了自己的妻子，以消除鲁国国君的怀疑。所以史书说他是个残忍之人。可就是这么一个人，对士兵却关怀备至，像吸吮脓血的事，父子之间都很难做到，他却一而再、再而三地去干，难道他真的是独独钟情于士兵，视兵如子吗？自然不是，他这么做的唯一目的是要让士兵在战场上为他卖命。

我们且不说吴起到底是怀着怎样的心情为士兵疗伤的，但有一点可以肯定的是，他的管理方法是非常成功的。所以，士兵才愿意为他抛头颅、洒热血，奋勇杀敌，不顾自己的生死。

日本麦当劳的社长藤田在所著畅销书《我是最会赚钱的人物》中，将他的所有投资分类研究回报率，发现感情投资在所有投资中，花费最少，回报率最高。藤田非常善于感情投资，他每年支付巨资给医院，作为保留病床的基金，当职工或家属生病、发生意外时，便可立刻住院接受治疗，避免了在多次转院途中因来不及施救而丧命的事情发生。有人曾问藤田，如果他的员工几年不生病，那这笔钱岂不是白花了？藤田回答："只要能让职工安心工作，对麦当劳来说就不吃亏。"藤田还有一项创举，就是把从业人员的生日定为个人的公休日，让每位职工在自己生日当天和家人一同庆祝。藤田的信条是：为职工多花一点儿钱进行感情投资，绝对值得。感情投资花费不多，但换来员工积极性所产生的巨大创造力，是任何一项别的投资都无法比拟的。日本的企业家也非常重视企业的家庭氛围，他们声称要把企业办成一个"大团队"、"大家庭"，因而日企很注重为员工搞福利，为员工过生日。当员工结婚、晋升、生子、乔迁、获奖之际，都会受到领导的特别祝贺，这些做法使员工感到，企业团队是自己的家。曾对日本桑德里公司的发展起了重要作用的佐田，在刚进公司不久，他的父亲便去世了。得知这一消息的公司总裁率领全体员工到殡仪馆帮忙，丧礼结束了，总裁又叫了一辆出租车，亲自送佐田和他的母亲回家。后来，佐田当上了主管，常对人提起这桩事："从那时起，我就下决心，为了老板，即使是牺牲生命，也在所不惜。"

西方管理研究著名的"霍桑试验"表明，员工的工作绩效很大程度上

与团体内部的情绪有关。在企业内部建立"关怀"文化，有助于使员工的情绪保持在较为理想的水平，提高工作效率，增强团队凝聚力。当组织内部发生冲突的时候，就可能导致员工在工作上的矛盾深化，还可能加深在生活当中的隔阂。人的情绪和认知不是完全一致的，管理者应该作出及时的调控。小事往往是成就大事的基石，团队领导能在许多看似平凡的时刻，勤于在细小的事情上关怀成员。这种关心与爱表现在成员的工作和相互交往上，也表现在生活上，比如在同事生病时的嘘寒问暖，为单身同事搞一次周末聚餐，给恋爱初的年轻人放上一天的"恋爱假期"，或者在情人节发放"恋爱津贴"，为年老的员工组织定期的体检。这些企业的统一安排、同事间发自内心的关怀行动，在企业中形成了自发的互帮互助风气。在成员灰心、遭遇逆境时，便可以得到精神上的鼓励、支持。企业管理者可用心去强调这样一个有力的信息："我们在一起，我们是一个团队。"经常用"毛毛细雨"去灌溉员工的心灵，成员会像禾苗一样生机勃勃，茁壮成长，最终结出丰硕的果实。

巧妙收拢落后分子

　　用人要讲究一定的方法，同样，拉拢下属也有一定的方法。你可以用提拔的办法来收服其心，激发其工作热情。如果提拔得当，就会拥有一批忠心耿耿的支持者；如果提拔不当，则堡垒最容易被敌人从内部攻破。

　　有些人或许令你十分头痛，他们是你企业中的"后进分子"，浑身上下都是毛病。作为领导对这些人必须抱以诚恳的耐心，投入你的热情，去帮助和提升他们。只要领导者能提升后进，笼络其心，大胆使用，这些人必将成为支持你、帮助你的力量，至少，可以使他们在工作中不拖你的后腿。"提升"后进的方法有很多种，具体如下。

　　一、升他官

　　这是最明确，也最为人所认同的提升，但也要看他的才干才行。扶不起的刘阿斗反而会害了你自己，成为你的负担。

二、调整他的职务

这不一定是升官，但却可让他的才干充分发挥，而不致"闷死"。

三、给他帮助

例如不绑他手脚，让他可以独立自主地做，以便磨炼他的才干。

四、替他解决困难

一文钱可以逼死英雄汉，如果某人真是英雄，那么就帮他解决困难吧。

五、帮他脱离危险

在悬崖前拉他一把，明告他、点醒他或暗示他，让他免于毁灭或受伤。

六、鼓励他

在他灰心的时候、遭遇逆境的时候、被小人打击的时候，在精神上支持他、鼓励他，让他振作起来。这也是一种提升。

不过提升后进时，领导者也要注意以下几点。

第一，领导者要有承担风险的心理准备。领导识人不可能百分之百准确，有时也会把庸才看成良才，也会因个人的好恶而看走了眼，因此领导者提升了后进之后，有时候会有被拖累、背叛的危险。

第二，领导者要有承担流言的心理准备。提升后进的动作如过大、过广，会被人认为是在培植势力，甚至引起人的反感和抵制，在大的团体里这种情形尤其常见。

总之，任何事情有利就有弊，但提升后就这件事对领导来说，是利大于弊的，而且也不能因为有弊就拒绝提升有才干的人物。歧视和冷落只能使"小泥鳅"变为"老泥鳅"；提升和重用，"小泥鳅"或许可以成"小龙"。很多领导者一直有忠心耿耿的属下追随，都是因为他们乐于提升后进，用感情绑住了他们，利己也利他。所以，如果你是一位领导者，一定要悟懂其中的玄机。而且自己的手下也有后进之人，你大胆地提升他们，这样做总会给管理带来便利！

第六篇
DiLiuPian

情场厚黑学

    俗话说，"情场如战场"，所以情场中更要多一点儿心思，巧妙运用厚黑招术，灵活以对，一点儿也不能懈怠。厚黑祖师李宗吾在《怕老婆的哲学》中也提到了男女相处之道："世间的丈夫无不爱其妻也。积爱成怕，所以今后的文化，应当建筑在怕字上。"可见，男女相处还真需要多一点儿智慧，多一点儿心机。男孩追求女孩时，脸皮一定要比墙还厚，嘴巴一定要比蜜还甜。女孩追求男孩时，要软硬兼施，厚黑兼备，既要美丽动人，又要欲擒故纵。妻子管老公时，该出手时千万别心软，对婚外情要痛下杀手，厚而无形，黑而无色，但是对小矛盾需要理解容忍，也要学会体贴自己的男人。男人哄老婆时，再怎么厚颜无耻也不为过，多学学李宗吾的"怕老婆的哲学"，能哄得老婆高兴的男人才是好男人！

情场厚黑学第一招：厚黑追女　灵活以对

> 《厚黑学》中说："用厚黑以为善则为善人，用厚黑以为恶则为恶人。"所以，厚黑只是手段，并无善恶之分，关键要用它来做什么。只要是为了彼此双方的幸福，运用一些策略未尝不可。男追女，脸皮不妨厚一点，嘴巴不妨甜一点，腿脚不妨勤一点，主动去接近对方，制造放电的机会，为了俘获芳心，可以说一些肉麻的甜言蜜语，更可以运用软磨硬泡的"厚黑"招数。

男追女的十大厚黑攻略

男孩儿若想俘获女孩儿的芳心就要多花点心思，灵活变通厚黑学，不妨试下面的十大厚黑攻略。

厚黑攻略一：先学会逗她笑。

懂得逗女孩子笑的男孩向来都是很受女孩子们欢迎的。即便很多女性都会想着"这个男人很会追女人"，然而事实上却不会厌恶这种男人。虽然这种男人不一定是结婚的最佳人选，但是单纯从交往的观点来看，善于追求的人肯定是最受欢迎的。"行李好像很重，我来帮你拿。""谢谢，不必了！""别客气！我可以做的。"这时女性可能会因此而微笑，这也就是能让女性笑的一个方法。接着你更可以对她说："别这么说，我的确可以

帮你拿。"于是，这名女子的心中可能更会感到快乐。在语言的使用上经常可以产生许多微妙的作用，即使不善于追求女性，如果你能使她发笑，也能得到好的效果，例如："我比较没用，所以即使握手也会紧张！""我由于比较多虑，所以在点灯前，我是不会进屋的。""这个礼品是我自己选的，如果有不对的地方，请多原谅，我在此先向你道歉！"这些比较奇怪的对话，往往会引发女性的笑意。

厚黑攻略二：大方得体、亲切自然。

往往在一些社交场合中，有两种男人最不讨女人喜欢，一种是不合群的男人，这类男人常常是沉默寡言，毫无兴致与别人交谈；而另一种男人却喜欢饶舌，不顾别人感觉而一味表现自己。比较受欢迎的做法是轻松自然而不失亲切地与女性交往，不令女性反感或尴尬，而各方面表现得得体，面面俱到而适可而止。大方得体的交往方式，会使女性对你解除警戒而不设防，为你的进攻大开方便之门。

厚黑攻略三：抓住她的敏感神经，巧妙地暗示。

女孩子一般对异性之间的关系比较敏感，所以，可以把握这个特点，加以暗示，聪明的女孩子都会感觉得到。先在说话用词上主动暗示，因为女性一般都是被动的，习惯于依赖，你可根据具体情况，借机多拿主意，就把自己当做是她的男朋友，与她在一起时，可时时以"我们"称谓。女人是感情极为丰富的，而且时常会生活在幻想之中，你的所作所为会使她产生一种错觉，以为自己真的和你成了"我们"。

厚黑攻略四：天罗地网，疏而不漏。

虽然你追求的对象是她，但请千万记住，决定权在她，影响力在她家人！所以一定要常去她家走动，上从爷爷奶奶，爸爸妈妈，叔伯姨舅，下至兄弟姐妹，甚至她家养的小狗宠物，表现出你八面玲珑的本事，打个通关，俗话说"吃人口软，拿人手短"，在她面前一定帮你说好话，让她觉得失去你果真会终生遗憾。

厚黑攻略五：用赞美讨得她的欢心。

有些男孩子在自己喜欢的女性面前不善于表达赞美，或者表达的方法

过于拙劣，有时会惹对方生气，甚至受到女性的轻蔑。你不妨在她朋友面前多说些恭维她的话，借她朋友之口，间接传达给她听。这种赞美方法同样会讨得她的欢心。

厚黑攻略六：沉默微笑。

在一个出色但你又比较陌生的女性面前，你可能会情不自禁地想表现自己，此时你一定要记住：言多必失，当心一不留神儿露出了你的短处。但你也不能完全信服沉默是金，如此你便彻底地消失了。你要以尽可能少的话语和尽可能多的微笑来打动她。适当的沉默加上稍多的微笑，可是一件利器哦！此时你所说的话，可真称得上是字字珠玑了。

厚黑攻略七：来点儿小创意。

如果你遇到的是一位优秀的女性，你千万不要对她进行赞美，因为你的赞美之词可能只不过是在重复别的男人曾对她说过的话。对她而言，她对这些赞美已经很厌烦了。你绝对不能再对她显而易见的优点，诸如美貌啊、才情啊、业绩啊，大肆恭维，在社交场合你应适当地冷落她，但也不能令她难堪。你可以冷静地观察她，发现她的喜恶，然后对症下药，以引起她的注意。在与她交谈时，不妨有些"冷嘲热讽"，因为这些话是她从小到大从未听到过的，相信对她会有一种震动的感觉。而你也就因此在她的芳心上留下了不浅的印迹。

厚黑攻略八：制造惊喜。

出其不意地制造意外惊喜，自然也是女人难以招架的恋爱奇招。有这样一个故事：在旅游业任职的莎莉和年长她约20岁的男友能情定一生，也是一则传奇。话说3年前，莎莉因公出差到巴黎开会，那时她和男友才相识三个月，尚处在所谓的"试探期"，在机场和男友依依不舍话别之后，她独自上路，心中颇为牵挂男友。到了巴黎直奔旅馆，她一开房门即见到一大盆她最喜欢的香水百合和一张来自远方的男友的传真。刚看完信，电话铃声大作，猜也猜得到是谁。果然，是男友打来的，两人情话绵绵说了两个小时之后，她不好意思地说："很晚了，而且越洋电话费好贵，我们改天再聊吧。"那边却说："可是，我现在就想见你。"两人勉强挂上电话，三分钟后，有人按门铃，莎莉一开门，却见男友就在门外，她又惊又喜。原来，他在分别之后搭了另一班飞机跟随她到巴黎，而且比她还早一步住进饭店。这份惊喜，使得本来心中有些疑虑彼此的年龄相差过大的莎莉完全"缴械投降"。

厚黑攻略九：迅速出击，果断猛烈。

如果你够胆量，并且相信爱情的产生并不是时间的长短所决定的，你就完全可以迅速出击，速战速决，果断猛烈一点儿。假设你遇到了一位你认为比较优秀的女孩，而你又生怕错失良机，想在一段相对较短的时间内拉近你们之间距离的话，那么你就要选择一个合适的机会，比如在与她外出过马路时，可用手轻轻托住她的肘弯，穿行于车水马龙之间，使她产生一种安全感。相信从此以后，你们之间的距离会迅速缩短的。

厚黑攻略十：别出心裁，略显不同。

女人往往会认为自己是独一无二的，同时她也希望自己所钟爱的男人也是独一无二的，因为两个独一无二的人所碰撞出来的可能便是"天下无敌"了。你现在所需要做的就是要别出心裁，独具一格，以此来证明你的独一无二和她的独一无二。比如当大家都在以赠送钻戒给自己的女友为时尚时，你却赞美她那一双毫无修饰的纤纤细手，说这双手如果戴上了钻戒是被玷污了。诸如此类，不一而足。反正是你要说、要做一些与众不同的，来显示你的独到和不俗。

恋爱从"谈"开始

厚黑学的恋爱技巧先要从"谈"开始。都说女人（或者女孩）是听觉动物，所以"谈"，也就是说话的技巧在恋爱中所起的作用是至关重要的。那么厚黑学中讲究厚与黑兼备，谈恋爱也不例外。

"谈"，首先要厚着脸皮，不要害羞，男生就应该主动点儿，脸皮厚点儿，甚至"坏"一点儿。所谓的"黑"并不是使坏心眼，是指要有目的地去谈，通过"谈"增进了解，增加感情。不要毫无目的，毫无主题地空空而谈。

"谈"，一定要格外注意自己的说话方式。说得好，可获芳心；说不好，恋人会成陌路人。说理想，要远大而实际；谈感情，要真诚而细腻。恋爱总是从"谈"开始的，所以说话时不能不多用心。如何在恋爱中与对方交谈，是每个年轻男女最关心的事情，怎样掌握初恋这门"艺术"使情窦中的人彼此相互接触，并将丰富的思想、复杂的情怀、微妙的心声，用适当的语言表达出来，你只有多动心思，用心琢磨，才能将爱的火花点燃。

交谈是人与人之间传递思想、交流情感的最基本的手段。如果你不善言词，不会交谈，很难想象在情场之中扮演好自己的角色。而初恋的第一次交谈，你需要将自己的言谈配以艺术的感染力。

有许多青年男女往往一见钟情。一见钟情，顾名思义是恋爱双方的直觉感官产生的，是由对方的形象、印象决定的，例如外貌、风度、言谈等，使男女双方的钟情发生在一见之初。

大凡一见钟情的恋人，当触及真爱时，总是这样表述："我好像被你深深地吸引住了"；"我或许爱上了你"；"你是我接触的女性中唯一吸引住了我的心的人"；"你真的很可爱，只是这时间过得太快了，明天我……"

青年男女是很容易"变"友情为恋情的。对于这样形式的恋人，不能去谈他们的"第一次交谈"，只能说在经历了初识至普通朋友的漫长过程中，随着时间，随着年龄，随着互相了解和感情的加深，逐渐发展到恋情，并首次坦诚萌芽了的爱情，开启对方的心扉时，才可以称为"第一次交谈"。

有些男女属于性格内向、忠厚老实且不善言辞的人。在赴约相见的时候，无论男方或女方，都不要紧张，用不着羞答答犹抱琵琶半遮面，更不应该木讷寡言，吞吞吐吐。尤其是男孩子，一定要落落大方，主动和女孩子交谈。你可以谈天气、谈周围环境、谈所见所闻，然后言归正传，谈年龄、谈文化程度、谈工作、谈性格、谈嗜好、谈家庭情况、谈社会关系等。对于大是大非性质的话题，可以谈清楚一些，有利于双方的了解，以免将来产生误会。对于心灵深处的流露、情感方面的表白，你可以含蓄、委婉、曲折一点儿，这毕竟是第一次交谈，留点儿悬念或许下次交谈时易于畅谈。值得注意的一点是，你必须注意以适宜对方理解、接受能力为基础，不然你的高谈阔论会让对方极其反感的。

毋庸置疑，所谓第一次同女孩谈恋爱，怎样进行交谈并没有什么固定模式。因为人的性情不同，文化修养不同，气质不同，职业不同，爱好不同，追求不同，他们的表达方式、言谈内容都会不尽相同。但是，根据人的共同规律，可以总体列出一个"大纲"：在理想上要谈得远大些，实际些；在感情上要丰富些，情真意切一些；在态度上要表现得诚恳、稳重一些；在情爱的流露上要含蓄一些；在学识上要表现得渊博一些……

男女之间谈恋爱，甜言蜜语是必不可少的，所以，对于通常占主动地位的男士来说，多掌握一些说话的技巧是很有必要的。

不怕肉麻　就怕不浪漫

男女厚黑之道关键在于脸皮厚。脸皮厚的男孩就敢于说情话，敢于表露真心的爱意。扭扭捏捏、吱吱呜呜的男孩恐怕是很难得到女孩的好感的。追求女孩的时候一定要浪漫，热恋中的男孩则需要掌握更多浪漫的技巧。正如，相爱简单相处太难，你与对方相处才是"爱情马拉松"的起点。所以，肉麻的甜言蜜语只是幸福甜蜜的开始。

在热恋里，男孩子一定敢说情话，会说情话，多说情话。因为情话是增进彼此感情的"强心剂"，而且肉麻点儿也无防，肉麻的情话最能使女孩子芳心大动。夸张一点儿，你甚至可以把情话肉麻到底！

你可以很动情地说："啊！你实在太美了，尤其是你的纤纤玉指更迷人。"或者说："往日女影星的玛琳·黛德莉，据说为她的一双玉腿上了一百万的保险。其实，你的玉腿可比她强多了！"除非异常敏感的女人会察觉到你在"奉承"之外，一般的女孩子会以为她的"美"把你击昏了，于是，她也会被你的"震惊"感动，开始对你萌生好感。

比如："啊！完了！我好像掉入了你美丽的陷阱里面去了。"这是一句

能够赢得女人芳心的话，但是有一个前提，那就是：你必须弄清楚她什么地方真正吸引了你。让我们看看下面这个例子。

"嗯……我要走了……你为什么一直不开口说话嘛！"女人这么问。

"我就是一直找不到适当的话，唉！到底如何表达才好呢？"

"表达什么嘛？"

"哪还有别的……是表达你洁白如雪的皮肤啊！"

去爱一个人是轻而易举的一件事。可是有一件事却是相当的艰难，那就是如何把对方的美丽巧妙地表现出来。

"女性最不能原谅的是，男人不爱干净的习性。可是，我认为你会原谅我的，因为，你的美丽会抵消我的丑恶。"

"自从昨天跟你分手之后，到今天已经整整一个月了。"

"你认为我在想什么？难道，我有什么可想的吗？除了你的艳美之外。"

"为了维持你的美丽，多花一点儿钱还是有必要的。"

"我最害怕你的是，首推你的美丽。不过，话又说回来了，害怕跟喜欢根本就是两回事。"

"在情场获胜的方法只有一种。那就是，掉头溜之大吉。然而，你的美貌却牢牢地捕捉了我！"

"你具有一种神秘的美。不过，你大概不会因此而讨厌所有的男人吧？"

"像你这样艳冠群芳的人，想必会使男人因单相思而死的。但是，你可不能一辈子对男人的追求装聋作哑，因为，我知道你的美丽，那就像镜子一样。"

"漂亮的女人是会使男人悟出自己的宿命的。以我而论，你就是这种女人！"

如何？这些情话你已感觉到肉麻了吧？但它们确实能让你的情人心花怒放！敢于对你所爱的人肉麻一点儿，热恋中的情话再肉麻也不为过。

爱意绵绵　赞美无边

恋爱厚黑学认为，赞美是每一个恋爱中的男孩必须掌握的技巧。因为，无论男人还是女人，都希望得到别人的赞美，尤其是恋爱中的情人。他们需要恋人真心而热烈的赞美，因为那意味着恋人对自己的欣赏与肯定。所以恋爱中的男孩子，一定要掌握赞美女性的语言技巧。

心理学家经过研究发现，女性的神经要比男性更脆弱，更注意直觉，同时语言的接受和反应也比男人要敏锐得多。

所以，赞美对女性能够产生巨大影响。女人对自己得到的奖励往往特别开心，尤其对自己的衣着、发式、容貌、姿态、风度的夸赞，更令她们高兴。赞美女性，尤其是赞美你的女友，不仅迎合了她内心的需要，同时也可以显示出你的绅士风度。那么如何去赞美你的女友呢？

首先，大方地赞美她。

白雪穿了一件很合体的旗袍去参加聚会，旗袍的颜色并不艳丽，却很有一番古典韵味。她的男友李锋是个能说会道又有心计的小伙子，见白雪身上的旗袍，十分喜欢，赶紧走过去说："你这身衣服真漂亮，我简直都认不出你了。这颜色，式样妩媚却不妖艳，庄重但又不死板，有古典美也不乏现代味，真是好看！"白雪听了心里美滋滋的。李锋的夸赞不仅让白雪十分开心，同时也显示了李锋的口才和绅士风度。相反，小伙子为了夸奖女友的衣着具有古典美，竟说女友的衣服像自己家里祖传的那只老古董。女友一气之下，好久没有理小伙子。由此我们可以看出，恋爱中的你，如果想夸赞女友，千万不可乱用比喻，那样既会惹女友生气，又显得自己说话没水平，在女友的心里留下不好的印象，对以后的交往十分不利。

其次，夸赞她要适度。

有的人以为赞扬就是要把稀泥吹成鲜花，蠢材吹成智者。如：一个女孩长得瘦高苗条，你却夸她像个豆芽菜。对方往往会以为你在愚弄她，讽

刺她，轻视她的人格，以为你别有所图。如果你对瘦瘦高高的"豆芽菜"说："瘦了一点，但是看上去很精神、很健康。"人家会很乐于接受的。恋爱中的男人，在夸赞自己的女友时，一定要选择得体的语言，否则就会造成对方的误会。虽然女人喜欢听到别人的夸赞，但人多少都还是有自知之明的，对于你那些不切实际的夸赞，往往会十分的反感，轻则认为你油嘴滑舌，讨人厌，重则觉得你心术不正，搞不好就要向你亮出"红灯"。

最后，对她的赞美要与众不同。

如果你的恋人是位美丽的姑娘，你夸赞她的容貌，她自然会十分高兴，但如果你总是只赞美她的容貌，她听得多了，可能就会厌烦，甚至还会在心里觉得你俗气。这时你不妨换个角度，赞美她气质高雅或者风度极好，定会让她感到高兴。一般而言，只要稍有文化修养的人，她对内在的美更为留意。如果你夸奖她的气质独特，涵养深厚，学识渊博，她会更加引以为荣。而外在的美貌，固然让人心情愉悦，可是终究给人层次略浅的感觉。而且在某一方面的赞美听得多了，她往往会认为你对她并不在意，没有发现她身上的其他优点。如果你的女友是一个事业上卓有成绩的女人，你夸奖她有能力、有魅力和有才干，听了一千遍后，再怎么讲，她也不会有什么感觉了。然而，有一天，你对她说："你的眼睛长得好迷人。"她一定会喜上眉梢。

称赞一个人，往往是与其称赞她最大的优点，不如发现她最不显眼、甚至连她自己也没发现的优点。因为明显的优点已成为她性格中的一部分，在她自己看来，早已是司空见惯，不足为赞。甚至对你的称赞感到莫名其妙的反感，显出不屑的神情。恋爱中的男女，都非常敏感，如果你一味地赞美她的某一个优点，她就会感觉你不重视她：难道你只发现我的一个优点吗？所以，男士们一定要细心、仔细，发现恋人自己都没有注意到的优点加以夸赞，她一定会感到你非常重视她，而且是个细心的男人，由此你们之间的感情会更加密切。

总之，对恋人的赞美是一种深"厚"的技巧，要用心去发现她的美，并加以称赞和欣赏，你也就会得到她的赞美与欣赏。

女孩的心思要会猜

厚黑追女，对于女孩子的心思，一定要学会猜！正所谓："女人心，海底针。"女孩子的心思总是让男孩捉摸不透。而实际上，女孩子的言语也总是一曲一折的。如果在与女孩子的交往中，单从言语的表面去领会，那就是大错特错，你必须多长几个心眼，善于从女孩子言语的反面去看问题。记住，通过语言的内涵表现某种言外之意，是女孩子的专长。

首先，学会察言观色。

在跟女孩接触的过程中，你要根据女孩子当时的谈话内容和与你交谈的神态去体会她的真实用心。芬是有名的淑女，处世谨慎，从不随便接受男孩子的邀请。同事雄决定用满腔热忱的真情去叩开她的心扉。第一次邀请芬去看电影时，芬显得很惋惜地对他说："不行啊，我每晚 10 点钟必须回家。"但雄不退却，终于成功地邀请到自己钟情的姑娘。秘密在于雄善于观色思情。其实，与女孩子相处时，如果她总是心不在焉，敷衍了事，或是以漠漠无聊的神情同你谈论，尤其碰到与爱情有关的话题，她总是迅速地转开，那表明她对你的情感很冷淡，这时你就应该知趣而退。相反，如果她经常以依恋、激动的神色与你谈话，表明她对你的印象不坏，她同你相处是愉快的，高兴的，希望与你好下去，发展彼此的情谊。上述的例子雄就认为，如果芬真心拒绝他，就会面色冷漠地说："我有事，恕不奉陪！"但芬的眼神并不冷漠，而且似乎有种期盼。芬没有明显拒绝，说明她的拒绝包含着某种弦外之音。芬说她 10 点钟必须回家，那意思是只要雄在 10 点之前送她回家，那她还是可以接受他的邀请的。就这么简单。

其次，要懂得兵不厌诈的道理。

人们常说："情场如战场"，男孩子应深谙"兵不厌诈"的道理，对于女孩的语言，适时地运用一点反其道而思之的逆向思维方法，来个反话会正意。这样，在情场上你就可以成功地"俘虏"女孩的心。有些女孩经常打电话或写信给男朋友诉说："我最近很忙，实在无法与你见面。""我想一个人出去旅行松弛松弛，最近不能与你见面了。"如果你相信的话，那你就是大傻瓜，她真的这么忙，怎么还会有闲工夫打电话或写信向你诉苦呢？其实，女孩子在恋爱中总喜欢男友注意她、关心她。因此，许多女孩子在自己最无聊的时候便向她的男友说她好忙，在没有别的约会的时候向你诉说约会多，都无法与你见面。她的真实意图是用此法来吸引你对她的注意。如果你真的相信她，还以为是体贴她而对她说："既然那么忙，那就等以后再说吧。"这只能引起姑娘的失望。碰到这种情况，如是说，一定会获取女孩的芳心。"真的这么忙？难道不能抽出一点儿时间来看我吗？""虽然你那么忙，但明天的约会你一定要来，即使是半个小时。"记住，这种情况下，女孩的真实意图是："虽然我很忙，但如果你约我，我还是可以抽出时间赴约的。"女孩子以为，如果你对她爱得很深，你就不会管她多忙，也要她抽出时间来赴约。

最后，要善听弦外之音。

恋爱中，男孩子应根据女孩子的谈话中的语调，语气抓住女孩的言外之意。晓珍下班回家，看到前方正步行的意中人何涛，忙下车激动关切地问："怎么没骑车？""我想自己走一走！"何涛热情激动，笑着答。"你这个人啊，实在让人捉摸不透。"晓珍惊鸿掠影般娇嗔说。何涛敏感地意识到了什么："我们推车慢行，不也是一幅很绝妙的图画吗？"这里，晓珍说："实在让人捉摸不透。"实际上是说明她早已感受到了何涛的魅力。因为男人的"深不可测"也是一种魅力。晓珍正是在了解何涛一点而并不是十分了解时，她才会感到何涛对她的吸引力。何涛正是在两个漫步于大街上的场合及晓珍柔而微颤的声音，品味出"你真让人捉摸不透"这句话中隐含着"你真有魅力"的余音并作出反应的。

在情爱世界里，猜透女孩子的心的方式是多种多样的。关键在于你平时要多观察，用心留神，不断积累经验，掌握了一定的技巧，就会体会到与女孩"心有灵犀一点通"的无限热趣。

爱她就要让她知道

在男女之间，彼此新生爱慕之情是很自然的事情。有些男孩子没有勇

气表达自己的爱意，只好默默地暗恋对方，这样做往往会使自己错过机会。没有勇气，往往是怕被对方拒绝，但是你想过没有，或许对方对你也是情有独钟呢？如果你鼓起勇气，表达出自己的爱意，对方或许会笑着对你说："其实，我等你这句话已经好久了，你怎么现在才说出来?!"即便是你被拒绝，那也没什么，这也不是什么可耻的事情，本来嘛，爱情就是一种缘分，谁敢保证一次就能找到自己的另一半呢？

不敢表达爱意，这无疑是由于自尊心或自卑感作祟，你恋着同公司的一位姑娘，却一直不敢鼓起勇气去表白。心想："她是那么漂亮，也许根本就看不上我；假如我去向她表白，会不会被耻笑?"你唯恐"落花有意，流水无情"。其实，向自己所爱慕的人表露情意，不是丑事，更非坏事。这犹如一道朦胧美丽的爱情帷幕出现在你面前，幕那边是你的意中人，怎样才能拉开这道帷幕与意中人相会呢？这就需要你鼓足勇气，勇敢地把爱意表达出来，也就是求爱要胆大些。

你们也许有许多机会可以交流。如果相处于同一公司，上下班又是走同一条公共汽车路线，有时还会坐同一辆公共汽车，可以说机会非常多。如姑娘有工作上的问题找过你，言语之中似乎有一种尊重……这些都可以成为你和姑娘交流的契机，而你却没有抓住。一天，当你见到姑娘和另一个小伙子携手走在归家的路上，看到那个小伙子还不如你这般英俊时，你作何感想？假如你经过表白，姑娘并没有接受，或许你不会有什么遗憾。可是你并没有作任何努力，而且根本就不知道对方是否对你有情意，或在你的努力下对方可能有意于你，这时你又是什么心情？

当然，"厚脸皮"并不是不讲策略。当你爱上了一个聪明贤惠的姑娘，但不知对方是否也爱上了自己，这时你最好先不要轻易地表达你的爱，而应该通过观察和了解，搞清对方对你是否"有意思"。当你发现对方并不爱你，那么最好不要鲁莽地求爱，因为贸然求爱，一旦遭拒绝，必会给你的心灵上造成创伤。若对方喜欢你，并有恋爱的意向，这时方可去向人家表达你的心意。那么怎样知道对方是否喜欢你呢？

灵活善变 厚黑学

一、她总是找借口来见你

有些聪明的姑娘爱上对方后，尽管心里很不平静，但表面上却如一池湖水，风平浪静。她们在暗地里细心地观察对方，不放过对方的一句话或一个眼神，从中琢磨对方的心理。还有的姑娘，在每次发电影票时，她都有意将自己的票与自己所爱的人安排在一起，电影散场后，又主动要求对方送送自己，借此与对方谈话，从谈话中观察对方，了解对方。有时发现对方有某种特殊爱好，如摄影、绘画等，便邀请对方一道观看展览，从中熟悉对方。只有通过这样的婚前预测，喜结良缘之后才能过上幸福生活。在传统的世俗观念里，男人才是主动的追求者。她心里想跟你在一起，又害怕过于主动会被误认为轻浮。于是，来找你时总有一个借口，将主动接近你这一令人害羞的动机掩盖起来。

二、她非常关心你

例如，上星期天到哪儿去了？下个星期日准备做什么？在单位的工作情况，等等。

三、她把你介绍给她的朋友

如果她爱你，就会非常希望你了解自己的生活。另一方面，也非常希望你融入到她的生活之中。一般说来，姑娘们都顾忌别人误以为她滥交。如果她心目中的人不是你，是绝不愿意你在她的社交圈子中亮相的。

四、她很关心你的家庭

与男性相比，女性较喜欢幻想，假如她心目中喜欢你，而你们的交往又很融洽的话，她通常就已经憧憬着将来适应你、适应你的家庭生活。为此，就会了解你家庭的事，你的嗜好，等等。

五、她从细节上关爱你

"你的一个扣子快掉了。""你的衣服沾上棉屑了。"她常常会悄悄告诉你一些你不会注意到的细节。"你的脸色有点儿不好。"下一句就会是"是不舒服？"或者"发生了什么事？"她的爱意和关怀极生动地表现在对你的一些微不足道的细节的注意和关心上。

六、她送一些礼物

当她注意到你生活中自顾不足，认为你所需要的东西还缺少时，她会买下来，在探望你或者给你回礼的时候送给你。如果她在默默地喜欢你，必然注意观察你的一切，主动引起你的重视，从而注意到她的感情。

七、她对你们的交往印象很深

她既然喜欢你，在你身边必然处于兴奋状态。一个人处于兴奋状态时所接触的事物，印象是特别深刻的。

男性朋友，如果你欲追求的对象有如上迹象，就说明她可能对你有爱的情感了。反之，则说明时机不成熟，还要继续培养一段时间的感情。

男孩就要"坏"一点儿

男追女要多用点儿厚黑学，不要过于老实。因为，往往比较"坏"一点儿的男孩更会得到女孩子们的青睐。正所谓，"男人不坏，女人不爱"。其实，这里的"坏"就是有点儿机灵可爱的意思。只是"坏"男孩的一些做法总是显得与众不同，稍有点出格或打破常规而已。"坏"男孩受女孩喜欢的真正原因，无非是他的行为丢掉某种虚伪的矫饰，使女孩回归大自然，使她活得更潇洒、更快乐、更超脱、更随心。"坏"男孩多是更人性化了的"大孩子"，更因为他们常能唤起女孩子的母性和柔情，所以他们能得到女孩子的青睐。

"坏"一点儿的男孩什么地方最可爱呢？

第一，有浪漫的情调和温暖的人情味。

每当下雨或者下雪天他来接你下班的时候，总会因为心疼你而多花点儿钱打车回家。还会让司机一定开到楼底下，然后直接抱你上楼。你的内心会是多么地温暖和感动！坏男孩就是这样巧妙地利用一场雨或者一场雪给你们两个人的世界带来了一场浪漫和温馨。

有一对情侣到某公园一片竹林处，条件反射使她想起一件往事：几年前听说一对恩爱男女为了反抗父母干涉殉情，双双自刎在这片竹林深处。

她就对号入座问男友："万一我们的父母也不同意，你敢和我上华山的'舍身岩'吗?""不要吧，我还爱惜生命呢!"男友的回答令她很失望。但如果换了"坏"男孩，一定会满足女孩心里的那份需求说："我敢，不求同日生，但求同日死。"这也是没有办法的事情，谁让女孩天生痴情呢?女孩对爱情的幻想真的很"琼瑶"，她们对爱情故事的虚构总是要死要活，惊天动地，缠绵悱恻，永恒专一。

第二，带给你充满戏剧性的生活。

跟"坏"男孩一起生活，你就甭愁没有乐趣了。他经常会出些"坏"主意，让你意想不到。比如过烦了大都市生活，换换口味一起去海滩疯玩一场，一起去西藏冒险或者当"一夜贵族"。在圣诞之夜，破费点去大饭店度过一个快活的平安之夜，或者制造些险情如看恐怖影片、骑高速车，体验一下娇小女孩温柔依赖和很刺激的尖叫声，而他也能更出色地担当起男子汉的角色。难怪有不少女孩说，她们最喜欢的影片是《魂断蓝桥》和《罗马假日》，男女主人公都是邂逅之后一见钟情的，充满了浪漫情怀和冒险精神。女孩天生就喜欢戏剧性。

第三，又怪又坚韧。

"坏"男孩们追求女孩子的手段都可谓棋高一筹，有的自己写不了情书，就花钱托一位情书专家写，爱慕赞美之词热烈动人，终于打动芳心，迅速得手。另一位可谓有耐心，每天早晚一封信，每日清晨一束花，你如果骂他脸皮厚，他笑着说："脸皮就是厚，比城墙还厚，刀枪不入。"

第四，个性洒脱。

夜幕降临，华灯初上，一对儿情侣一边吃糖葫芦一边并肩走在繁华的街头，也许男孩此时要表达某种感情，非要亲女孩一口，面对满街的眼睛，女孩想推辞，但男的仍执意，男的还是亲了，就像电影里的男主角。而后两位开怀大笑地环顾左右，发现有不少眼睛在盯着他们。不被某种旧有的、流行的道德规范所约束，敢想敢为，此乃潇洒。"坏"男孩示爱往往比较坦率直白。

在每一个女孩的心里，总是以自我为中心的，她就是全部。所以每个

女孩在心灵深处都把自己当做独一无二的高傲圣洁的"白雪公主"，绝不能轻率委身于人。她们都希望男孩能扮演温莎公爵"不爱江山爱美人"和罗密欧为朱丽叶殉情而死的英雄角色。"坏"男孩本能地喜欢美人，并会做出不惜一切代价甚至牺牲生命的"痴情"壮举，所以他可以充当女孩的保护神。另外，"坏"男孩的调侃方式常能撩起女孩高傲冷艳背后的本能的"潜意识"，让女孩和他迅速缩短心理和空间距离，制造一种轻松温馨的氛围。

俗话说得好，男人不坏女人不爱，如果你是一个陷入爱河的男孩，不妨用你的"坏"去吸引对方，用你的"可爱"俘获对方。

甜言蜜语　厚黑以对

男孩求爱或者谈恋爱时总会有被拒绝的时候或者被女孩抱怨的时候，面对拒绝的则需要甜言蜜语、厚黑以对。假如你遇到下面这些情况，你会怎样巧言以对呢？

我不喜欢你：我喜欢你，喜欢你的一切。

我不爱你：我爱你，只要你给我一个机会，你也会爱上我的。

我已经有心上人：只要你没有嫁做他人妇，我就有信心赢得你的心。

我现在不想恋爱：我也不想再谈恋爱了，只想同你结婚。

我们不适合：可能我们不合适，只是有缘分而已。

我不喜欢你抽烟：我不抽烟。（赶紧戒烟。）

我不喜欢你酗酒：我不喝酒。（赶紧戒酒。）

我有男朋友了：那一定是我，其他的人将来只不过是你的回忆。

我不了解你：可我很了解你，作为男人我有点深沉，但别担心，我会把所有的一切告诉你，让我们坐下好吗？

我爸爸不同意：我有心理准备，也有勇气面对，让我自己去跟他谈。

我不喜欢你半月不洗的长发：我每周洗两次的，绝对是短发。（否则立刻去理发。）

我不喜欢你那恶心的长指甲：真恶心——那是另外一个失败者，不

是我。

我感受不到你的爱：当我在你身边的时候，爱就在你的周围；当我离开你的时候，爱就在我的心中，也许我不会表达，但爱就是爱。

我配不上你：我爱你就足够了，我的爱会让你有信心的。

你脾气不好：我在为你而烦恼，为你而哭泣。

你没有钱：没钱不代表我不能让你幸福，况且钱是可以再赚的。

你不够优秀：时间会证明一切。

你对我不诚实：善意的谎言会让你更幸福。

你对我没有吸引力：有吸引力的是磁铁，我不想吸引你，只想爱你。

你没有时间来陪我：我的所有时间都任你支配。

你喜欢足球更多些：哦？足球是个什么东西？

你喜欢电脑更多些：我家里没有电脑。

你太不修边幅：我在大公司，每天西装革履。

你工作不努力：工作不光靠努力，还要靠脑子。

你太胖了：我只是强壮，身体健康。

你没有我高：如果你不穿高跟鞋就不会，而且根据遗传学，这样下一代会更优秀。

你说话的声音不好听：可我唱歌的声音好听。

你没有爱心：说出来的爱心是伪善，我在默默地奉献。

你不记得我的生日：是 XX－XX－XX 啊，只是想给你一个惊喜。

你太粗俗了：也许是我的错，我想对你更亲密一些。

你太老了：我还没到让人说老的年龄，只是老成而已。

你有口臭：我每天吃一罐 XX 口香糖。

你太小气了：结婚后你会说我太大方了。

你没有主见：在美女生气的时候是的，但大事不糊涂。

你说话太冲了：在你不理我而对其他男孩笑的时候是的。

你不如我优秀：我们的目的不是选领导，而是过一辈子。

你太粗心：真的爱你，我会细心的。

你不孝顺：孝顺不是说出来的，到我家去看看。（否则死定了。）

你太孝顺：孝顺归孝顺，毕竟将来是要在自己的家过。

你不关心我：我会关心你到永远。

你太有男人气概：所以我会保护你，让你不被伤害。

你太娘娘腔：只是对你太关心了。

你有老婆了：是过去有。（否则 100％ 被甩了。）

你骗过我：目的只想骗到你的心。

你走路的姿势不好看：没关系，将来我们会在一起并排走，你不会看到的。

你没有幽默感：你可以告诉我昨天你似嗔实喜的原因吗？

你太小市民了：一个成熟的人不会只是一个浪漫书生，适当地圆滑会让生活更好。

你太不浪漫了：如果你今晚肯给我一个机会，我会让你永远记得这个夜晚。

你太花心了：你知道的，我的心里只有你啊。

你不是有女朋友吗：你不是也有过男朋友吗？

你太有钱了：钱多不代表什么，只是能让你更幸福的物质条件。

你不了解我的心思：给我一些机会，多谈谈你吧。

你太小了：我不小了，不过是有童心罢了。

你太古板了：因为我怕你觉得我轻浮。

你的能量太强了：会让精力充沛地陪你度过一生。

你没有风度：在抢夺你的爱时，有风度就是没有真的爱你。

你没有礼貌：因为我太关心你，而忽略了其他的人。

你不够成熟：平时只是想逗你开心而已，不想同你在一起时太过沉闷。

你从来不带我出去玩：最近有些忙，无法陪你出去。但我可以保证，从今天开始每天都安排有节目。

你从不陪我逛商场：我可以陪你去商场了？太好了！（不想花钱的出局。）

你爸爸和我爸爸有仇：上一代的恩恩怨怨，让我们这一代来化解，不

正是圆满的结局吗？

你出现得太晚：最好的往往在最后出现，只要不是无法挽回，就不算晚。

你只有在每次道歉的时候才会送花给我：我很害羞的，是在送花的时候先找了一个理由。

你总是迟到：因为我在路上总在想你，而且最近在为你准备一个惊喜。

你太不在乎我：每当你需要我的时候，我会在你面前出现的。

你心里没有我：我的心里没有别人，只有你啊。

你是爱我的钱吧：作为男人我有自己的尊严，但因为爱你我会继续追求你，毕竟现在有公证结婚可以证明我的心。

你没有房子：我还年轻，房子会有的，没房子之前我不会娶你，不会让你受委屈的。

你说话太直：因为我爱你，不是想应付你，我不光想做你的丈夫，也想做你的诤友。

你心里还有她：她只是我过去生活的一部分，你才是我的将来，我生命的希望。

你太悲观：是成熟，我对每件事的各种结果都有心理准备。

你不是认真对我：相信我，这段感情对我而言是我生活的唯一意义。

你从不对我说真心话：不必怀疑，你了解的已经是我的全部了。

你不给我自由：只是不给你爱上别人的自由。

你有同性恋倾向：那只是失败者的恶意中伤。

你舍不得对我温柔：你太柔弱了，我希望你能坚强一些，不想过于溺爱你而毁了你。

你爱你妈更多一些：只是我更尊敬老人，孝顺和爱是有区别的。

你是爱我的外表，不是爱我的心吧：如果我现在是瞎子，你就不会有这个想法而同我快快乐乐地生活；美好的现实是我没瞎，我们会过得更幸福。

你不吃情人节我送你的巧克力：我想留下来让它陪伴我，让我时时刻刻感受到你的爱。

你对我的要求太过分：我希望你能超越自我，同我一起发展，但我也不会强求你的。

你不够勇敢：忘了告诉你，今天我要向你求婚，你能嫁给我吗？

你对我只是玩玩而已：那证明你已经很在意这一段感情了，我可以告诉你，我也一样。

你不会哄我开心：你太开心了，脸上皱纹会多的。

你有虐待狂倾向：没有的，只是男人的本性而已。

你不能给我我的梦想：我可以给你幸福。

你太笨，不懂我的暗示：看看这个——戒指我已经悄悄戴在你的手上了。

你没有安全感：再靠近我一些，你会感觉到的。

你太会哄别的女人开心：也许我会有许多妹妹，但我只有一个爱人。

我爱你，可是你不爱我：也许我不勇敢，也许我曾经不在意，但现在，我对放在面前的这段感情无法放弃。

你是工作狂：现在是我的事业最关键的时候，过了这一段时间我会把所有损失的时间补回来给你。

你只陪我看过一次电影：只要你给我机会让我陪你去。

最爱的人不是你：可我是最爱你的人，做我的妻子会让你感到最幸福。

我们谈不来：请你坐下，我们静静地谈谈好吗？

我们不会有结果：给我一些时间证明吧。明年的今天如果没有结果，那我会悄悄地离去。

我们俩没有默契：默契是双方的，随着我们关系的发展默契会很自然地出现。

我们没有共同爱好：但我会尊重你的爱好。

你太喜欢和我吵架：关心则乱，我太投入了，因为我爱你。

我们没有缘分：很多机会可以让我们永不相识的，但我们现在却在一起。

我们有缘无分：缘由天定，分由人求，让我们尽人力吧。

情场厚黑学第二招：厚黑手段俘获男人心

对于天生脸皮薄的小女生来说，要想俘获意中人的心，就更有必要借助厚黑学的策略了。如果脸皮太薄，又没有心机的话，就只能眼睁睁地看着"骑白马的王子"被别的女人抢走。一生的幸福总比"面子"更重要吧？与其遗憾一生，不如暂时放下女人的矜持，厚着脸皮，黑着心思，对那个骑白马的王子，略施魔法，欲擒故纵，让他乖乖地跌倒在你的石榴裙下。

女追男十大厚黑攻略

这个平等而高度开放的社会，女追男早已不是稀罕的事情。在情场中没有谁先谁后之分，更不必在乎是谁追的谁，大胆地对他发起攻势，与他牵手走进幸福的殿堂。赶紧运用下面的厚黑十大攻略，把你心仪的他追到手吧。

厚黑攻略一：要懂得撒娇。正所谓撒娇能手便是恋爱高手，你要懂得如何操纵男人心。被一个成熟的女人撒娇，就算怎样的男人也难以抵抗。女人温柔的称呼是很有效的，尤其懂得利用对方的某项长处，随这事与对方交谈，不要老在对方面前表现得很强、很能干的样子，是会令男人对你更千依百顺的。

厚黑攻略二：激起他的强烈追求欲望。虽然这个年代是男女平等，但你要成功掳住他，要令他主动追求你，因为男人有狩猎本能，越是千辛万苦才捕猎得到的，便越会珍惜。而且在男人的内心也常有想追求的女人，每当得不到便会出尽法宝，要抓住他们这种心理，不要那么快地去接受他，要他慢慢等待，这样一定可捕获男人的心。

厚黑攻略三：欲擒故纵。在男人的思维中，容易得到的东西都不是好东西，当然不会珍惜，他们喜欢追求自己没有的东西。对他越热情，他越反感；对他越冷淡，反而能激起他的好奇欲，来研究女人的神秘感。过分殷勤或是急于讨好男人，永远得不到男人的尊重，更不利于维持长久的情爱关系。"目空一切"是聪明的女人令男人折服的秘方。当男人对她产生兴趣时，不管她有多么地期待，她是多么在乎他，她都会"克制"自己。如果男人是一棵树，女人对男人的情感就像装在瓶子里面待施的肥料，有的女人会毫无保留地撒给男人，直到把男人灼伤；有的女人懂得细水长流，什么时候该撒，什么时候该保留。她们会给男人自由的空间，像风筝一样把男人放出去，但是线总在她手中牵着。

厚黑攻略四：自信并且独立。在男人面前一定要保证对自己的信心，要保证自己的独立空间，有完全独立的经济能力，事业、亲情、友谊、梦想一个也不能少，不能因为男人的出现而就此放弃。虽然男人时常把自己的肩膀让女人依靠，但是男人不喜欢依赖性很强、动不动就要依靠的女人，男人只有在感觉自己不是被套牢，而是放松的时候，才有可能就范。大多数女人在碰到男人之前，觉得全世界都是他；在碰到他之后，发现他就是全世界。聪明的女人不会把男人当成她生活的全部，她有自己的立场和观点。当她对男人不满的时候，她会委婉地提出。男人喜欢的，她不一定喜欢；男人痛恨的，她可以接受。让男人经常看到她身上与众不同的地方，并对她充满了欣赏与赞美。

厚黑攻略五：给他充分的自由。恋爱常用的手段，可举的例子便是给男人某种程度的自由和放任，本来男人便是想得到自由的，所以如有什么束缚，反而使其逃走，为何给男人自由的女人会吸引到他们呢？因为在某程度上这些女人度量比较大，犹如母性般包容自己，男人会因这种魅力而变得软弱最终会回到你身边。但并不胡乱地给他们自由，而是无论遇到什么事都不要慌张，沉着实干地去应付才是良策。

厚黑攻略六：吊吊他的胃口。你如能令男人紧张焦急，可以在恋爱上有好的进步。正所谓一次钓上来的鱼不会好味，即是说如果你令他觉得和你一起是理所当然的话，便不会得到他的重视，适当的时候令对方着急，你便可以保持自己在他心目中的价值。例如初次约会应先以女性朋友为首选，长时间的约会一个月一至两次，短时间为一周一次，使其有种饥饿感和令他有种想与你在一起的感觉，这是要保持女人的价值的一种方法。

厚黑攻略七：掌握他的心理。男人通常爱面子，而且自我意识超强。只有女人让他感觉到他的"男人"地位，以为大权在握，他才会满心欢喜。聪明的女人，在外会给足他面子，偶尔在他面前表现出对他的满意，但同时也保持向他撒娇的权利，时不时来点儿小脾气，娇嗔一下。例如，出门前小王看到客厅没有收拾，索性把客厅弄得乱七八糟才出门。小王把客厅弄得一团糟，是想提醒男友客厅该收拾了。男友起床后见到如此情景，肯定会收拾干净。相反，如果小王命令男友干这干那，他肯定不情愿，他会觉得一个大男人不能让女人使唤着干事。他每次主动做了家务后，得到小王的表扬，都特别满足。

厚黑攻略八：一起分享。感动要一起分享，酸甜苦辣也要一起分享。这样才能令男人的心情高涨，便可以使恋爱得以升华。正如烧牛排一样，最初用强火去烧好两面，然后转为弱火去慢慢烧透中心。其实男人的心也是一样，如大家所遇到的事情和经验都一样，抑或大家能共同应付痛苦达成志愿，男人的心往往会因这些患难而有强烈的反应，对恋爱也会有改变。

厚黑攻略九：学会夸赞他。找着他的长处去称赞他。男人受到赞赏时，心里会很受用，能抓住这点去称赞男人的女人便能战无不胜。但要注意的是，不是每位男人都爱当众受人称赞，不同的男人要用不同的赞美方法，大多数男人在驾车方面被赞赏会很开心，当然并不是随便地去赞赏，可以观察生活中他的举动，自然地去赞赏，小小的赞美可令他提起劲儿来。

厚黑攻略十：给他怜香惜玉的机会。刚刚度过了一个愉快的聚会，你们家的电梯停了。夜里 11 点多，两个人需要爬到 20 层高楼。黑暗的楼道里空无一人，为什么这时候，你还不主动偷袭他？你要做一个娇弱的林妹妹，伏在他的后背上，说自己走不动了，要他背上去。相信没有一个男人可以禁得住这种怜香惜玉的感觉。

跟他玩点儿暧昧

深谙厚黑之道的女人一定会懂得使用"暧昧"之术。利用暧昧之法，对心仪的他欲擒故纵，让爱情若隐若现，在不确定中有一种另类的刺激。女人怎样玩暧昧才算是恰到好处呢？在恋爱的过程里，还是给男人们一些不大不小的阻力，让他总有一种渴望，一种彻底了解你的渴望，这才是真正的会爱和懂爱的人所要经历和做的，因为爱本身就是一场甜蜜的战争。

玩暧昧，适当地保持距离，是要让他一直保持高度的进攻状态，也是为自己留一点儿后路。他不会因此而不理你，只会对你更加的尊重，被别人喜欢是容易的，但是让别人尊重就需要付出一定的努力。

用下面的这些暧昧之法迷死他。

第一，假装害羞。要学会害羞，即使你不会害羞，也要在某些时候双手捂脸，一个扭头说："讨厌！"尽管这个词很酸，但是依旧要用的。

第二，充满神秘感。不必什么都跟他讲，要有一种神秘的感觉，永远给他一个迷惑。

第三，假装生气。生活里不仅仅是甜，也要有别的风味，要不怎能感觉到甜呢？偶尔的不讲理，撒娇埋怨，最后负气离开，切记一点啊，优雅地转身离开。

第四，暖暖手。天冷的时候，可以把你冰冷的小手塞进他的衣服里取暖。但是记得是上半身，而不是下半身，不要塞到牛仔裤的后袋里，男人

的下半身容易燃烧。

第五，晚点儿赴会。在约会的时候迟迟到，但是不要形成习惯。而且迟到的时间不要太长，5 到 10 分钟为最佳，到了以后记得有一句：对不起，我来晚了。

第六，玩一玩性感。学习在他面前弯腰拣东西，相隔不要太近，也不要太远，以一米到一米五为最佳。不要小看这个动作，这是个很性感的动作，略带了那么一点诱惑，其他的都是他的事了，与你无关。

第七，适当请他吃饭。吃饭时，适当的 AA 制几回，偶尔也要请他吃一些东西，比如，冰激凌、瓜子、薯条什么的，在吃的时候，给他纸巾，但不要为他擦嘴。

第八，不时地深沉一次。托着自己的腮帮子不说话，与他在公园约会时，看看星星，或者云彩，做沉思状，男人往往对有思想、有深度的女人爱而敬之。

第九，傲慢一点儿。知道是他打来的电话，要等到铃声响了 8 遍以后再接听，不要太焦急。

第十，偶尔职业一点儿。学会职业性的微笑，穿职业女装和他见面，意思是告诉他，我不是小孩子，而且我和你不是太随便的。往往这么一件衣服可以改变一个人。

十一，占据主动地位。在面对面的时候不要说太过于亲昵的话，目光也飘忽一点，亲热的话在电话里说，约会时尽量保持一个端正的姿态，不要躺，不要倒，多站立，不要让自己处于一种被动的沦陷状态。

十二，学会拒绝。接吻时要拒绝一下，能不吻就别吻。但是还要安慰他一下，吻一下他的脸，不必太重，点到为止。

十三，刚柔并济。挣脱他的怀抱，顺便帮他打打衣服或者扫一扫肩膀上的灰尘。哪怕身上一点都不脏，也要虚晃一枪，这是我们的刚柔并济。

十四，要关注他。记得关注他，不仅仅只是陪他玩，关键是要关心他的事业、工作、身体、家庭等，要让他知道，你是可以对他很有帮助的人。

十五，调皮但要有尊严。准备一些口香糖或者含片之类的，在他对你提出过分要求时，给他塞一片，调皮却又不失尊严，而且有一种不可侵犯的感觉。

十六，亲热要适可而止。亲热的举动从牵手开始，至拥抱，再到接吻，但是不要再往下了。

玩暧昧一定要把握好分寸，切忌过火。在玩了暧昧之后，你就更要小人谨慎地迎接他的强烈攻势吧。

大施厚黑之道　击垮情敌

情场就是战场，尤其是遇到情敌时就再恰当不过了。遇到情敌或者第三者，恐怕是女人最恨、最头疼的事情了。为了你的幸福，你必须拿出你的狠劲，运用你的厚黑战略把她击垮，把她赶走，甚至让她无地自容！

首先，瞅准时机再亮牌。

谢丽今年29岁，在一家公司做会计，有一次参加男朋友单位组织的旅游，她惊讶地发现有一双眼睛满含醋意地盯着自己。尤其是在男朋友帮自己拎包时、光着脚背自己过河时、掏腰包给自己买水晶吊坠时，其他同事打趣开玩笑，那个女孩则郁郁寡欢。最让谢丽生疑的是，男朋友趁谢丽不注意，主动跑去讨好那个女孩，她不理不睬，分明就是一个恋爱中吃醋的女人。谢丽决定跟男友谈一次，弄清他们到底是怎么回事，同时也敲敲他的警钟。没料到他死不承认，反倒怪谢丽小心眼儿、无中生有、不信任他："她高兴不高兴跟我有什么关系，你可真是莫名其妙。你不相信直接去问她好了！"

其实，谢丽没有掌握好谈话时机。如果谢丽发现一点小小异常后马上与男友谈话，危险之处在于也许男友跟那个女同事没什么关系，你这一提醒，他才发现原来公司里有人暗恋自己。从自述来看，谢丽掌握的证据不过是一些自我感觉与猜测。通常，男人最反感的就是妻子或女友捕风捉影、抓住一点儿小事就没完没了。这种情况，他们定会誓死反抗，让你下不了台。男人们很清楚，纵容这些小疑心，自己就永无宁日。所以，无论你多么相信你的第六感，也请在发现"问题"三次后再与他谈话。这样才不会冤枉他，也给自己一段消化问题、冷静思考的时间。除非一开始发现的就是致命环节，比如当街拥吻甚至捉奸在床。话说回来，如果发现了此类问题，咱也没什么好谈的了。男女之间相处久了，有一点点暧昧其实是难免的，尤其在你火眼金睛的注视下。因此，发现暧昧之后，别大惊小怪地立刻断定感情危机到来了。跟你最要好的朋友聊聊你的倒霉发现，请她帮忙分析一下，你是不是神经过敏，这样的"小事"有没有必要郑重跟他谈。即使天塌下来，也要给自己至少一天冷静的时间。第一时间谈话，你当然比较冲动，冲动说出来的往往是主观"不讲理"的话，难以以德服人。

其次，把握好谈话的切入点。

小文今年 28 岁，在一家公司做销售。男友出差时，他的手机总是占线。鬼使神差的小文拨打他女秘书的电话，居然也是占线。这样的状况一直持续着，直到一个多小时后，两部手机同时通了。小文打通男友的电话兴师问罪，他语气明显慌乱，安慰了小文半天。男友见小文不依不饶，突然来了个大转弯，说："跟女秘书谈工作很正常，既然你这样疑心，以后每次通话都录下来给你听好了。"最后，他总结了五点跟女秘书谈话的内容，当然都与工作有关。小文心里很清楚，男上司和女秘书深夜通电话这么久是不正常的，可他一口咬定为了工作，有理有据。小文说左，男友说右，谁也没有说服对方的证据，两个人大吵了一架！

女人跟有可能外遇的男友谈话，不可避免的一个错误就是以"你与她究竟是什么关系，你为什么要跟她这样那样"为切入点。开始已经将危机谈话引入歧途，男友不可能承认他和她有什么不正当关系，于是你说这种行为不正常，他说正常，争论个三天三夜又有什么用呢？

良好的切入点是成功的一半。就事论事的切入常使谈话陷入无谓的争执，既然你已经看到了令自己不爽或生疑的事情，那么你要说的并不是该不该这样做，而是告诉他你的感受与想法。"我不是怪你，可能是我太敏感了。我想起咱们认识时"这样的开始男友们比较容易接受，或许你们危机产生的原因并不是来自另一个女人的勾引，而是很久都没有一次知心的交流。

一开始就抱着批评和抱怨的态度，有理也输七分。他是你此刻受伤的罪魁祸首没错，你就完全没有过失？恋爱中，没有任何一方有义务承担感情危机的全部责任，只要你没打定分手的主意，就先从自身找原因吧。

最后，如何跟她谈。

蔡菲无意间在男友的手机信息发件箱中看到一条语气亲昵的短信，收信人却不是自己。当时她什么都没说，隔了几天，他的手机放在饭桌上，屏幕一亮，又是那个号码的短信。"你有短信！"蔡菲说。他说不管它，肯定是广告。匆忙吃完饭，他像抓金砖似的紧紧把手机握在手里跑到阳台上去了。必须提醒一下了！先跟谁谈呢？思来想去，蔡菲想到了一个一石二鸟的主意：打电话给她，告诉她在男友手机里发现一条发给她的短信。十分钟之后，蔡菲拿起手机对那个人说："我给你打电话没别的意思，是替男友给你道个歉。尽管我不了解你，但我觉得作为女人，发这样的短信干扰他人是不道德的，希望我的男友没有影响你的正常生活。"

很多女人在爱情危机中都产生过找那个女人谈谈的想法。一来家里这个男友有时很难对付，二来在女人身上找突破口相对容易。如果你不能像蔡菲这样心平气和地与她谈，最好免开尊口。无论你多么有道理，一旦情绪失控，出言不逊，"没素质、没礼貌"的话很快就成为她被伤害的证据，于是你的男友深感对不起她，更加怜香惜玉，也会站到你的敌对立场，变本加厉而毫无愧意。

怎样与你的情敌谈话最合适呢？

第一，电话交流是最好的办法，隔着电波，双方都比较有安全感，相对容易控制情绪。一旦话不投机，挂掉电话就是降低大打出手这一恐怖结局出现的可能性。

第二，尽量避免在单位或其他公共场所进行，以免某方控制不住情绪。一吵一闹路人皆知，好像你的男友非跟她发生点儿什么才对得住

你了。

第三，本着避重就轻的原则，让她感觉你了解的很少，如果她现在收手，一切都来得及。你找她谈话的目的不是树立一个敌人而是争取一个朋友。"初次交流，我不想说太多深入的话，相信你会懂。"最后别忘了留个尾巴，告诫她别以为你真的什么都不知道。

第四，有人说，有几个男人愿意为了"外面的彩旗"跟"家里的红旗"造反？多数女人觉得自己应该以更高的姿态看待那个"坏女人"，所谓的高姿态并不是你合法她非法，你良家妇女她狐狸精，而是先到者悲天悯人的姿态。你用心说，她才会用心听，女人之间更容易读懂。

多撒娇　少唠叨

男人是大孩子，他的目的是要征服这个世界，而生物链中的其中一小环，就是女人征服男人。男人如何变化，关系着女人一生的甜蜜和痛苦，所以不得不加以留心。幸福的家庭是避风的港湾，好女人则是港湾的优秀管理者；破裂的家庭是漏雨的天窗，差女人则是天窗的打开者。

好女人如"复苏丹"，男人心散时，好女人往往会让男人在这味良药的苦味中，慢慢地咂出一丝淡淡的甜昧和幸福的回忆；好女人如"强心针"，男人气馁时，好女人敢于一针见血地指出男人失败的症结，激发出男人重新振作起来的勇气；好女人如"维生素"，男人倦怠时，好女人能使男人迅速消除疲劳，产生出新的拼搏力量；而在男人老毛病一犯再犯时，好女人还会在不伤害男人自尊心的前提下，循序渐进地加大药量，逐步治愈男人的病痛；好女人如"稳心丸"，男人成功时，好女人轻轻地告诫男人"山外有山"，当作一切从零开始，方可立于不败之地；好女人如"感冒片"，男人发牢骚时，好女人不声不响地溶入水中，待男人降温后再慢慢开导，而不是"火上浇油"。那么，差女人呢？差女人如"杜冷丁"，男人遭受挫折时，差女人不帮男人挖掘病源，更不想使男人"复活"，而是责怪男人无能，不断给男人打"绝命针"；差女人如"皮试剂"，男人外出回归时，差女人不是问寒问暖，而是不断给男人做"皮试"，去了何处？为了何事？与何人打交道？疑心重重，唠叨不休；差女人如"迷魂汤"，男人施行决策时，差女人便吹起了枕边风，这个不行，那个不好，常弄得男人犹豫不决，无所适从。

走进婚姻的女性，你是一个好女人还是一个差女人呢？常常听到的抱怨是："我把心都掏出来给他了，他怎么能这样对我？"怎样爱一个好男人？其实女人爱男人，看重的往往是男人对她好不好，而男人爱女人，看重的却常常是这个女人可爱不可爱。可爱的话，一举一动都令他神魂颠倒，你做什么都是好的；不可爱的话，做得再多都不一定有用。

一、对男人要投其所好

当然首先就得搞清楚男人为什么爱你。如果问男人：你的女人到底可爱在什么地方？一百个男人会有一百个答案，全看是什么样的男人而定。如果他爱的是你的温柔似水，不妨对他百依百顺，有空就多给他说些好话；若他爱的是你的坚强独立，则可多给他一点自由；若他爱的是你的青春美貌，在他抱怨你身材臃肿时，大可不必历数你对家庭的贡献，应趁机对他说：我正想找家健身房锻炼锻炼，星期六就麻烦你带带孩子吧。两人在一起日子过久了，激情慢慢淡化了，这时可以慢慢弄明白他平时有什么喜好。他喜欢唱歌你陪他唱；他喜欢看球你不拦他；他喜欢吃，你多花点工夫在烹饪上。只要他高兴你也快乐，日子就能过下去。记住，千万不要把自己的好恶强加于他。安慰男人的办法同样视你的男人是什么样的而定。如果你看到他一人坐在家里，黑灯瞎火地喝闷酒，他若是个颓废懦弱的男人，你不妨夺了他的杯子，提醒他还是这个房子的主人，有为人夫、为人父、为人子的责任，十年八年后他一定会对你感激不尽的；他若是个自尊心极强，绝不能容忍自己在女人面前示弱的男人，不如假装什么也没看见，悄然退出，让他静静填平他的伤痛；假如你的男人介于两者之间，则可以端几样小菜上来，陪他一起喝喝酒，看他有什么苦要诉。假如你不能也不愿给他所要的，那就得问一问你自己：这个男人是不是你该要的？

二、对男人不要轻易抱怨

再没有比一个唠唠叨叨、成天抱怨的女人更让人退避三舍了。但不抱怨也不行，任劳任怨的女人最惨了。当男人被服侍惯了的时候，一切都变得理所当然，你偶尔一两次没做好，他反而要心生不满。

三、对男人一定要多说好话

说话实在是一门艺术。说得好可以救人，说得坏则可杀人。许多女人都以为结了婚，一家人了，当然就可以畅所欲言，想说什么就说什么。逞口舌之快的后果却是丈夫早已同床异梦了，你还压根儿不知错在哪里。很久以前一个教授的太太说："你每说一句话，每发一个声，都会被记录下来，即便你旁边没有人，山会记下来，水会记下来，凳子桌子也会记下来。千万不要以为你说的话没有用，不会产生什么影响。"所以，好话要多多益善，坏话能不讲就不讲。很多婚姻关系的破裂都是因为讲话太随便所致。古人说夫妻要"相敬如宾"，不是没有道理的。

四、对男人要以鼓励为主

大多数好男人，其实很愿意为女人做事的。即使他没想到，你告诉了他，他还是会尽心尽力去做的。但做得好不好，做多还是做少，很大程度取决于你自己。男人最头痛的大概就数给女人买礼物了。如果情人节买一束花，太太心里虽然很喜欢，嘴上却说：浪费那钱做什么？买一件衣服，太太却说：难看死了。或者说：你就会拣便宜货。可想而知，以后要再有下文就难了。不管他为你买什么，能透过那些物质，看到后面一颗爱你的心，并对那颗心存着感激，便很好。即便不是一颗很爱你的心，但有了种子，你还怕它不开花结果吗？

在千千万万的人海里，在浩浩的时空中，有那么一个男人，就在你需要爱的时候爱了你，而你也爱了他，这是一种极难得、极美丽的缘分。只是爱一个人并不是一种与生俱来的本领，并非想爱就爱那么容易，得花一点心思，下一点工夫。在这里谨祝天下所有的好女人都能紧紧抓住她们的好男人。下面向一些想与夫君共度此生的女性朋友们提出一些善意的建议：

第一，在嘴边放一个称职的"哨兵"。少在他的面前唠叨，特别是一些陈芝麻、烂谷子的事儿，更是不要老拿出来在他面前翻晾。那样会让他对你敬而远之。

第二，不要埋怨他对你不够浪漫、不够体贴，更忌拿别人家的他与你的他相比较。那样会慢慢磨炼他对你的叛逆，当最终他摔门而走时，可能你还不知是你正一小刀一小刀地在割你们中间的那根月老拴的红绳。

第三，在情感上，不要将他与你以前的男朋友相比。要知道，你以前的男朋友再好，可都是被你一一否定了的，否则等于自己扇自己的耳光。

第四，在资产上，不要将他与你周围某某的他作比较。那样会让他产生你嫌贫爱富、金钱至上的观点，并对你有一种不安全感。要知道，有钱当然好，但没钱时，也一样可以相濡以沫。没听说过"穷开心，富伤心"的民间俚语吗？

第五，不要做追公星。让他自由拥有自己的空间，距离产生美。当他在外面无论与异性还是同性的朋友玩闹时，会时时念着你及这个家的，因为家最终是他的留宿地。当他玩够了，会念着你，会时时挂着你，他自会找到你享受温馨的二人世界的。

第六，当你们一起与朋友玩时，不要将他的一些小缺点、不好的小癖好说给大家听，那样会在大众场合弄得他下不了台，而于你更没有什么好处了。应该时时注意维护他的大男子面子，偶尔也可以做个小媳妇的样子，让他的自尊心在众人面前得到极度的膨胀，就更能理解如何怜香惜玉了。而你们回家后，叫他再跪搓衣板都没问题。

第七，无论在私下或是朋友间，当他哪怕有一点优点，也是绝对值得提出来的。记着：时常像个老师那样赞扬他，会让他感觉自己在你眼里是最可爱的，那么他就会为你上刀山、下火海也在所不辞。

第八，别逼着他达到你理想中的水平。而要不断地努力鞭策他，让他感觉和你在一起有一种勃勃生机，一种让生活充满活力的感觉。

第九，女人最重要的一点是要有女人味。娇、嗲、假生气都是女人的拿手好招，而无言的轻泣更是令他无所适从，爱怜有加。但切不可泛滥成灾，否则正好适得其反，让他远离你的视线了。

掌握了以上九点，把男人握在掌心应该是十拿九稳的事了。

会装傻的女人才算聪明

男女厚黑学认为，有时候女人过于聪明并不是件好事。正是猜忌和不信任，最终让很多原本相爱的人动弹不得，直至婚姻窒息。在家庭问题上，宽容点、厚道点、糊涂点，比什么都好。这才是婚姻的真谛。

你知道当代男人最在意什么吗？在最近的一项有趣的调查中，被问及这个问题的男人几乎都不约而同地回答"面子!"男人需要面子，男人也最怕失去面子。李先生在北京开了一家餐馆，生意兴隆。一日餐厅打烊，又遇夫人河东狮吼。李先生遂急逃至桌下，恰好客人返回来寻找丢失的东西，正好撞上，进退尴尬。这时八面玲珑的李太太急中生智拍了拍桌子："我说抬，你要扛，正好来帮手了，下次再用你的神力吧!"李先生顺坡下驴直夸夫人想得周到，一场面子危机轻轻化解。

我们常看到男人时时处处在捍卫面子，有谁看到男人打破面子后会怎样？丢掉面子的男人一是变得疯狂，二是变得超然物外。无论走到哪个极端，其实对女人都很不幸。聪明的女人肯花心思维护自己男人的面子，把两个人的小氛围经营得越发和谐。

聪明的女人不妨装装傻。雨桦和丈夫结婚10年，依然恩恩爱爱。她的秘诀是：给老公最大的面子。在她卧室的墙上有一个字条，上面是她制定的"家规"：第一条：历史证明老公永远正确。一切事情都由他做主；第二条：万一他不对，仍参照第一条执行。后来老公在感动之余又添了一条，夫人享有总裁决权。如何把握婚姻幸福的秘诀？婚姻是一个不断呵护、建设、更新的过程，要爱自己和不断完善自己。缔结婚姻不能一蹴而就，建设婚姻也要持续一生。由爱情到婚姻要经历"触电"、探索、评价、建立亲密关系、相互承诺等阶段，是一个需要付出耐心、资源和技能的过程。

你自身可爱的地方正是吸引配偶的地方，相信自己的价值，尊重自己的愿望和要求，做一个完整的人，而不是谁的一半。要通过不断完善自己获得外在美和内在美的统一，才能保持恒久的吸引力。

学会沟通和谈判。没有良好的沟通，夫妻关系就像一艘空船载着一段充满困惑、臆测和误解的灰心之旅，没有什么比貌合神离更让人感到疼痛了。沟通使对方了解你有什么需要、愿望、变化和感受，这是夫妻相互保持关系畅通、活跃的重要方式。

精心呵护情感才能百年好合。珍惜你所爱的人，珍爱你的枕边人。当发生争吵时，一个主动真诚地道歉，一个虚心地自我批评，一个和好的表示，都可以软化双方气愤的情绪，甚至因为得到沟通，宣泄了负面情绪而加深了彼此的理解和爱情。

当婚姻面临挑战时，共同面对生活。夫妻双方应该是互动、和谐、互助的。当一个人脆弱的时候，另外一个人应该帮助他坚强起来，渡过难关。要建立一个生活机制，让伴侣共同分享你的成功和苦难。

还记得你滔滔不绝地在亲友们面前夸过他的那些优点吗？他的吉他弹得有多好，他多会体贴你，还有他渊博的学识……聪明的女人要学会夸他，重新开始夸他的这些优点吧。如果你习惯在朋友和家人面前谈论他取得的成绩和他的优良品质，久而久之你也会相信他就是当初你所爱的那个好男人。这会形成良性循环：他会更优秀，你会更爱他。

聪明的女人可以陪他一起流泪，其实男人很累，睁开眼便是各种责任和义务。男人有的时候比女人更脆弱，更需要别人的关怀。撒娇，并不是孩子和女人的专利。一次大规模的家庭调查显示：其实男人比他们的妻子和孩子更爱撒娇。这一结果是哈佛大学公共卫生学院在调查走访了1400多个家庭后得出的。

聪明的女人是"心理母亲"。在性别角色的分工中，母亲是无条件呵护、滋养、抚慰我们的人，母亲自然成了人们撒娇的对象。女性本身就有母性的特征，这也是男人私下里更容易在女人面前撒娇的原因。

男人受了委屈之后，往往选择沉默。但当他们回到家后，便会把脆弱暴露在自己的"心理母亲"——妻子面前，以获得心灵上的"安慰"。在他们的潜意识中，撒娇的感觉就像是回到母亲的怀抱一样。当他遭遇了不公和挫折时，不妨陪他一起流泪。然后尽快忘却，旧事不提。男人哭吧哭吧不是罪！

聪明的女人多练心，注意，是练心而不是操心，如果你想给足男人面子还要多多练心。你的修养，你的谈吐，你的风韵，你的容颜，你的智慧，你的笑容，都是陪衬男人面子的重要组成部分。要不然只有玉树临风，没有佳人相伴，那面子最外层的金边该怎么贴呢？

不断更新才能天长地久，永远的幸福就是能够保持新鲜活泼的感情关系。要不断更新你的情感关系，保持新鲜和活力。如果有一部分失去了，你要再造它，如果破坏了，你要修复它。必须经常给你的婚姻注入新鲜活力，婚姻才能长盛不衰。夫妻双方要共同成长。夫妻相互为对方带来新的知识，彼此帮助对方发掘潜力，超越自己，在更成熟的心态下与人相处。夫妻间要有分享、耐心、感激、接纳和原谅意识。

当最初的激情过去后，婚姻所需要的是一如既往的保鲜。让不间断的惊喜来延续美，让合适的距离产生美，让加深的信任巩固美，让宽容的理解滋润美，给彼此合适的距离、合适的空间。

抓住他的胃

俗话说，女人既要出得了厅堂，又要下得了厨房，可见，厨房对于一个女人来说，也是施展功夫的地方。据说有两条通道可以打开男人的心，一条是感情通道，另一条则是食道。要想控制男人得先控制他的胃，走进厨房，不仅可以整理自己的心情，还可以把爱融入其中，可口的饭菜是老公永远的惦记，即使外面很精彩。爱情、亲情就会在厨房里延续，那么你就会是一个幸福的女人。

记得小时读过一首古诗，是描写一位新娘的心理的：新娘嫁为人妻的第二天就早早地起床入厨烧饭做菜，她怕自己烧的菜不好吃，便先夹给小姑尝一尝。寥寥数语，古时一位贤妻子的形象即跃然纸上。

在古代，厨房天经地义是女人的领地。一个女人的女红与厨艺应是衡量这个女人聪明贤惠与否的标志。直到今日，女人入得厨房、出得厅堂还是许多男人梦寐以求的择偶标准。

厨房，就像事业、家庭、爱情、美貌一样，与女人的生活息息相关。厨房其实是展示生活之美的所在。餐具是厨房里实用与观赏兼具的艺术品，如果你拥有一两套祖传的餐具，那就更值得骄傲了，用这样的餐具盛上美味佳肴，真是美不胜收。

爱厨房的女人有之，憎恨厨房的女人也有之。女人爱厨房无可非议，恨厨房也自有她的道理。爱厨房的女人说：就像封建时代的官员有一块封地作为告老还乡的归宿一样，厨房是她有一天从职业女性变成家庭老太太时的封地。我想不论是爱之还是恨之，女人这辈子，恐怕都与厨房有脱不了的干系。

厨房对女人来说还是整理心情的地方。外面的世界既精彩又无奈，那就"躲进厨房成一统，管他春夏与秋冬"吧。把一切的无奈和烦恼全给它切成条块丝片，揉成长方圆扁，再把它煎炒烹炸炖蒸煮，经过这一番破碎、瓦解、分化、重组、沸腾、升华之后，创造出一个新世界，厨房里的女人也会凤凰涅槃般找到一个新的自我。

民以食为天，生命和健康都是吃出来的，不食人间烟火只是小说里的描写。一年365天，谁熬得住天天下馆子吃快餐？再怎么山珍海味总会吃腻，因为它们缺少一份最重要的调料，而这种调料只有聪慧持家的女人才可能调配出来。一把米，一瓢水，几粒红枣，一撮绿豆，几块南瓜，用火慢慢煮来，听着米在锅里咕嘟咕嘟地低吟浅唱，你会顿生轻松之感，然后领悟到，原来我的生活可以如此散漫，如此悠闲，如此简单自在。

一个女人在厨房里忙碌的样子，在厨房里灵巧地穿梭，葱花的香味儿变成了有形的色彩，把杯盘碗盏涂抹得晶莹浪漫，让厨房弥漫着无比芬芳……

男人遇见一个入得厨房的女人，是他的福气；女人若遇见肯为她下厨

房的男人，也是她的福分。

聪明的女人懂得在适当的时候让老公下一下厨，让他也体会一下女人的辛苦，若不然肯定会助长了男人的大男子主义。你想他每天一回家就有热腾腾的可口的饭菜，一吃完便嘴角一抹溜之大吉，剩下满桌的狼藉让你收拾。久而久之他便习以为常，以为这一切都是天经地义，日后只恐稍有怠慢，他便要耍起大男人的脾气。到了这等地步，哪怕你暗自伤神、叹息垂泪也枉然。所以隔三岔五的，你还得让他下下馆子，目的不仅在于换一换口味，还要让他知道，外面的菜有多贵，还有再怎么山珍海味也吃不出"家"的味道，千好万好没有老婆烧的菜好。

如此说来，厨房也是幸福女人用心计的地方。要想控制男人得先控制他的胃吗？一个男人吃惯了你烧的菜，一旦离开了你，肯定有一万个不习惯，即使外头的食物再香，他也会贪恋老婆烧的家常小菜。

厨房甚至能挽救一段感情。有一次，云与男友争论起来，他说他喜欢朴素和简单，生活上什么事能凑合就凑合；云说她不行，比如如果只有一个咸菜佐饭，她不会就那样咬着它大口大口地吃，而要认真把它切成细细的丝，然后再配以料酒、醋、生抽、红油、香油、糖、盐、味精、葱花或香菜才可入口……本以为那次触及不同生活方式以及不友好的谈话氛围就是她和他情缘的结束，但是莫名其妙的是他对她越来越好了。后来他说，从她"穷讲究"的细节里发现了她热爱生活的品质，真是因祸得福了。

的确，一个能把下厨当情趣的女人，必然是懂得生活的女人。热爱厨房，说到底，是源自对爱你的人和你爱的人的爱。因为爱他，所以你就会想着法子让他快乐，让他的胃口快乐。从这方面说，爱厨房就是"悦人"，能悦人的人自然也是因为别人能悦自己——他们因为你的厨艺而快乐，当然也因为你而快乐，他们的快乐当然也就是你的快乐。一个女人，能因为爱厨房而悦人，自然也能悦己了。即便只做一个最平凡的女人，只要把爱融进厨房里，女人与厨房就有一段幸福的不了情。

情场厚黑学第三招:既要怕老婆又要哄老婆

> 厚黑祖师李宗吾说:"怕学之道,在止于至善,为人妻止于严,为人夫止于怕。家人有严君焉,妻子之谓也。妻发令于内,夫奔走于外,天地之大义也。"男人怕老婆、哄老婆是天经地义的事情,只要讨得老婆大人高兴就好,肉麻不肉麻的,没有什么不好意思。女人总比男人感性多一些,女人总是需要哄的。当老婆对自己大发雷霆的时候,你要好言相劝,更可以发发誓,来给老婆消消气,千万不要和她对着干,哄老婆就要脸皮厚一点。

你的老婆永远是最美的

厚黑学中认为,哄老婆的首要任务就是赞美老婆。女人是听觉动物,对老婆的称赞再怎么夸张,再怎么肉麻,永远都不为过。因为,女人需要在你对她重复的赞美声中感受到赞美的真实,女人永远需要倾听来自于男人动人的赞美。对老婆的赞美是最重要的,适度赞美可以让夫妻之间的沟通事半功倍。

比如在家里,丈夫时不时地赞美妻子饭菜做得好,皮肤最近保养得不错,屋子收拾得真利落,中国的丈夫真的很少说这些话。有些男人觉得这样没必要,很假,其实恰恰相反。

对老婆的赞美，就是对老婆劳动和自身的一种最适度的尊重，不会显得生硬，还巧妙地表达了"感谢了"、"辛苦了"的意思。

为家庭付出的妻子心里总会或多或少产生心理不平衡，这是人的天性，任何付出都需要回应。而对于感性的妻子来说，适当的赞美可以化解心中的不平，让她觉得被人认可她的付出，就是回报，也是值得的。

如果丈夫真的能对妻子经常赞美，说明他本身的心情是释然和坦荡的，并且乐于包容妻子的一切。这样状态下的丈夫不那么容易因为生活的琐事而与妻子发生争执，也有利于双方的沟通。

不过，男人对妻子外表的赞美，一定要有尺度，一定要切合实际。妻子对自己美不美，最在乎也最清楚。这要求男人的赞美首先要从妻子的最大优势入手。比如，妻子虽然不漂亮但气质很好；妻子个子很矮但你可以赞美她很小巧，皮肤很细腻，又很白。

总之，生活中，妻子肯定都有她真正值得赞美的方面，所以你要利用这一点好好地赞美一番。这对婚姻来说，是非常重要的。

讨好老婆的角色扮演

女人天生就是多变的，她喜欢善变，喜欢你为她扮演不同的角色。厚黑学中认为，男人要想哄好自己的老婆，就要懂得为她扮演好她需要的每一个角色。

第一，为她扮演穿衣镜。

女人买漂亮衣服、打扮得那么美，是为了什么？不就是为了吸引你的眼球，赢得你的赞美吗？女人生性爱美，天生是个购物狂，一些东西买回来，不见得实用多少，一般会变成闲置物。那不都是钱换来的吗？男人不见倒好，见了心疼得直咬牙。唠叨几句吧，老婆兴许不怎么爱听，搞不好两个人还会僵起来，此行不可为。好男人对待这种精灵般的"坏女人"自有一套招数：每当老婆买来衣服时，好男人从不埋怨地这样说："买买买，整天就知道乱花钱！"而是温和地看着自己老婆兴奋的小脸柔柔地说："买衣服回来了？快点换上让我参谋一下，看看合适你不？"这时的女人大多

310

数怕老公嫌弃乱花钱，没想到会有这样完美的结果，心里一下子充满了对老公的无限感激，感激他理解女人爱美的一片痴心。其实，这时好男人看着价格不菲的衣服也在心里暗骂："整天得瑟，狗窝里存不下一点剩粮食！不行，我得让她把这件上千的衣服退了，消去了我半个月的工资，要说不心疼一定是咬的别人的手。"正在兴头上的妻子换好衣服，满怀期待地站在老公面前时，他依旧是一脸的微笑，装模作样地欣赏："我看这件衣服的颜色很适合你，让你的脸色显得好看许多，但是这个款式不怎么适合你，太显老！"女人的耳朵是绝对不能进"老"这个字的，听了，心就发毛。女人不停地向老公证实："真的不适合吗？穿上真的很显老吗？"老公此时有些惋惜无奈地证实："的确。"妻子购物无非是想把自己打扮得漂亮些，一旦别人说这样让她生丑时，她甩这件衣服的速度比火箭还快。在妻子身心疲软的时候，好男人开始下一步的攻击："把这件衣服退了吧，既然不合适你，那一定会有更好的在等你，改天你再去转转，记住，衣服要买对的不买贵的！""是啊！"女人说，"我也感觉这件衣服好贵的，都是那个售货员忽悠的。饭好了吗？吃完了，我去退。"好男人的用心如了意，老婆还对他相信万分，感觉自己没嫁错人，还懂得帮自己欣赏，这样的男人在婚姻中真是很少见了。

　　其实，这种男人的聪明之处在于，巧妙地解决了生活的问题。没有太大的恶意，只是变相劝阻妻子的"坏行为"，值得广大的男士们一用。对待女人所购的鞋、包、奢侈品，都可以如此处理。好男人是坚决地支持老婆购物，还要像模像样加以指导，导之合情合理的地步就算成功。关键一点，还能增加夫妻间的好感，何乐而不为呢？

　　第二，扮演她的忠实食客。

　　会哄老婆的男人永远是老婆最忠实的食客。现在的女人越来越不会做饭了。新时代了，还敢要求女人必须围着锅台转？不是在造反吗？虽然，女人下厨的少了，但不等于说女人从此不做饭了，只是做得不色香味俱全罢了。因为饭做得不好吃而吵架的夫妻不在少数，关键是大家都忙，还都有点小懒。女人再懒，也比男人勤快，大多数家庭的掌勺师傅还是女人，这里，男人们要向好男人学习，看人家是怎么鼓励老婆变成巧厨娘的。婚后的女人先前在娘家时，什么饭也无须动手，因为自家的娘都做了，所以，女儿家的，只管着去谈情说爱好了。婚后傻眼了：好不容易做出点蛋炒饭来，还煳了锅；好不容易炒了盘小油菜，还忘了放盐，照着菜谱也会有失手之时，到了餐桌上才知道有色无味难以下咽。好男人这时会有怎样的反应？他仍是一副不惊不恼之风，边吃边品地对老婆说："这道菜你烧得不错！光看颜色就很诱人，但是你好像太小家子气了，把盐藏到菜的胃里去了还是肝里去了，我怎么愣没有尝出来呢？"一句不轻不重的小幽默会让劳顿的女人开怀大笑，也会为女人下次再掌勺打下牢固的基础。女人都爱听赞美的语言，特别是来自老公的认可，这会让她加倍地热爱这个家庭。

在家庭里，好男人永远知道，不管老婆把家务做得好与坏，他永远是站在鼓励与欣赏的角度去安抚女人，让女人增加自信，从而达到星级主妇的标准。反之，女人亦可用此招儿哄哄男人，让他达到星级之男仆标准。

第三，扮演家庭中的打气筒。

男人时常需要在家里扮演打气筒或者加油站的角色。一位男士，他的妻子是副处级干部，而自己则是平平常常的工人，所以他很失落，来自地位上的悬殊亦让这个男人非常敏感，敏感促使着两个人的感情到了边缘地带。幸运的是，这位男主人没有就此颓废下去，而是换了一种角度思考，改变自己，追赶妻子的脚步。结果当然是皆大欢喜，男人由于把过分的注意力从老婆身上转移到书法上来，没想竟成为了一名出色的书法家。此时，他的地位、名利比自家妻子高出许多，两个人的感情也和好如初，成为了令外人羡慕的一对好夫妻。一般男人在知道妻子在外应酬多、异性朋友多时，大多洒脱不起来，总感觉老婆身上有颗定时炸弹，不知何时会把这个家炸得粉身碎骨。这种恐惧心理女人有，男人也会有之，毕竟谁也不喜欢看到破碎的场面。但有一点要明白，相信自家的老婆才是最重要的。这时，最忌讳的是怀疑她！有的男人眼里容不得沙子，一见自己老婆同异性交往，一口咬死说，老婆要出轨，要变成狐狸精。即使自己的老婆没有这个打算，可也架不住男人的天天絮叨，有些事情往往就是这样演变成现实的。

好男人虽然心里也嫉妒，也有醋意，但不露声色。而是悄悄观察，打外围战役，用自己的眼睛和心灵去感受老婆，还时时鼓励老婆，说一些信任体贴的话语。真正过日子的女人，都很在意家庭的完整，不会那么轻易地踏上家外男人的贼船。好男人总是给自己一份自信，给老婆一份自信，相信家永远都是女人的归航，相信女人在别人的眼里也是如此地自尊自爱。有这样的男人存在，世上变心的女人还会多起来吗？怕就怕这样的男人太少，最后却把自己的老婆赶出了婚姻的"围城"。

巧用发誓讨好老婆

丈夫向妻子发誓，是婚姻生活中很平常的事情，但是发誓背后的种种原因和心理，你是不是都了解呢？你不妨听听下面这位男人对妻子发誓时是怎样说的。

小李对妻子发誓说："我发誓，你在我眼里、心里永远都是好看的！"小李的妻子是个喜欢山盟海誓的女人，她经常有意无意地鼓励小李发誓，都快把小李培养成发誓的高手了。本来小李是个说话很客观的男人，即使在热恋时也不愿意说没有理智的话。在他结婚之前，小李还是被迫发誓要永远永远爱她，否则她就要"绝交"。开了这样的先例，小李对山盟海誓开始有了一定的认识，既然她听得高兴，小李就年年说，月月说，天天说吧。只要在她不乐意洗碗时，小李说了这句话，她就兴高采烈地去厨房忙活。一般来说，结婚多年以后，女人对山盟海誓会有较为清醒的认识从而不再热衷，可是，小李的妻子却乐此不疲。她现在不要小李发"永远永远爱你"的誓了，因为她知道现在的男人"心胸宽广"，能容纳不止一个人的爱，所以她要将小李的誓言改为"只爱你一个人"，小李在开始的时候有些不习惯，但时间长了小李也就脱口而出了。

不久前，妻子忽然心血来潮，烫了头发，回家时小李不禁笑问："客从何处来？"她那保持了10多年的清纯式发型，尤其是那迷人的刘海，都成了遥远的过去。她周围的同事、朋友一致认为这种"美国花菜"式的新发型不好看，小李也坦诚相告"我不喜欢"，她竟一脸委屈地说："别人说不好看没关系，你怎么能说不漂亮呢？"小李看她这种情绪再发展下去就要坏事，就改口说："看习惯了，也就好看了。我发誓，好看不好看，永远爱你一个人！"她的面容很快就展开了。

过几天，一位亲友对小李说："我原以为你的审美能力很高，这次怎么帮妻子参谋出这样的发型来？真差劲！"真没想到小李每天必须忍受妻子的爆炸式发型，还要默默忍受小李在审美"声誉"上的指责，到头来还不敢对妻子头发的"改革成果"表示异议。最近，妻子还常在梳妆台前问小李："怎么样，现在发型好看多了吧！"小李说："是的，是的，我发誓，永远只爱你这种发型！"

不过，一波刚平，一波又起。一天，妻子和颜悦色地对小李说："从你早期的诗歌作品中知道你有过除我以外的罗曼史，如果我保证既往不咎，你能跟我谈谈吗？"小李坚决地回答："我绝不上当。"妻子很委婉地说："不会有小孩来我们家认亲吧？"小李笑笑："我这人从不留后患。"她大吃一惊："果然如此？"小李赶紧发誓："与你开玩笑的，其实在认识你之前，我就决心爱你一个人了。"妻子欢乐地大笑，她高兴至极。这时假如小李说"为我洗衣或上街买本书吧"，她一定会拔腿就跑。

小李预测，再过两年妻子又会叫他改台词了，誓言的内容是什么呢？现在还不知道。由于小李现在对任何誓言都能脱口而出，对妻子的赞美话更是占据小李所有词汇的榜首，所以露破绽的概率也大大提高，比如上周她买回一支"热吻不留痕"的名牌唇膏，抹在她唇上呈棕红色，实在不怎么好看，但是小李还是恭维说："啊，真漂亮！"她就开心地上班去了，下班回家时却见她一脸懊恼，劈头盖脸地问小李："人家都说这唇膏色彩不好看，为什么你偏要说好看？"小李幸灾乐祸地说："我拍马屁的习惯还不是你培养的！"此后，她每次买新玩意儿回来，佩戴或穿用后受到小李的赞赏时，总要多问一句："到底是真的好看，还是假的好看？"小李说："好看就是好看。我发誓你在我眼里、心里永远都是好看的！"

让她天天泡在蜜罐里

普天之下恐怕没有一个女人不喜欢听甜言蜜语，所有的女人都有爱听赞美、体贴的甜言蜜语的天性。女人就是希望她在你心目中永远是最重要的人，她对你永远是不可缺少的人。在这样敏感的听觉动物——女人面前，只有像蜜一样的语言才能令她们感到舒服。

假如男人不在她们耳边重复着说"我爱你"，她们就认为不能与对方沟通。认为对方并不在乎自己，自己在对方心中没有地位，处于幸福、甜蜜状态的女性，都是根据恋人的"甜言蜜语"或反复爱的动作得到安心的。

尽管有些时候，女人心中也明白自己在恋人心中的地位，但她还是希望恋人能把它说出来。她们之所以要求男人这样做的唯一理由就是：你关心我，就要说出来让我知道，你不说，我又怎么会知道呢？而大多数的男人则认为，实际的行动比甜言蜜语要重要得多。他们往往只注重满足女人一些实际的要求，而忽视了满足女人的心理需求。在现实生活中，许多情侣都因此产生过隔阂，为此分手的也不在少数。因此，满足女性的这种心理是男性的重要任务，"我爱你"、"我喜欢你"这些话对女性是非常重要的。女性认为这样是显示她们内在价值和魅力的标志所在。当然了，这并不是说，只有女人才喜欢甜言蜜语，男人有时对甜言蜜语也是十分受用的，铁汉也有柔情的一面啊。巧妙地使用甜言蜜语，无论是男人、女人，最重要的就是能找准时候，在对方需要甜言蜜语、柔情抚慰的时候运用起这个"法宝"，定能大获全胜。

当你跟老婆分隔两地时，甜言蜜语是她唯一的寄托。老天有时候似乎总是给相恋的人一些考验，以此来验证一下他们的感情是否牢固，将一对热恋中的情侣分置两地就是它常用的一种方法。一对热恋中的情侣，本来就是"一日不见，如隔三秋"，现在偏要将他们分开，确实是一件十分痛苦的事情。这时候双方都需要来自对方的关怀和抚慰，甜言蜜语的"电话粥"自然是不能少"煲"的了。身处两地，思念之情，溢于言表，这是人之常情，也是情感的真实流露，丝毫不会给人以做作、肉麻之感，相反还很令人感动，这时候的甜言蜜语已经成了双方的肺腑之言。经过了这样的分别，双方的感情会加深许多。

当你们久别相逢时，甜言蜜语又怎能少得了？俗话说，小别胜新婚。热恋中的情侣还没有走入婚姻的殿堂，这时候的感情往往十分的单纯、火热，经历了小小的分别，再度重逢，所有的关怀和问候，都化成了甜言蜜语。这时候，怎样直白的表述也不为过。你可以说："你真的回来了，我不是在做梦吧？如果是在做梦，我宁愿永远也不醒过来。"你也可以拥着你的爱人对她说："跟你在一起的感觉真好，我们再也不分开了。"这种久别重逢的感觉，恐怕是只有经历过的人才能体会得到，在此时使用任何甜言蜜语都不用怕羞，绝不会使人感到厌烦，也许还会认为不够呢！

当你们在众目睽睽之下时，甜言蜜语更显得有威力。一提起甜言蜜语，很多人都会将它同隐私相联系，总是感觉只有两人独处、耳鬓厮磨时才会有甜言蜜语。其实不然，甜言蜜语，不仅仅包括"我爱你"、"我想你"之类的柔情话语，同时也包括那些只有两个人才懂得的"私人用语"。比如情侣之间的甜蜜称呼，就属于这类"私人用语"。其中意味只有你们两个人知道，外人无从知觉，即使在大庭广众之下说出来也无伤大雅，还会增进感情。某君与其女友是同事。一日午休时，某君见女友睡眼蒙眬，无精打采，便上前问道："你看你，睡眼惺忪的，好像是只猫似的。"其女友也不示弱，立刻回敬道："哪像你呀，吃饱了的猴，就知道撒欢儿。"说罢两人会心地笑了。原来此君与其女友私下里经常以"小猫"和"懒猴"互称对方，此中传达的爱意，自是外人无法领会的。

尽可能地学点甜言蜜语吧，只有让她天天泡在蜜罐子里才能让她感觉到舒适与温馨。

男人疼爱老婆的 98 条经典细节

如果你能做到以下 98 条，好好疼爱你的老婆，你们的婚姻一定会很幸福，你的老婆一定是世界上最幸福的人！男人们，好好学习吧！

1. 向新朋友介绍她时，请搂着她的腰，而不是站在一旁用手指点。

2. 在街上遇见美女凝视时间不超过五秒，看同一女生累计不得超过五次。

3. 听老婆话的男人才会有出息，所以，你要乖乖听她的话。

4. 她可以欺负你，但你绝对不可以欺负她。因为她虽然欺负你，但是每次有什么好东西，她第一个想到的就是你！

5. 要是她朝你哭，你要不厌其烦地哄她，直到她破涕为笑！

6. 把她的照片贴到钱包，手机……一切经常看到的地方。

7. 离开她绝对不超过十天以上。

8. 在她的朋友面前，希望你可以表现得比平时更疼爱她和紧张她的样子。

9. 大男人不等于霸道。

10. 温柔不等于没主见。

11. 潇洒不等于没交代。

12. 永远不要在公众场合对她呼呼吼吼又或是撇下她一人。

13. 她做错事情的时候教训她不要紧，最重要的是在那之后要哄她。

14. 发脾气时不要不理她，不要给时间让她冷静，其实她完全不需要时间冷静。

15. 可以陪自己的朋友，但一定要重色轻友。

16. 在她想你时，争分夺秒地挤出时间与她约会。

17. 看她的眼神无比专注。

18. 说话的语气情深意长。

19. 有女孩和你说话，你要拉着她的手。如果她恰巧不在旁边，那么请你跟她们保持距离。

20. 过马路的时候牵着她的手。

21. 要懂得珍惜和她在一起的每一分钟。

22. 就算再忙，每天都不忘打一个问候的电话。

23. 要常常唱情歌给她听。

24. 两个人都有发火的权利，但不能同一天。如果哪一天她发火了，那你就不可以发火了。

25. 她生活中不顺心，你要循循善诱、帮忙分析，提出建设性方案若干。

26. 要非常爱你的老婆——她，坚决拥护老婆的决定，服从老婆的领导。

27. 即使全世界的人都不相信她，你也要无条件地相信她。因为她也会同样对你。

28. 不抽烟。一经发现立即开除。

29. 与她吵架时，每次陈述不得超过 3 分钟（含），音量不得超过 20 分贝（含）。

30. 要加强锻炼，强健身体，一口气抱她上到五楼。

31. 在她心情遭透、蛮横发脾气的时候，抱抱她，而不是和她理论。

32. 老婆不讲理是撒娇而不是撒野。

33. 保持你们的房间有鲜花，而且常常更新。

34. 按时下班回到家，给老婆做美味的饭菜。

35. 晚饭后拉着老婆的手去散步。

36. 老婆喜欢的化妆品，你要每年都给老婆买，把老婆打扮得漂漂亮亮的。

37. 尽量不要让老婆碰冷水，因为对老婆的身体不好。

38. 不让老婆因为自己做错了什么而生气。

39. 有一个你们的大房子，有一间专门的书房，有一个宽敞的阳台，阳台上有摇椅和休闲座椅。要有葡萄缠在摇椅上生长。闲暇的时候，可以坐在摇椅上聊天。

40. 家里有一套专业音响，如果你们都喜欢听歌的话。

41. 老婆生病的时候要提醒老婆按时吃药。

42. 在老婆穿了一件新买的衣服的时候不能视而不见，而且要说很漂亮，很适合她。

43. 给老婆熬鸡蛋红糖水，治疗老婆每个月那几天的疼痛。

44. 每天晚上抱着老婆睡。

45. 冬天用自己的体温来温暖老婆冰冷的手脚。

46. 每年安排和老婆一起出去旅游。

47. 要善于发现老婆的美。

48. 真诚地对老婆说："我爱你！"

49. 手机要一直开着，让老婆可以随时找到自己。

50. 有了好消息或者坏消息第一个告诉老婆。

51. 在每次小别之后第一次见面都要深深地吻老婆。

52. 多多陪老婆上街买她最爱的裙子。

53. 下雨的时候搂着老婆的肩，共撑一把伞。

54. 不介意帮老婆洗头。

55. 一起刷牙的时候为老婆挤牙膏。

56. 学习各种按摩方法给老婆做按摩，特别要常做足底按摩。

57. 记着老婆不舒服的是哪几天，把老婆的卫生用品买好。

58. 不与别的女人来往密切而让老婆怀疑。

59. 随时让老婆知道自己是有责任感的人。

60. 尊重老婆的隐私，不限制老婆的自由，相信老婆。

61. 抽时间陪老婆看她喜欢的连续剧。

62. 不欺骗老婆，说过的事情就要做到。

63. 世界上只有老婆是最美丽的。

64. 晚上和老婆说甜蜜的话。

65. 和老婆约定了时间就不能迟到。

66. 花一点儿心思常常给老婆惊喜。

67. 不和老婆赌气，不能吵架。

68. 经常抱抱老婆，即使在大街上也要。和老婆出门要牵着老婆的手。

69. 和老婆看风景的时候从背后抱着老婆。

70. 吃完饭后你要洗碗、拖地，脏活、累活不能让老婆干。

71. 老婆与人争论时站在老婆一边，要是老婆不对的私下再和老婆说。

72. 为老婆正确决定重要的事情，你是老婆的依靠。

73. 放鞭炮时帮老婆捂上耳朵。

74. 认真听老婆说话。每次打电话都让老婆先挂，不让老婆有失落感。

75. 在公共汽车上扶着老婆，偷偷地亲老婆。

76. 规划好老婆的饮食，调养好老婆的身体，让老婆越来越健康。

77. 让老婆的朋友羡慕她有一个优秀的你在她身边照顾她。

78. 在有亲友来访的时候把房间收拾干净、整洁。

79. 精心给老婆煲很有营养的汤，并让老婆多喝一点。

80. 挑好的菜给老婆吃。

81. 和老婆一起出门的时候要注意自己的形象，要配得上漂亮的老婆。

82. 永远记住和老婆相识的日子。

83. 偶尔把花送到老婆工作的地方。

84. 常给老婆拍照，留下每个愉快的记忆。

85. 记住老婆不经意说出的愿望，并悄悄地实现它。

86. 夏天的晚上给老婆点上蚊香，不让老婆被蚊子咬。

87. 送老婆体面的东西，在别人问起的时候能自豪地说这是你送给她的。

88. 带老婆吃遍各种美食。

89. 老婆一个人在外多打几次电话，叮嘱注意安全。

90. 和老婆接吻的时候全身心投入。

91. 多和老婆交流沟通，以免让老婆产生误会。

92. 给老婆未来，此生和老婆共同度过。

93. 老婆为你做的事要心存感激。

94. 保持上进心，多多学习知识，为你们的将来努力。

95. 告诉老婆的家人，你会照顾好她的，让他们放心。

96. 打雷的时候抱着老婆说：别怕，有我在。

97. 吃鱼的时候帮老婆把鱼刺挑出来。

98. 爱老婆久久，久久爱老婆！

"妻管严"要学会巧使激将法

厚黑学中认为，只有怕老婆的男人才是好男人，因为只有懂得怕老婆

的男人才真正懂得老婆的心思，才是真正意义上的体贴。所以，做个"妻管严"也无妨。如果知道对方的心性，掌握对方的思想感情，那么，就不会发生这种争执，就会实现自己的愿望。

老张在家里总是找不到丈夫的那种一家之主的感觉，因为他的妻子是一个倔犟过头的女人。老张每次要她做什么事，她总是对着干，而且总是以她自己的意愿干到底，老张真拿妻子没办法。虽然老张的朋友常常取笑他怕老婆，但他还是尽量不和妻子争吵，遇事总让着妻子。朋友们都认为，怕归怕，但老张是一个聪明的男人。

一年一度的秋收来临了，老张想邀请朋友们到家里聚聚，玩个痛快，可又担心一旦向妻子提出来，妻子马上会宣布绝食。怎么办呢？突然，老张的脑子里闪过一个念头，对，就这么办！几天后，老张对妻子说："收割节眼看就要到了，今年你不要再做任何准备，家里太穷，朋友们不会来的。"

"穷？你在瞎说什么？"妻子怒气冲冲地打断了他的话，"我们从来没有像今年这样富有。我不但要买好酒，而且还要做最好吃的菜，让他们看看。"

"那你就赶快做吧。"老张心中暗暗高兴地喊道，脸上却一副央求的样子，他喃喃地说，"好吧，如果你非要买酒，别买太贵的，不能太浪费了。"

"就要浪费！"妻子果然中了老张的圈套，"我偏要买好酒，而且要买剑南春。"妻子的腮帮子鼓得圆圆的。妻子说完，就转过身去不理睬老张了。老张则装出很驯服的样子，心里却高兴极了。收割节那天，朋友们都被请来了，酒宴十分丰盛，他们围着桌子喝啊，喊啊，老张的声音压倒了所有的人。

这个故事让人听了发笑。深知妻子性格倔犟，老张对症下药，掌握了妻子的心性，用激将法使妻子按照自己的愿望去做，终于达到了自己的目的，而避免了一场争执和矛盾。你看，老张对倔犟的妻子作"发号施令"的"拒绝"，真是聪明绝顶！

学会怕老婆吧，学会做个"妻管严"吧。怕老婆会让家中更有家的温暖，会让老婆感觉到你对她的爱与体贴。